별자리 오디세이

미지의 '나'를 찾아가는
별자리 여정

별자리 오디세이

우주살롱 지음

Book
magazine&publishing

별자리 오디세이

1판 1쇄 인쇄 2023년 3월 15일
1판 2쇄 발행 2024년 4월 30일

지은이 우주살롱(이림영옥, 이기원, 김기연)
펴낸곳 도서출판 비엠케이

편집 김미진
디자인 우주산책
제작 (주)재원프린팅

출판등록 2006년 5월 29일(제313-2006-000117호)
주소 121-841 서울시 마포구 성미산로10길 12 화이트빌 101
전화 (02) 323-4894 **팩스** (070) 4157-4893
이메일 arteahn@naver.com

값은 뒤표지에 있습니다.
ISBN 979-11-89703-54-7 03180

인생은 모두 자기 자신에게 이르는 길이다. …… 어느 누구도 완전히 그 자신이었던 적은 없다. 그럼에도 누구나 그렇게 되고자 애쓴다. 어떤 사람은 희미하게, 어떤 사람은 좀 더 명료하게, 각자 능력껏. 누구나 출생의 찌꺼기들을, 태고의 점액과 알껍데기들을 죽을 때까지 달고 다닌다. …… 우리는 서로 이해할 수는 있다. 그러나 누구나 자기 자신만이 풀이할 수 있을 뿐이다.

헤르만 헤세, 『데미안』 서문 중

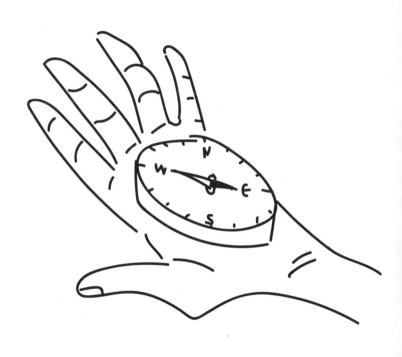

세상에서 가장 어려운 나 자신

자기 자신에게 이르는 길

헤세는 『데미안』 서문에서 인생은 '자기 자신에게 이르는 길(Der Weg zu sich selber)'이라 했다. 자신에게 이르는 여정이 곧 '자기만의 삶'이라는 뜻이다. 이 말에는 한 사람이 자기 자신을 깨닫는 일이, 자신에게 온전히 이르는 여정이 일생을 걸어야 할 만큼 어렵고 고되다는 방증이 포개져 있다. 불편한 감정이 불시에 덮치고, 어디가 어딘지 분간할 수 없는 안갯속을 헤매는 기분에 빠지며, 욕망들이 분신술을 펼치는 다중의 자아와 대면한다.

'나'는 누구며, 불쑥 돋는 욕망들은 어디서 오고 그 갈망의 이유는 무엇인가. 위대한 지성들도 난감해하는 근원적이며 심오한 질문에 휩싸인다. 운명의 실마리라도 붙잡으려고. 우리는 본능적으로 원초적 욕구, 즉 자기 모양을 깨닫고 자기답게 살고자 하는 힘에 이끌린다. 하지만 간절한 시도는 번번이 실패와 좌절을 겪는다. 궁리하던 답은 요원하고 답답함은 몸을 부풀린다. 그렇다고 손놓고 있을 수만도 없는 갑갑증.

'나'를 알아가는 여정

'자기 자신에게 이르는 길'은 '나를 아는 일'로 이어진다.

자신이 잘하는 것, 원하는 것이 무엇인지를 찾으려 한다. 그 때문일까. 요즘은 어딜가나 MBTI에 관한 대화를 들을 수 있다. 너무나 익숙하여 당연한 듯하다. 사람 성격을 열여섯 가지 유형으로 단순화하는 MBTI로 드러난 '나'는 어쩐지 석연치 않다. 힙하다는 거리 어디서나 마주치게 되는 타로카드도 흥미롭지만 자기 자신을 아는 도구로는 미흡해 보인다. 어떤 때는 이런 도구라도 있어 다행이지 싶다가도 문득 걱정이 앞선다.

한 존재를 틀에 가두고 규정하는 올가미가 되면 어쩌나 하는 우려 때문이다. 존재를 단단하게 묶어버리는 닫힌 방식은 '자기 자신에게 이르는 길'을 더욱 협소하게 만든다. 한정적 세계관으로 한 존재를 이해하기는 결코 쉽지 않다. 삶은 쉴 새 없이 방향을 틀며 조율하며 나아간다. 계절이 순환하고, 그 순환으로 전부를 새롭게 환기시키듯 '나'는 죽는 날까지 변화를 겪는 존재이자, 매 순간 새로운 세계 위에 서는 존재다. 이렇듯 변화하는 속성이 존재에 혼란을 일으킨다. '나'를 밝힌다는 건 변화와 혼란의 굽이마다 등장하는 여럿의 자기 가운데서 오롯한 '나'를 집어내는 일이다. '나를 알고' 난 뒤에야 비로소 자기다운 삶이 열릴 것이다.

매혹적인 어스트롤로지

3500년이 넘도록 하늘을 올려다보며 인간의 운명을 탐구해온 지혜, 어스트롤로지astrology. 그리스어로 별을 의미하는 '어스트론astron'과 논리를 뜻하는 '로고스logos'가 합쳐진 단어다. 우리 말로 '천문해석학'이나 '점성학'으로도 불린다. 동양에 사주명리학이 있다면 서양에는 어스트롤로지가 있다. 이 둘은 신비한 마법의 기록이 아니라 오랜 시간에 걸쳐 축적된 빅 데이터이자 이를 바탕으로 한 해석 체계이다.

사주명리학이 자기 스스로 해석하기에 다소 어렵다면, 어스트롤로지는 직관적 해석이 가능한 이미지와 상징으로 이뤄져 있다. 물론 허투루 알아서는 이 멋진 도구를 제대로 쓸 수 없을 것이다. 이 책에서는 별로 점을 친다는 의미가 담긴 '점성학'이나 다소 어려워 보이는 '천문해석학' 대신에 '별자리' 혹은 '어스트롤로지'로 부르겠다.

별자리는 '출생 차트(natal chart)'라는 시각적 형태로 나타난다. 우주를 닮은 출생 차트는 당신의 성격과 재능, 타고난 습관과 감정 패턴, 약점과 훈련해야 할 숙제, 특정한 자리에서 자꾸 걸려 넘어지는 이유 등을 일러준다. 다시 말해, 자기 자신이 잘하는 것과 못하는 것, 원하는 것과 이루려는 것, 쉽게 여겨지는 것과 힘겨워하는 것 등이 무엇인지 명징하게 드러난다. 뿐만 아니라 어떤 시련이 닥치는지, 그 시련에 담긴 숨은 의미까지도 가늠케 해주며, 이번 생에서 무수히 반복하며 닦아야 할 과제도 제시한다.

별 하나가 사막을 건너는 이에게 길을 잡아주듯, 별자리는 '나'에 대해 맥을 짚어서 '나답게' 살 수 있도록 방향을 일러준다. 출생 차트로 '나'를 읽고 해석하다보면 자기 자신이 우주의 축소판, 그러니까 소우주라는 사실을 깨닫게 된다. 복잡하게 얽힌 일상의 사건과 관계들이 그 사실을 증명한다. 또한 탄생의 순간에 우주와 별의 에너지가 '나'에게 고스란히 새겨진

다는 것, 그것이 바로 자신을 이루는 에너지라는 것을 수긍하
게 된다. 낱낱이 드러난 자기 모습에 놀라 당신이 이렇게 읊조
릴지도 모른다. "어떻게 출생 차트에 나도 모르던 내가 고스란
히 들어 있지?"

스스로 읽는 자기 운명

소위 '용하다'는 누군가를 찾아가고 싶을 때가 있다. 자신
을 알고자 하는 간절함을 모르는 바 아니지만 제 운명을 타인
에게 물어보는 방식은 언젠가 한계에 봉착할 수밖에 없다. 타
인에게 의지하면 할수록 불안이 줄어들기는커녕 더 커질 뿐이
다. 타인에게 제 삶을 맡기고 방관하는 꼴이다. 훈련된 그들이
당신보다 사주도 잘 풀고, 출생 차트도 잘 읽을 것이다. 그들에
게서 도움을 받는 순간도 있을 테지만 세상에서 '나'를 가장 잘
아는 '전문가'는 오직 자신뿐이다.

삶에서 뭔지 모를 갑갑함이나 불안을 느끼고 있다면, 스
스로 세밀하게 살펴 알아채야 할 때다. MBTI, 타로카드, 오늘
의 운세 등으로도 위로받을 수 있다. 하지만 절박하게 필요한
것은 위로의 토닥임이 아니다. 급속하게 변화하는 시대일수록
자신을 제대로 아는 일은 그 어떤 일보다 시급하다.

그렇기에 타인이 아닌 자신의 눈과 마음으로 자기 별자리
를 읽는 행위는 유효하다. 스스로 제 마음을 깨닫고 보듬으면
불안과 긴장은 풀리고, 자기 삶에서 열중해야 할 것들이 선명
해진다. 또한 불만스러운 자기 모습을 맞닥뜨릴 때마다 달아

나기만 하던 태도가 바뀌어 슬기로운 해법을 꺼내어 쓸 용기도 발휘된다. 불쑥불쑥 돋는 자신의 불편한 모습까지도 긍정하면 이전보다 다정하게 자신을 응시할 수 있다. 있는 그대로의 '참된 나'와 연결될 때 마음은 평화로워진다. 삶의 빛깔이 달라지고, 복잡하고 어렵던 이전과는 다른 자신을 만나게 될 것이다. 상처가 난 자리에 새살이 돋듯이, 미워하던 자신을 사랑할 힘도 움튼다. 자신을 믿고 사랑하는 사람만이 자신을 변화시키고 새로운 길로 나아간다.

별 볼일 있는 당신으로

별자리를 공부하면 할수록 누구든 '별 볼일 있는 사람'이라는 사실이 명백해진다. '완전한 나'라는 실현 불가능한 환상을 깨부수고 '온전한 나'로 살아갈 동력은 자신을 깨닫고 타인과의 비교를 끊어버릴 때 비로소 온다. 자기 스스로 출생 차트를 해석하여 '나'라는 우주를 재발견하면, 당신은 더 커지고 강해지며 이전과 다른 방식으로 살아가게 될 것이다. 확실히 그렇게 된다.

바야흐로 물병자리 시대다. 자기다움을 거침없이 드러내는 물병자리 에너지가 세상을 물들이고 있다. 출생 차트를 읽고 해석하다 보면 우주의 일원이자 우주 자체인 자신을 이해하고 존중하는 '별부심'이 깃들게 될 것이다. 타고난 '쩐' 에너지를 꺼내어 쓰는 사람, 주변 눈치를 덜 보는 사람, 있는 그대로의 자신으로 사는 사람, 타인의 신념에 저항하며 자신을 지키는 사람, 자기 개성을 온전히 발산하는 사람……. 바로, 당신이다.

이 책은 할 일 많고 바쁜 당신을 위해 별자리 출생 차트를 스스로 읽고 해석할 수 있도록 단계별로 핵심만 집어서 설명한다. 순서에 따라 자기 출생 차트를 만들고, 출생 차트에 등장하는 기호들이 품은 의미와 그것들의 위치와 각도, 선 등이 상징하는 바까지 알려준다. 포기하지 않고 따라오기만 하면 출생 차트에 담긴 자신을 둘러싼 비밀들과 만날 수 있다. 한 권의 책이 별자리 전부를 알려주진 못할 테지만 별자리라는 멋진 세계로 들어서는 기회를 제공할 것이다.

끝까지 갈 자신이 없을 수 있다. 읽다가 이해를 못하거나 어려워 중도에 포기할까 덜컥 겁이 날지도 모른다. 맞다. 그동안 책을 멀리했었다면 그럴 수 있다. 걱정하지 말자. 별자리 출생 차트를 해독하는 기본적인 방법들을 직관적으로 알려주니 말이다. 이 책을 덮을 즈음, 자신을 온전히 이해하고 알아챈 당신을 만나길 기대한다.

고개를 들어 하늘을 보라. 당신이 탄생하는 순간부터 지금까지 저 별들이 당신을 향해 빛나고 있다. 당신이라는 소우주를 이 책으로 깨닫길 바란다.

2023년 물병자리 태양 아래 우주살롱

1.
나답게 살고 싶다면
별들이 하는 말을 들어봐

알 듯 모를 듯 알쏭달쏭한 '나'.
별자리 출생 차트는 당신이 태어날 때
행성과 별자리가 어떤 힘을 미쳤으며
현재의 당신 삶에 어떻게 나타나는지
비춰주는 거울과 같다.
이 둥근 거울은 소우주인 당신을
있는 그대로, 잘 보이지 않는
내면까지 드러내어 보여준다.

어째서 우리는 늘 불안한 거지?

띵!띵!띵! 이른 아침부터 각종 경보와 날씨, 뉴스 등 세상 소식이 스마트폰으로 배달된다. 원하지 않아도 별것 다 챙겨주는 시대다. 눈을 사로잡는 것은 단연 '오늘의 운세' 알림이다. '오늘 당신에게 놀라운 소식이 올 것이다.' 하지만 아무 일도 일어나지 않는다. 실망이다. 구독 취소!

불안한 마음에 유명 유튜버의 타로 리딩에 귀 기울인다. 신중하게 고른 오늘의 카드는 새로운 변화가 일어나는 카드라는데, 아무리 돌아봐도 별 볼일 없다. 눈은 뉴스로 옮겨가 주룩 훑는다. 부동산, 주식, 물가 등등 …… 온통 돈 이야기뿐이다. 가진 것 없어서 그런지 마음이 어둑해진다. 헤매는 김에 유명 역술인의 무료 운세까지 읽어보지만 진심이 담기지 않은 말은 아무런 위로가 되지 않는다.

무엇이 이토록 불안하고 궁금할까. 진지하게 고민해보지만 여전히 뒤죽박죽이다. 산다는 게 불안과 부조리 속에서 견디는 일이라지만, 운세 같은 단편적인 퍼즐에 의지하지 않고 깊고 넓게 자기 삶을 조망하며 평온하게 살아가는 방법은 진정 없을까?

내가 제일 어려워

'나'는 왜 이렇게 생각하고, 저렇게 행동하며, 그렇게 반응하는 것일까? 어째서 이런 걸 좋아하고, 저런 걸 싫어하며, 그런 걸 원하는 것일까? 어떤 이유로 이런 감정이 일어나고, 저런 사람에게 끌리며, 그런 일을 하게 되는 것일까? 내가 왜 그러는지 벼락처럼 알겠다가도 또다시 아득해지는 '나'라는 존재……. "나는 내가 제일 어렵다."

번번이 헷갈리는 것이 싫어서 자신을 들여다보려는 시도와 노력을 포기하고, 찰나의 기쁨만 탐닉하며 살기도 했다. 이렇듯 복잡하고 때로는 이상한 한 사람은, 언제나 바로 '나' 자신이다.

너 자신을 알라!

"너 자신을 알라"는 소크라테스의 말은 누구나 쉬이 뱉는 진부한 말이 되었다. 하지만 그 누구도 쉽게 풀지 못하는 숙제 같은 말이다. 자신을 탐험하는 일은 오지를 겪는 것보다 힘들다. 온전한 '나'로 사는 일이 이토록 어렵다. 그럼에도 온전한 자기 자신에게 이르려는 이들은 여전히 많다.

자신이 누군지 모른다고 해서 사는 데 문제되지는 않는다. 단편적으로 드러난 모습들을 전부라 여기며 살 것이다. 그러나 이 책을 펼쳐든 당신은 '나는 누구인가', '어떻게 사는 것이 나답게 사는 것인가'라는 질문을 던지며 그 답을 찾아 헤맨 적이 있거나 여전히 찾는 사람이다. 질문하는 당신을 만나 반갑고 환영한다.

인류는 아주 오래전부터 '나'란 존재에 대해 질문하며 답을 구해왔다. 그중에는 별을 보며 운명과 미래를 가늠해온 어스트롤로지가 있으며, 그 기원이 무려 3500년 전까지 거슬러 올라간다. 긴 시간에 걸쳐 철학, 종교 등을 품으며 하나의 학문으로 자리잡았다. 인간 삶에 길잡이 역할을 하는 인문학으로 말이다.

2.
나의 별자리 출생 차트 만들기

별자리는 하늘을 대우주로,
인간을 소우주로 본다.
누구든 신비로운 우주라는 뜻이다.
우주의 에너지와 물질로 이뤄졌으며,
별들의 영향권에서 살아간다.
출생 차트는 '당신이라는 우주'를
시각적으로 표현한 것이다.
이 상징적 우주를 통해 한 개인의
현재와 미래, 열망과 성격 등을
읽어낼 수 있다.

탄생의 목격자들

당신이 태어나던 그해, 그달, 그날, 그 시각, 그 장소에서 부모가 오로지 당신의 탄생과 성별에만 관심을 쏟을 때, 별들은 고요히 우주의 기운을 당신에게 불어넣었다. 모든 존재는 보이지 않는 에너지를 받아 빚어진다. 이 말은 당신도 별들의 기운을 고스란히 품었다는 뜻이다. 지금 이 순간에도 당신 삶에 별들의 기운이 작용한다. 호로스코프horoscope가 그리스어로 '시간의 모습'이라는 뜻에서 드러나듯이, 우주는 지금 이 순간에도 움직이고 있으며 당신도 그 흐름을 타고 변화하고 있다.

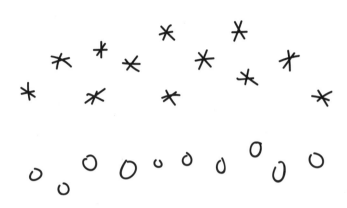

별들은 당신을 중심으로 돈다

지구가 태양을 중심으로 돌고 있다는 사실은 모두가 아는 천문학 상식. 하지만 별자리의 관점은 이와 다르다. 당신과 당신이 선 지구가 중심이고, 태양과 달을 포함한 10개 행성(planet)들이 당신과 지구 주변을 도는 것으로 본다.

지구에서 볼 때 태양이 도는 길, 즉 황도黃道의 일정한 범위의 띠인 황도대(黃道帶, zodiac)를 따라 12별자리(12사인)가 배경처럼 펼쳐진다(옆의 그림 참고). 태양은 한 달에 한 사인(sign, 별자리)씩 이동해 1년에 12사인 전체를 돈다. 12사인은 춘분(3월 20일경)에 양자리로 시작해 하지(6월 21일경)에 게자리, 추분(9월 23일경)에 천칭자리, 동지(12월 21일경)에 염소자리를 거쳐 마지막 별자리인 물고기자리에 이른다. 다시 춘분이 되면 태양은 양자리로 돌아와 계속 순환한다.

'난 무슨 별자리'라는 말은, 당신이 태어나는 그 순간에 태양이 지나는 사인을 가리킨다. 당신 별자리가 사자자리라면 탄생의 순간에 태양이 사자자리를 지나던 중이다.

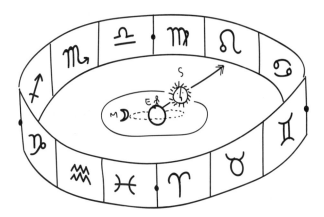

태양이 지나는 길인 황도대 뒤로 12별자리가 배경처럼 자리잡고 있는 모습

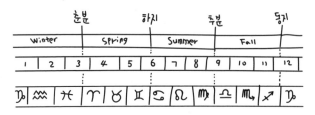

절기와 월별에 따른 12별자리 위치

따라하기만 하면 당신의 별자리 출생 차트가 뚝딱!

현재 어스트롤로지는 유럽과 미국 등 세계 곳곳에서 하나의 학문 영역으로 인정받을 정도로 높은 수준에 이르렀다. 무수히 많은 관련 사이트들만 봐도 그 관심이 얼마나 큰지 가늠된다. 그 덕분에 '어스트로닷컴www.astro.com'과 같은 매력적인 웹 사이트의 도움을 받아 별자리 출생 차트를 만들 수 있게 되었다. 또한 이 책으로 좀 더 쉽게 당신의 별자리를 이해하게 될 것이다.

어스트로닷컴은 천문해석학자 리즈 그린Liz Greene이 해석자로 참여하는 웹 사이트다. 그녀는 융 심리학을 토대로 한 신화 상징주의를 별자리 해석에 도입해 어스트롤로지에 일대 혁신을 일으킨 인물이다. 이 웹 사이트는 기본 서비스를 무료로 제공한다. 물론 유료 서비스에 가입해 더 풍부한 정보를 제공받을 수도 있지만 별자리 공부를 시작한 입문자에게는 기본 정보만으로도 충분하다. 우선 무료 서비스를 활용해 출생 차트부터 만들어보자.

TIP 'www.astro.com' 사이트에 회원 가입하면 출생 차트 100개를, 회원으로 가입하지 않은 손님(guest)도 출생 차트 4개를 무료로 만들 수 있다. 자기 자신은 물론, 영혼의 단짝 같은 친구, 질긴 인연인 가족 그리고 꼰대 상사 등 주변 인물들의 출생 차트를 뽑고 싶다면 귀찮아도 가입하길 권장한다. 가입 절차도 간단하다.

회원 가입이 귀찮다면

회원 가입 절차마저 귀찮거나 출생 차트를 당장 보고 싶은 성격 급한 사람이라면, 게스트로 출생 차트를 만들자. 몇 단계만 거치면 끝.

1단계: 어스트로닷컴 접속하기

컴퓨터로도 출생 차트를 만들 수 있지만, 모바일로 만들면 언제 어디서든 보고 싶을 때마다 볼 수 있다. 이 책에서 사용한 예시는 스마트폰 화면이다. 모바일과 컴퓨터 화면 사이에 약간의 차이가 있지만 기본 구조는 동일하다. 선택은 당신 몫! 우선 모바일 장비로 인터넷에 접속할 브라우저를 열어 주소창에 'www.astro.com'을 입력하여 어스트로닷컴에 접속한다.

2단계: 무료 출생 차트 만들러 가기

어스트로닷컴 메인 화면의 상단 오른쪽에 세 가닥 선으로 표시된 기호를 터치하라. 메뉴가 펼쳐지면 그 가운데서 'FREE HOROSCOPES'를 터치하여 'Horoscope Drawings & Data' 목록 중 'Chart drawing, Ascendant'를 선택한다.

'Free Astrology Chart' 페이지로 이동한다. 게스트를 위한 '★ Enter birth data'를 터치하면 정보 동의 화면이 나온다. 'Accept'를 터치하여 수락하면 출생 정보를 입력하는 페이지로 간다. 설명은 길지만 터치 몇 번이면 과정의 절반이 끝난다.

3단계: 당신의 출생 정보 입력하기

출생 정보를 입력하는 'Birth Data Entry' 페이지가 나타나면 빈 칸을 채우자. 'first name' 항목에 이름(별명 가능, 한글 가능), 'last name'에는 성(한글 가능, 선택 사항), 'gender'는 'female'(여성), 'male'(남성), 'event/other'(기타) 중에서 선택한다. 'birthday' 항목에 생년월일(양력)을 적고, 'hour' 항목에 정확한 출생 시간을 택하거나 입력하라. 시간을 정확하게 입력할수록 출생 차트의 정확도도 높아진다.

'country' 항목에서 'Korea (N and S)' 혹은 태어난 나라를 택하고, 'birth town'에 태어난 도시를 한글로 쓴 뒤 기다리면 도시명이 영문으로 뜬다. 영문 도시명이 제대로 떴다면 선택하고 'continue'를 터치하면 출생 차트 완성. 영문 도시명이 뜨지 않는다면 옆의 TIP을 참고하라. 출생 차트가 보이지 않는다면, 오른쪽 상단에 있는 메뉴 기호를 터치하여 'MY ASTRO' 메뉴로 들어가 'FREE HOROSCOPES' 항목 중 'Horoscope Drawings & Data'의 하위 메뉴 가운데 'Chart Drawing, Ascendant' 를 터치하여 등록한 출생 정보를 확인할 수 있다.

Birth Data Entry

first name

last name
(optional)

gender
○ female   ○ male   ○ event/other

birthday   ⓘ
[   ] [january ⌄] [   ] year

hour   ⓘ
[??? ⌄] min [   ]

Country
[The Whole World   ⌄]

birth town
[   ]

소도시나 읍, 면 단위는 영문 이름이 뜨지 않을 확률이 높다. 이런 경우 위도, 경도가 비슷한 가장 가까운 도시를 입력하여 영문명이 뜨면 선택하라. 태어난 곳과 가까운 도시조차도 영문명이 뜨지 않는다면 주변에서 가장 가까운 대도시를 입력한 뒤 선택하라. 대한민국이 생각보다 작아서 태어난 곳으로부터 얼마간 떨어진 도시를 선택해도 출생 차트에 큰 영향을 끼치는 건 아니지만, 정확한 정보를 넣을수록 출생 차트도 정확하게 만들어진다. 이런 경우도 있으니 참고하라. 태어난 도시가 '담양'인데, 우리말 그대로 '담양'이라 적으니 뜨지 않고 영어식 발음인 '탐양'으로 입력했더니 도시명이 제대로 뜨기도 한다. 태어난 도시가 뜨지 않는 경우 영어식으로 지명을 입력해보는 것도 한 가지 방법이다. 물론 영어로 입력해도 된다.

회원 가입하여 더 얻고 싶다면

자신은 물론 가족이나 친구 등 주변 사람들의 별자리 출생 차트도 궁금하다면, 회원 가입부터! 게스트로 출생 차트를 만드는 과정만큼이나 회원 가입 절차도 간단하다. 앞에서와 마찬가지로 어스트로닷컴 메인 화면으로 들어가 아래 몇 단계만 거치면 출생 차트를 완성할 수 있다.

1단계: 회원 가입 시작하기

메인 화면의 상단 오른쪽에 세 가닥 선으로 표시된 메뉴 기호를 터치하라. 메뉴가 펼쳐지면 'My Astro', 'Login'을 차례로 터치하여 'My Astro - Login' 화면으로 이동. 'My Astro - Login' 화면 하단에 있는 '★ Create a free registered user profile'을 터치. 정보 동의 관련 화면이 뜨면 'Accept'를 터치하여 정보를 입력하는 페이지로 이동한다.

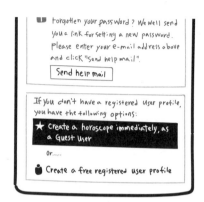

2단계: 가입 정보 입력하기

아이디로 쓸 'Email(이메일)'과 'Password(비밀번호)'를 쓴
뒤 한 번 더 'Password'를 입력하여 바르게 입력했는지 확인하
라. 'Title'(타이틀)에서 성별을 선택하고, 'First Name'(이름, 한
글 가능)과 Last Name(성, 한글 가능)을 입력한다. 'Country'(국
가)에서 'Korea South'를 선택하고 'Language'(언어)에서는 한
국어가 지원되지 않으니 'English'를 선택한다. 로그인한 뒤에
계속 로그인 상태를 유지할 것인지를 묻는 'Keep me logged
in' 항목에서 'Yes'나 'No' 중 하나를 선택하고 'OK'를 터치하면
회원 가입이 완료된다.

로그인 여부를 확인하려면, 메인 화면의 오른쪽 상단에
있는 메뉴 기호를 터치해보면 입력한 이름이 보인다.

My Astro > Registration Data

Enter your personal details here :

Email (used to identify you)

Choose a Password

Confirm Password

Title
Please select

First Name

Last Name

Coutry
Please select

Language
English

Keep me logged in:
Yes ○ No ●

By clicking on "OK" you accept the Astrodienst privacy policy.

OK Cancel

3단계: 로그인하기

어스트로닷컴은 가입과 동시에 자동으로 로그인된다. 이제 당신의 별자리 출생 차트를 만드는 건 물론, 부모님이나 친구, 자녀의 출생 차트도 만들어볼 수 있다. 로그인이 되지 않았다면 메인 화면에 있는 메뉴 기호를 터치하여 'My Astro' 항목에 있는 'Login'을 통해 로그인할 수 있다. 로그인이 되면 아래와 같은 'User Profile' 화면이 나타난다.

4단계: 출생 정보 입력하기

메뉴로 들어가 'MY ASTRO' 중 'User Profile'을 터치하라. 위와 같은 'User Profile' 화면이 뜨면 하단에 있는 '+ Add new Astro data'를 터치한 뒤 'Birth Data Entry'에 당신의 출생 정보를 입력하라. 모두 입력한 뒤 'continue'를 터치하면, 당신의 별자리 출생 차트가 완성! 출생 차트가 보이지 않는다면, 오른쪽 상단에 있는 메뉴 기호를 터치하여 'MY ASTRO' 메뉴로 들어간 뒤 'FREE HOROSCOPES' 항목 중 맨 아래에 있는 'Horoscope Drawings & Data'의 하위 메뉴 가운데 'Chart Drawing, Ascendant'를 터치하면 등록한 출생 정보를 확인할 수 있다.

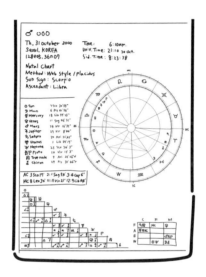

6단계: 출생 차트 완성

드디어 당신이란 우주를 보여주는 별자리 출생 차트를 만났다. 기분이 어떤가? 출생 차트 만들기는 이처럼 간단하다. 보고 싶을 때마다 어스트로닷컴에 들어가는 일이 번거롭다면 화면에 뜬 출생 차트 이미지를 길게 터치하여 사진 앱에 저장하라. 다른 사람의 출생 차트를 추가하고 싶다면, 'My Astro -

User Profile' 페이지 맨 하단에 있는 '+Add new Astro data'(36 쪽 이미지 참조)를 터치하여 앞서와 동일한 방법으로 출생 정보 를 입력하여 만들 수 있다.

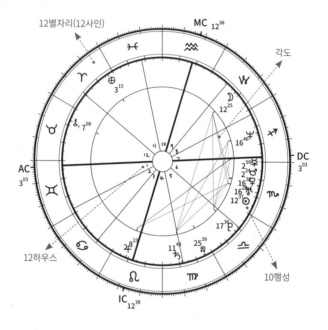

별자리 출생 차트 맛보기

둥근 모양의 출생 차트는 당신이 소우주라는 걸 증명이라 도 하듯 신비로운 기호로 가득하다. 아직은 낯설고 뭐가 뭔지 도 모를 테지만, 이 우주적 기호와 이미지가 당신을 세세하게 보여줄 인생 지도다.

출생 차트를 본격적으로 공부하기에 앞서 구성 요소들과 원리를 먼저 살펴보자. 출생 차트는 당신이 태어나던 그 순간에 12사인과 10행성의 위치를 가상의 우주에 표시한 것이다. 가장자리로 태양이 지나는 둥근 띠(황도대)에 별자리들이 둘러져 있고, 그 안쪽에도 암호 같은 기호들이 위치해 있다. 마치 별들로 가득한 우주와 닮았다.

출생 차트가 둥근 건 우리 인생이 둥근 하늘의 별들처럼 끊임없이 순환하고 변화하는 여정이라는 의미다. 황도대에 위치한 12별자리, 즉 12사인이 맨 바깥쪽 원 안에 표시되어 있다. 12사인은 각각 화(火, fire, 불), 토(土, earth, 흙), 공(쏜, air, 공기), 수(水, water, 물)라는 네 가지 원소(차트 상에서는 각기 다른 색으로 표시)와 시작하는 상태(cardinal), 지속하는 상태(fixed), 변화하는 상태(mutable)라는 세 가지 상태로 구분된다. 이 요소와 상태는 '나'라는 한 사람의 정체성을 파악하는 데 중요한 역할을 하는 기본적 원리다.

그리고 12사인 안쪽에 10행성이 위치해 있다. 사람마다 위치가 제각각인 10행성이 어느 사인의 영향권 안에 있는지는 물론, 행성들이 서로 어떤 관계(각도, aspect)를 맺고 있는지를 파랗고 빨간 선들을 통해 알려준다. 또한 해가 뜨는 동쪽(AC)과 지는 서쪽(DC), 하늘의 바다(IC)과 하늘의 천장(MC)을 나타내는 4개의 기둥과 이 기둥들을 중심으로 12개로 나뉘진 삶의 현장인 12하우스house가 있다.

출생 차트를 구성하는 상징과 기호들과 친숙해져야 한다. 왜냐하면 이들이 당신의 별자리 출생 차트를 해독할 알파벳이자 언어이기 때문이다.

3.

별자리 기본 개념 이해하기

별자리 출생 차트를 구성하는
요소와 기본 개념들을 알아본다.
12사인은 음양, 4원소와 3상태의
조합으로 이뤄진 기본 에너지다.
이 기본 개념만 이해해도
12사인 각각의 특성과 작용 방식을
쉽고도 선명하게 파악할 수 있다.

출생 차트의 알파벳

별자리 출생 차트를 구성하는 요소들을 먼저 살펴보자. 가장 기본적인 개념은 12사인, 10행성, 12하우스다. 12사인은 당신의 기질(character)과 성향을, 10행성은 당신의 욕구(desire)와 의지를, 12하우스는 당신이 살아갈 인생 영역(field)을 나타낸다.

따라서 출생 차트는 당신이 태어나는 순간에 10행성이 어느 사인, 어느 하우스에 위치하는지 시각적으로 보여준다. 즉 10행성 각각의 욕구들이 12사인의 어떤 기질로 드러나고 12하우스의 어떤 인생 영역에서 발휘되는지, 또 서로 간에 어떤 영향을 주고받을지 알려준다. 마치 발아를 기다리는 씨앗과 같다. 성숙한 인간이 된다는 것은 이처럼 각자 다르게 주어진 씨앗들, 즉 내재된 가능성을 인생이라는 경험의 현장에서 발현시키는 것이다.

이 책을 끝까지 읽는다면, 외계의 언어처럼 보이는 출생 차트가 해독되고 비밀의 문이 하나씩 열릴 것이다. 당신이 어떤 사람인지 깊이 이해하게 된다. '내가 이래서 이랬구나!' 하며 무릎을 치는 순간, 미궁 같던 삶의 실마리가 풀리기 시작하며 새로운 시각으로 자신을 보게 될 것이다.

12별자리

10행성

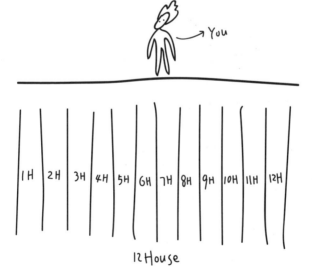

You

1H 2H 3H 4H 5H 6H 7H 8H 9H 10H 11H 12H

12 House

12사인

12사인은 양자리에서 시작해 물고기자리로 끝난다. 별자리에서는 춘분(3월 20일)에 태양이 양자리로 들어가면서 한 해가 시작된다. 춘분이 새해 첫날인 셈이다.

자신의 태양 사인(sun sign, 태양 별자리), 즉 자신이 태어난 순간에 태양이 위치해 있던 사인은 양력 생일로 확인할 수 있다. 우리가 흔히 자신의 별자리라고 말하는 것은 이 태양 사인을 가리킨다. 태양 외에 9개의 행성도 각각 자신을 물들이는 12사인 중 하나에 속한다.

양자리 Aries(♈) 3.20~4.20
황소자리 Taurus(♉) 4.20~5.21
쌍둥이자리 Gemini(♊) 5.21~6.21
게자리 Cancer(♋) 6.21~7.22
사자자리 Leo(♌) 7.22~8.23
처녀자리 Virgo(♍) 8.23~9.23
천칭자리 Libra(♎) 9.23~10.23
전갈자리 Scorpio(♏) 10.23~11.22
사수자리 Sagittarius(♐) 11.22~12.21
염소자리 Capricorn(♑) 12.21~1.20
물병자리 Aquarius(♒) 1.20~2.19
물고기자리 Pisces(♓) 2.19~3.20

여기서 잠깐! 별자리가 바뀌는, 즉 태양이 앞뒤 두 사인의

경계에 있는 날짜에 태어났다면? 물병자리와 물고기자리의 경
계인 2월 19일에 태어났다면, 아스트로닷컴과 같은 사이트에
서 출생 차트를 뽑아보는 것이 가장 정확한 방법이다. 해마다
태양이 각 별자리로 들어가는 시간이 조금씩 달라지기 때문이
다. 태양을 포함한 각 행성의 궤도가 타원을 그리며 돌기에 인
간이 설정한 시간과 딱 맞아떨어지지 않고 어긋나서 생긴 현상
이다. 다시 말해, 같은 2월 19일생이라 하더라도 태어난 연도
에 따라 태양 사인이 달라질 수 있다.

10행성

10행성은 당신이 품고 있는 근원적인 욕구를 보여준다.
10행성이란 태양계의 7행성(수성, 금성, 화성, 목성, 토성, 천왕
성, 해왕성)과 인간 중심에서 해석하는 별자리 특성에 따라 행
성은 아니지만 태양과 달까지 포함한 것이다. 더불어 2006년
에 행성의 지위를 잃었지만 인간의 무의식에 큰 영향력을 미
치는 명왕성.또한 별자리의 중요한 행성으로 포함하고 있다.

태양 Sun(☉)
달 Moon(☽)
수성 Mercury(☿)
금성 Venus(♀)
화성 Mars(♂)
목성 Jupiter(♃)
토성 Saturn(♄)

천왕성 Uranus(♅)

해왕성 Neptune(♆)

명왕성 Pluto(♀/♇)

12하우스

12하우스는 인간이 경험하는 삶의 12개 현장이자 인생 영역이다. 이곳에서 10행성의 욕구들이 현실적이고 구체적으로 드러난다. 당신이 품은 생의 의지와 욕구들이 서로 화합되거나 충돌을 겪는 것을 확인할 수 있다.

1 하우스: 당신을 외부로 드러내는 주체의 영역

2 하우스: 당신을 든든히 떠받치는 재물의 영역

3 하우스: 당신을 소통하게 하는 지식의 영역

4 하우스: 당신의 뿌리와 연결된 가족의 영역

5 하우스: 당신의 즐거움을 표현하는 유희의 영역

6 하우스: 당신을 단련시키는 일의 영역

7 하우스: 당신과 특별한 사람이 만나는 만남의 영역

8 하우스: 당신을 통찰하도록 하는 변형의 영역

9 하우스: 당신의 정신적 성장을 돕는 지혜의 영역

10 하우스: 당신을 사회적으로 드러내는 성취의 영역

11 하우스: 당신이 사회적으로 교류하는 공동체의 영역

12 하우스: 당신의 억압되거나 감춰진 비밀의 영역

당신은 음이며 양이다

하늘과 땅이 분리되기 전, 태초의 세상은 텅 비어 아무것도 없는 듯했다. 보이지 않지만 아무것도 없다고 말할 수 없는 그런 상태. 그러던 어느 날 빅뱅이라 불리는 상상조차 불가능한 규모의 대폭발이 일어나 공간과 시간이 빚어졌다. 급격하게 치솟았던 우주의 온도가 서서히 식어가면서 물질이 형성되기 시작했다.

빅뱅을 통해 공간과 시간 그리고 물질이 생겨났다는 것은 동시에 음양陰陽 운동도 일어났다는 의미다. 음과 양이라는 두 기운이 벌이는 순환 운동이다. 시간도 마찬가지다. 무심히, 무의미하게 흘러가는 듯 보이지만 낮과 밤으로 교대한다. 큰 흐름의 차원에서 보면, 우주만물은 팽창한 후에 수축하고, 수축한 후에 다시 팽창으로 향한다. 인간이 태어나고 죽는 것도 이러한 순환의 필연적 과정이다.

음은 양 없이 존재할 수 없고, 양도 음 없이 존재할 수 없다. 음양은 동시에 존재하면서 상대적으로 작용한다. 땅과 하늘, 달과 해, 밤과 낮, 어둠과 밝음, 추위와 더위, 속과 겉, 안과 밖, 여자와 남자 ……. 모두 음양의 표현이다. 물론 각각의 음과 양 또한 다시 음양으로 나뉜다. 그런 점에서 당신도 궁극적으로는 음과 양으로 이루어진 존재라 할 수 있다.

12사인에도 음양의 기운이 작용한다. 음의 에너지가 강한 별자리와 양의 에너지가 강한 별자리로 나눠진다. 이렇듯 음양으로 이루어진 12사인에 10개의 행성이 각각 자리하게 되며 행성들의 욕구와 기능 또한 음과 양 두 기운의 영향을 받는다.

우리가 별자리를 공부하는 이유는 각자의 고유한 에너지를 잘 발현하려는 것이다. 출생 차트에 나타난 행성들의 에너지 양상과 관계를 살피고, 그 에너지를 자신과 타인에게 조화롭고 긍정적으로 활용하려면 음양의 기운을 잘 파악하는 것이 필수다.

출생 차트는 우리가 어떤 상황과 관계 속에 있는지를 보여준다. 이때 차트에 나타난 행성의 에너지가 바깥으로 발산하는 에너지냐, 안으로 수축하는 에너지냐는 그 사람이 지닌 고유한 특성일 뿐 그 자체로 좋거나 나쁜 것은 아니다. 에너지 자체는 중립적이다. 어떤 상황에 놓이느냐에 따라 자기 자신에게 혹은 타인에게 좋지 않은 행동을 하거나 영향을 끼친다. 그렇기에 우리 자신이 어떤 상황에 처해 있는지 출생 차트를 통해 살피는 것이다.

'음'과 '양'

음양은 만물의 근원

음양은 우주의 구성 원리이자 한 몸이다. 음과 양은 마치 서로의 꼬리를 물듯이 맞물려서 돌고 돈다. 음과 양은 고정된 것이 아니라 끊임없이 모습을 바꾸고 요동치는 가변적 상태다. 운동하는 에너지인 것이다. 내향적인 음에는 외향적인 양이 내재되어 있어 시간이 지나면 양으로 변화하고, 외향적인 양에는 내향적인 음이 내재되어 있어 시간이 지나면 음으로 나아간다.

달이 차면 기울기 시작하고, 맹렬한 겨울도 어느 순간 봄 기운에 서서히 밀려난다. 24절기 중 음기陰氣가 가장 강한 때가 동지인데 이때부터 양기陽氣가 싹튼다. 동지의 반대편에 있는 하지도 마찬가지다. 가장 더운 때에 음기가 돋는다. 이처럼 음과 양은 끊임없이 움직이며 뫼비우스의 띠처럼 안과 밖에서 교대한다.

발산하는 양의 기운이 밖으로 나타날 때 수축하는 음의 기운이 안에서 중심을 잡는다. 음 기운이 최고조에 이르러 움직이지 않는 것처럼 보이는 순간에도 음의 내부에서는 양 기운이 꿈틀거리며 외부로 나갈 때를 기다린다.

태극 문양은 음양을 시각적으로 표현한 것이다. 음과 양을 나타내는 파랑과 빨강이 서로 꼬리를 물고 연결되어 있는 태극은 음과 양이 서로 전환되는 관계임을 직관적으로 보여준다. 계절의 변화, 태양과 달이 뜨고 지는 자연 운동은 물론, 태어나 성장하고 늙고 병들어 죽고 다시 태어나는 모든 과정이 곧 음양의 순환에 따른 결과다. 그러나 양과 음이 선과 악, 높고 낮음, 좋고 나쁨과 같은 가치 개념은 결코 아니다.

정적이고 내향적인 '음'(−)

표면적으로는 정적에 싸여 있어 조용하지만 안에 기운이 응축되어 있다. 에너지가 안에 머물러 있기에 반응하는 속도는 느리다. 음의 에너지는 밖으로 뻗지 않고 안으로 웅크리는 모습이다. 이러한 수축과 웅크린 상태가 극에 이르면 결국 폭발한다. 폭발과 동시에 음 에너지는 양 에너지로 전환된다.

음의 에너지가 발달한 사람은 겉보기에 내성적이고 움직임도 크지 않지만, 집중력을 제대로 발휘하기 시작하면 끝까지 밀어붙인다. 잘 드러나지 않지만 음의 에너지가 축적을 거듭하다보면 언젠가는 양의 에너지로 전환되어, 쌓아두었던 자기 역량을 폭발시킨다.

동적이고 외향적인 '양'(+)

뜨거운 열기를 뿜어내고 활기차게 움직이며 뻗어나간다. 양의 에너지는 안에서 밖으로 발산되고 확산된다. 에너지가 발산되는 속도도 빠르다.

양의 에너지가 발달한 사람은 활동적이고 적극적이지만 금세 에너지를 소진하기도 한다. 분산되는 에너지라서 하나에 집중하기보다는 다방면으로 관심을 쏟는다. 그런 까닭에 시작한 일을 마무리하는 힘은 음의 에너지에 비해 부족할 수 있지만, 눈치 보지 않고 먼저 아이디어를 내어 일을 벌이고 적극적으로 추진해나간다.

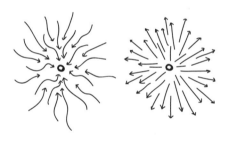

빅뱅으로 나타난 음과 양은 시간이 지나면서 음은 토(土, 흙)와 수(水, 물)로, 양은 화(火, 불)와 공(空, 공기)으로 더 구체적인 형태로 변화한다. '나'라는 존재를 포함한 우주만물은 음과 양으로 빚어진 화·토·공·수 4원소가 어우러지는 것이다. 그 결과, 누구나 음과 양에서 세분화된 화·토·공·수 4원소를 지니게 된다. 사람에 따라 어느 기운이 더 강하거나 약할 뿐이다.

4원소는 우리가 흔히 아는 개념의 물질이 아니다. 화학 공식에서 수소와 산소가 만나 물이 될 때의 수소나 산소 같은 원소가 아니라는 뜻이다. 이 세상에 존재하는 모든 것을 구성하는 원리이자 운동하는 에너지를 뜻한다. 그리스의 고대 자연철학자 엠페도클레스도 만물이 4원소인 화·토·공·수로 이뤄졌다는 이론을 주장했으며, 불교에서도 우리 몸 또한 그러하다고 여긴다.

음양의 분화: 4원소와 3상태

12사인은 크게 음양에서 분화된 화·토·공·수 4원소로 이루어져 있다. 4원소는 다시 활동형(cardinal, 카디널)·고정형(fixed, 픽스드)·변화형(mutable, 뮤터블)이라는 세 가지 에너지 상태로 나뉜다. 음과 양이 4원소와 3상태로 확장된 것이다. 네 가지 원소와 세 가지 상태가 조합되어 열두 가지 에너지 양상으로 나타나며 이 각각이 12사인의 특성을 이룬다. 따라서 4원소와 3상태에 대한 기본 개념만 알면 12사인의 특성을 달달 외우지 않아도 쉽게 이해하고 기억할 수 있다.

4원소

음은 흙과 물로

흙(Earth) 사인 : 오감(Sensation)과 물질

황소자리♉ | 처녀자리♍ | 염소자리♑

흙은 구체적이고 실질적이다. 흙 사인이 발달한 사람들은 현실적이고 효율적인 것을 중요하게 여긴다. 가성비도 꼼꼼히 따지며, 목표와 그에 따른 결과를 중요시하기에 냉정한 면이 드러나기도 한다. 보수적이며 조심스러워서 변화보다는 전통이나 관습, 매뉴얼을 중요하게 생각한다. 지나치면 변화를 꺼린다. 성과의 척도인 돈, 건강, 시간을 잘 다룬다. 계획을 중요하게 여기기에 철저하게 준비하며, 약속을 칼같이 지키는 편이다. 보편적인 상식을 무척 중요하게 여긴다. 불 사인이 자기 이상과 아이디어를 향해 달려가는 스타일인데 반해, 흙 사인은 실질적인 결과를 염두에 두고 행동한다. 따라서 규칙적이며 반복하는 일로 삶의 중심을 잡는 편이다. 소소하지만 구체적인 오감 만족을 통해 행복을 성취해 나간다.

물(Water) 사인 : 혼과 감성(Feeling)

게자리♋ | 전갈자리♏ | 물고기자리♓

물 사인은 감정과 느낌을 중요하게 여긴다. 얼핏 보면 부

53

드럽고 유순하지만, 깊은 물속이 보이지 않듯 속을 잘 드러내지 않는 편이다. 직접적인 말이나 행동보다는 은근한 감정의 뉘앙스로 표현한다. 물 사인은 기본적으로 사람의 감정을 잘 읽는다. 느낌과 정서만으로도 상대방의 상태는 물론, 자신과의 거리까지 가늠한다. 먼저 느끼고 나중에 생각하는 편이기에 내면적이고 수동적이다. 이른바 '촉'이 발달해 직감이 뛰어나며, 보이는 것 너머를 감지하는 능력을 발휘하곤 한다. 감정적 포용력이 넓어서 타인의 마음의 상처를 치유하는 능력을 발휘하기도 한다. 감정 교감이 일어날 때 행복을 느낀다. 하지만 감정에 치우치다 보니 상황을 객관적으로 조망하는 것에 어려움을 겪을 수 있다.

양은 불과 공기로

불(Fire) 사인 : 직관(Intuition)과 행동
양자리♈ | 사자자리♌ | 사수자리♐

불 사인은 열정적이다. 활활 타오르기에 어디서나 금방 눈에 띈다. 불길이 그러하듯 위로 올라가려는 경향이 있고, 진취적이며 앞장서서 이끌고자 한다. 행동이 생각을 앞지르며, 몸 쓰는 걸 즐긴다. 불이 주변을 환히 밝히듯 자신을 밖으로 드러내고자 하는 욕망이 강하다. 기본적으로 따뜻하며 밝다. 생기와 활력, 자신감이 넘치고 적극적이다. 솔직하기에 순진한 구석도 있으며, 행동이 앞서는 까닭에 무모하게 보이기도 한다. 그렇기에 불 사인은 모험을 좋아하고 개척자다운 이미지를 지닌다. 미래에 대한 목표와 열망이 높다. 생각이 떠오르는 즉시 몸을 움직이고, 시작한 일에는 열정의 불꽃을 지핀다. 일단 저지르고 보는 타입으로 자신을 드러내며 행동할 때 행복하다. 지나치면 과장을 하거나 허세를 부릴 수 있고, 자기 잘난 맛에 도취될 수 있다.

공기(Air) 사인 : 지성(Thought)과 사회성
쌍둥이자리♊ | 천칭자리♎ | 물병자리♒

공기 사인은 논리적이고 아이디어가 넘친다. 매우 지적이다. 공기처럼 빠르고 가볍게 움직이며 대화를 좋아한다. 보이지 않는 것을 구체적으로 그려내거나 개념화하는 데 뛰어난 능력을 발휘한다. 어떤 일이 닥치면 감정보다 이성이 먼저 작동하며, 객관적 시선으로 전체를 조망한다. 떨어져 있는 공간을 자유롭게 이동하는 공기처럼, 떨어져 있는 것들을 연결하는 지적 활동이나 교류를 중요하게 여긴다. 말이나 글로 자기 생각이나 지식을 전달하며 타인과 소통하는 것을 즐긴다. 넘치는 호기심은 낯선 상황이나 변화조차도 잘 받아들이게 한다. 끊임없이 배우는 지적 활동에서 행복감을 느낀다. 하지만 이성적이고 지적인 것에 집중하느라 자신은 물론이고 타인의 감정마저도 사소하게 여기거나 무시할 수 있다.

4원소인 화·토·공·수 에너지 잘 쓰는 비법

화(불)

불 에너지 잘 쓰는 훈련

뭐든지 다 할 수 있을 것만 같은 열정 부자이자 파이팅 넘치는 당신. 그러나 80퍼센트 정도에서 멈추는 연습을 해보자. 더, 더, 더 하며 몰아붙이기보다는 여기까지가 자기 능력이라고 인정하라. 삶이 가벼워지는 건 물론, 자신의 능력을 온전히 활용할 수 있게 될 것이다. 다 할 수 있지만 덜 하는 기술이 필요하다

불 에너지 끌어올리는 훈련

불 에너지가 부족하면 목표 성취에 대한 의욕과 열정은 약화되고 자기 확신도 낮아진다. 따라서 활기를 불어넣어줄 야외 활동을 추천하며, 소소한 일이라도 몸을 움직여 직접 실행하는 일상을 만드는 것이 필요하다. 작은 행동과 활동이 당신 삶과 열정에 불을 지피는 계기가 될 것이다.

토(흙)

흙 에너지 잘 쓰는 훈련

10년 넘게 써온 다이어리가 있을 법한 플래너들. 자기 계획이 잘 짜여진 것에 만족하지만 삶에서 벌어지는 일들은 대개

계획과 엇나가게 마련. 우연과 변수에 기대어 평소에 가지 않
던 길, 다른 길로 걸음을 옮기길 추천한다. 예상치 못한 아름다
운 곳을 만나게 될 것이다. 계획에 없던 방향으로 나서는 것도
흙 에너지를 잘 쓰는 지름길이다. 평소와 다르게 결정하고 다
른 길을 걷고 다른 생각을 해보길 권한다.

흙 에너지 끌어올리는 훈련

흙 에너지가 부족하면 일상에서 현실감이 떨어진다. 씹고
뜯고 맛보고 즐기며 오감을 충전할 필요가 있다. 문제가 코앞
까지 닥친 경우라도 허둥지둥하기보다 차분하게 구체적인 해
결 방안을 떠올려보라. 몸을 편안히 이완하는 일, 소소한 현실
적 성취를 맛보는 일은 당신을 현실 세계로 이끌 것이다.

공(공기)

공기 에너지 잘 쓰는 훈련

뭐든 책으로 배우는 문자 러버들. 자신의 눈에 보이는 논
리적인 것에만 집중하지 말라. 책에는 결코 담기지도, 쉽게 보
이지도 않는 저 너머의 세상과 감정까지 들여다보려는 노력을
기울여야 한다. 언어적 이해를 초월하는 감정이 생각에 깊이
를 더해줄 것이다.

공기 에너지 끌어올리는 훈련

공기 에너지가 부족하면 합리적 사고가 부족하고 객관성
이 떨어진다. 이런 사람은 독서 모임 같은 것이 도움된다. 책을

읽고 글을 쓰며 논리와 지성 능력을 높이면 이전과 다른 자신을 만날 수 있다. 폭넓은 지적 대화나 수다가 당신 삶에 새로운 것을 촉발시키는 연료가 될 것이다.

수(물)

물 에너지 잘 쓰는 훈련

당신은 '촉' 장인! 예리한 그 촉도 곧잘 빗나간다는 사실을 간과하지 말자. 자신의 촉을 과신하거나 그것에 붙들리지 말고 가끔은 무심하게 흘려보내는 연습이 필요하다. 일시적 마음 상태일 뿐인 감정도 마찬가지다. 분노든 불안이든 어떤 감정이 올라올 때 그 감정을 알아차리고 떠나보내야 한다. 그럴 때 마음에 다른 감정이나 생각이 들어설 자리가 생긴다.

물 에너지 끌어올리는 훈련

물 에너지가 부족하면 감정적인 행동을 이해하기 힘들고 교감 능력이 떨어진다. 당신의 마음 깊은 곳을 고요하게 들여다보며 감정을 살펴야 한다. 명상 앱을 이용해 하루에 5분만이라도 명상을 하거나 요가하는 것을 추천한다. 에너지가 밖으로 나가지 않게 안으로 잘 갈무리하면서 자신의 느낌과 감정, 몸의 감각 등을 알아주는 시간을 갖는 것이다. 우선 자기 자신에게 공감하고 교감하려는 노력을 기울일 때 타인과의 관계도 편해진다.

3상태

12사인은 각각 카디널(cardinal, 활동형)·픽스드(fixed, 고정형)·뮤터블(mutable, 변화형)이라는 세 가지 에너지 상태로도 구분된다. 양자리, 게자리, 천칭자리, 염소자리는 카디널, 즉 뭔가를 시작하고 벌이는 상태다. 황소자리, 사자자리, 전갈자리, 물병자리는 픽스드, 즉 완성하고 지속하는 상태다. 쌍둥이자리, 처녀자리, 사수자리, 물고기자리는 뮤터블, 즉 변화하고 유동하는 상태다. 그러니까 카디널 사인들은 뭔가 시작하기를 잘하고, 뮤터블 사인들은 상황을 바꾸거나 알고 있는 것을 전하는 일에 익숙하다. 픽스드 사인들은 완성된 것을 지속시키고, 있는 것을 쌓아가는 데 능숙하다. 각 사인이 어떤 상태인지만 알아도 해당 사인의 특성이 파악된다.

카디널(활동형)

시작하고 활동하는 상태
계절의 시작
양자리♈ | 게자리♋ | 천칭자리♎ | 염소자리♑

앞장서서 끌고 나가려는 충동이 강하다. 활동적이기 때문에 육체적인 힘도 강하다. 일을 잘 떠맡고, 뭔가에 잘 꽂히고, 열정적이며 모험적이다. 새로운 것이면 쉽게 시도하지만 싫증을 잘 내기에 마무리는 장담할 수 없다. 리더 기질이 다분하고 앞장서서 행동한다는 점에서 불 사인의 특성과 유사하다. 불 사인이면서 시작하는 상태인 양자리가 카디널 사인 중에서 가장 열정적이고 활기차다.

픽스드(고정형)

고정하고 지속하는 상태
계절의 절정
황소자리♉ | 사자자리♌ | 전갈자리♏ | 물병자리♒

새롭게 시작하기보다는 이미 하고 있는 일을 완성해서 잘 유지하고, 지속적으로 쌓아가며 완성해 나간다. 또한 조직적이고 효율적이며 자기 확신이 강하다. 보수적이라서 변화를 싫어하는 편이다. 그 대신 인내심이 강하고 일을 잘 마무리하는 점에서 흙 사인과 비슷하다. 흙 사인이면서 고정하는 상태인 황소자리가 일에 결과를 내는 데 뛰어난 집중력을 발휘하고 완성된 걸 유지하는 능력도 확실히 뛰어나다.

뮤터블(변화형)

변화하고 유동하는 상태
계절의 사이
쌍둥이자리♊ | 처녀자리♍ | 사수자리♐ | 물고기자리♓

다양성과 변화를 중요하게 여기고, 자기가 아는 것을 매개하며 알려주기를 좋아한다. 융통성이 있고, 관심의 폭도 넓다. 하지만 상대적으로 인내심이 없는 편이기도 하다. 한 계절의 마지막이면서 다음 계절의 시작으로 이어지는 만큼 상황에 대한 적응력이 뛰어나다. 변화에 쉽게 적응하고 이쪽과 저쪽 사이에서 연결 역할을 한다는 점에서 공기 사인과 비슷하다. 공기 사인이면서 변화하는 상태인 쌍둥이자리가 호기심도 가장 크고 변화에도 대단히 민감하다.

스텝별 출생 차트 해석 예시 1

4원소와 3상태를 적용해 출생 차트 해석하기

출생 차트를 통해 4원소와 3상태만 분석해도 자신이 어떤 유형의 사람인지 파악할 수 있다. 예시로 든 출생 차트를 보면서 4원소와 3상태를 분석해보자. 책의 저자 중 한 명의 출생 차트다. 붉은 점선으로 표시된 표를 보면 차트 주인공의 4원소와 3상태가 직관적으로 정리되어 있다. 세로가 4원소, 가로가 3상태를 나타낸다.

먼저 세로로 늘어서 있는 4원소를 보자. 여기서 'F'는 Fire(불), 'A'는 Air(공기), 'E'는 Earth(흙), 'W'는 Water(물)를 나타내는 줄임말이다. 10행성이 어떤 원소의 사인에 많은지 살펴서 차트 주인이 어떤 기운이 강하고 약한지 파악할 수 있다. 예시로 든 출생 차트를 보면, 불 원소의 사인(사수자리와 사자자리)에 4개의 행성(목성, 수성, 화성, 해왕성)이 있고, 물 원소의 사인(전갈자리)에 3개의 행성(태양, 금성, 천왕성)이 있는 반면, 공기 원소의 사인(천칭자리)에는 1개의 행성(명왕성)이, 또 흙 원소의 사인(염소자리와 처녀자리)에는 2개의 행성(달, 토성)이 있다.

동그란 출생 차트만 보면 수성과 화성이 전갈자리 영역에 위치한 듯 보여 물 원소 사인이라 오해할 수 있다. 그러나 아래 표를 보면 수성과 화성 모두 사수자리에 위치한 불 원소 사인임을 알 수 있다. 출생 차트 상의 행성 위치가 애매하다면 표와 대조해야 정확하게 파악할 수 있다.

Sun sign: Scorpio
Ascendant: Gemini

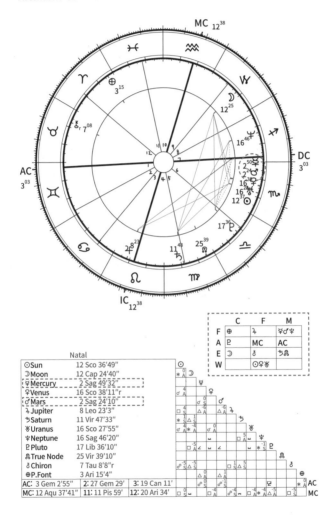

	C	F	M
F	⊕	♃	☿♂♆
A	♇	MC	AC
E	☽	♂	♄♌
W		☉♀♅	

Natal			
☉ Sun	12 Sco 36'49"		
☽ Moon	12 Cap 24'40"		
☿ Mercury	2 Sag 49'32"		
♀ Venus	16 Sco 38'11"r		
♂ Mars	2 Sag 24'10"		
♃ Jupiter	8 Leo 23'3"		
♄ Saturn	11 Vir 47'33"		
♅ Uranus	16 Sco 27'55"		
♆ Neptune	16 Sag 46'20"		
♇ Pluto	17 Lib 36'10"		
☊ True Node	25 Vir 39'10"		
⚷ Chiron	7 Tau 8'8"r		
⊕ P.Font	3 Ari 15'4"		
AC: 3 Gem 2'55"	2: 27 Gem 29'	3: 19 Can 11'	
MC: 12 Aqu 37'41"	11: 11 Pis 59'	12: 20 Ari 34'	

63

차트 주인공은 물과 불 기운은 강하지만 흙과 공기의 기운은 상대적으로 약하다고 볼 수 있다. 물처럼 느끼고 깊이 교감하며 불처럼 열정적이고 활동적으로 자기를 표현하는 사람으로 예측 가능하다. 그러나 물과 불은 상반된 기질이다. 불은 밖으로 발산하는 외향적인 양 중의 양이고, 물은 안으로 수축하는 내향적인 음 중의 음이다. 따라서 자신 안에 있는 물과 불의 에너지를 적절하게 조절하는 일이 주인공에게 무엇보다 중요하다. 주인공은 흙의 진득함이 부족할 것이다. 공기 에너지도 안정적이지 않을 수 있다. 흙 원소 사인에도 행성이 둘이나 있는데 어째서 약하다고 하는지는 행성을 배우면서 밝혀질 것이다. 미리 귀띔하자면, 행성은 중요도에 따라 점수를 다르게 배점하기 때문이다.

이제 표에서 가로로 늘어서 있는 3상태를 살피자. 이미 말했듯이 'C'는 cardinal로 '시작하는' 상태(활동형)를, 'F'는 fixed로 '고정하는' 상태(고정형)를, 'M'은 mutable로 '변화하는' 상태(변화형)를 나타낸다. 주인공은 고정형과 변화형에 행성이 많고 활동형에는 달과 명왕성 둘뿐이다. 따라서 주인공은 완성시킨 것을 유지하거나 전달하고자 하는 기운이 강한 반면, 새롭게 시작하는 기운이 약하다. 새롭게 시작하는 것보다는 기존의 것을 유지하거나 개량 또는 수정하는 성향이라는 뜻이다.

이처럼 4원소와 3상태만 제대로 살펴도 에너지를 쓰는 자신만의 스타일을 이해할 수 있다. 만약 불 기운이 넘실대는 사람과 친해지려면 밖으로 나가 함께 활동하는 게 좋고, 물 기운이 강한 사람과 친하게 지내려면 그의 말이나 행동 뒤에 숨어 있는 감정까지 알아주고 받아주면 좋을 것이다. 흙 기운이 많은 사람과는 약속을 꼭 지키고, 지키기 어려울 땐 미리 상황을 정확하게 알리면 관계를 망치는 일은 없을 것이다. 함께 오감을 만족시키는 예술적인 활동을 한다거나 맛집을 찾아다니는 것도 흙 기운의 사람과 친해지는 방법 중 하나다. 공기 기운이 넘치는 이들과는 모여서 책을 읽거나 토론하는 등 지적 활동을 통해 가까워질 수 있다. 물론 이들과 대화가 잘 통하려면 논리적일수록 유리하다. 물 기운인 사람과 하듯이 감성이나 감정적 표현은 금물이다. 4원소와 3상태의 작동법에 대해 감이 잡히는가? 여전히 어려울 수 있으나 포기하지 말자.

이 책을 기획하고 쓴 세 저자의 태양 사인은 우연하게도 모두 전갈자리다. 사려 깊다가도 차갑게 돌변하며, 알 것 같다가도 당최 모르겠는 사람들이다. 깊은 차원에서 자기를 이해하고 넘어서려는 의지가 강하기 때문일 것이다. 그렇다고 셋 모두 비슷할 거라는 오해는 금물. 비슷한 특성을 지닌 면도 있을 테지만 결코 똑같지가 않다. 태양만 같은 전갈자리에 있고 나머지 9개 행성들이 들어 있는 사인과 하우스 위치, 행성 간에 맺고 있는 관계(aspect, 각도) 등이 제각각이기에 사람이나 일을 대하는 방식도 모두 제각각이다.

예를 들어 책을 쓸 때는 10행성 중 수성 에너지를 꺼내 쓸 텐데, 수성이 위치한 사인이 셋 모두 다르다. 태양 사인이 같은 전갈자리여도 어떤 사람은 핵심적인 언어로 간결하게 표현하고, 어떤 사람은 톡톡 튀면서도 화려한 언어를 구사한다. 이처럼 누구나 독특한 자기만의 개성과 스타일을 품는다. 심지

어 생일이 같다고 해도 태어난 환경, 만나는 사람에 따라 에너지를 다르게 발현한다. 전갈자리 사람 수만큼이나 다양한 전갈자리가 존재한다는 뜻이다.

또한 사람은 누구나 태양 사인 말고도 나머지 11개 사인의 특성도 품고 있다. 나머지 9개 행성들도 각 사인에 위치하며 상대적으로 강력하게 혹은 약하게 작용하기 때문이다. 변치 않는 사실은 모든 행성이 당신에게 영향을 미친다는 것이다. 별자리에서는 무척이나 중요한 사실이다. 우리는 부분이 아니라 전체로서의 '나'를 보기 위해 별자리 출생 차트를 해석하는 것이다.

출생 차트 해석 워크 페이지 ❶

4원소 3상태 찾아보기

당신의 별자리 출생 차트에 있는, 자신의 기본 성향을 보여주는 4원소와 3상태가 담긴 표를 보면서 아래 빈 칸을 채워보라. 표에 들어 있는 각 기호들이 10행성 중 어느 것을 가리키는지 앞의 '10행성' 부분(45쪽 참조)에도 소개되어 있지만, 출생 차트 중 큰 표에 행성명이 영어로 표기되어 있으니 참고하면 된다. 어느 원소, 어떤 상태에 행성이 많이 모일수록 에너지를 강하게 쓸 것이다. 물론 행성의 중요도에 따라 배점이 달라지며, 그에 대해서는 행성 챕터에서 익히자.

	내 태양 사인의 원소	내 태양 사인의 상태
나의 태양 사인		

4원소 중 많은 에너지	
4원소 중 적은 에너지	
3상태 중 많은 에너지	
3상태 중 적은 에너지	

4.

12사인 파헤치기

12사인은 출생 차트의 가장
바깥쪽 원에 표시되어 있으며,
가장 표면적으로 드러나는 스타일이다.
일단 태양이 있는 사인에 주목하라.
태양이 당신의 정체성을 보여주는
행성인 만큼 태양 사인을 통해
자기 정체성을 어떤 에너지의 형태로
드러내는지 알 수 있다.
나머지 11개 사인도 다른 행성들을
통해 당신에게 영향을 미친다.
그렇기에 태양 사인뿐만 아니라
나머지 행성이 위치한 사인도
찬찬히 살펴야 한다.

당신의 태양은 어떤 사인에 있나

앞에서 당신의 별자리 출생 차트를 만들었다. 이제 출생 차트를 열어서 태양이 있는 사인을 찾자. "나는 ○○자리"라고 말할 때, 양력 생일을 기준으로 태양이 있는 사인을 가리킨다. 예컨대 '전갈자리'라고 하면, 태어난 날에 태양이 전갈자리에 머물러 있는 것이다. 그러니까 태양이 12사인, 즉 양자리(♈), 황소자리(♉), 쌍둥이자리(♊), 게자리(♋), 사자자리(♌), 처녀자리(♍), 천칭자리(♎), 전갈자리(♏), 사수자리(♐), 염소자리(♑), 물병자리(♒), 물고기자리(♓) 중 한 사인에 위치한다. 나머지 행성들도 마찬가지로 12사인 중 한 사인에 들어간다.

출생 차트를 열어서 태양 기호(☉)를 찾아라. 어디에 있나? 옆에 예시로 든 출생 차트에는 태양이 전갈자리에 있으니 태양 사인은 전갈자리다. 당신의 태양 사인을 찾았다면 12사인 중에서 해당 사인 내용을 찬찬히 읽어보라. 자신이 어떤 태도와 성향을 지녔으며, 어떤 유형의 캐릭터인지 밝혀질 것이다. 당신이 태양 사인의 에너지를 잘 쓰는지 아닌지도 확인할 수 있다.

이제부터 12사인의 특징을 알아볼 것이다. 태양 사인만 찾아보고 나머지 행성들의 사인을 무시하면 곤란하다. 별자리에는 태양 말고도 9개의 행성이 더 존재하며, 태양 사인을 제외한 나머지 행성과 사인들도 당신에게 영향을 미친다.

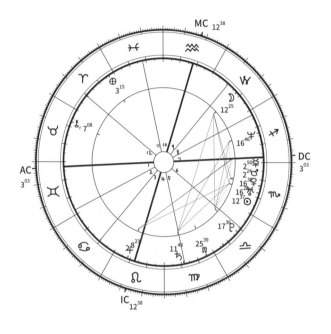

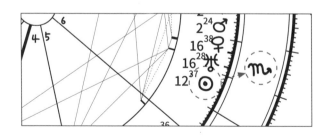

우뚝 솟은 뿔처럼 돌진하며
새롭게 시작하는 에너지

새로운 것을 찾아 헤매는 호기심 어린 눈
거침없이 달려가 들이박는 단단한 뿔
지구력 없는 가느다란 허벅지
즉시 행동하는 튼튼한 발굽

72

양자리 / 에리즈Aries 3.20~4.20

양(+), 화(fire), 직관(intuition), 활동형(cardinal)

시각적 상징 ♈, 쑥쑥 돋는 새싹, 숫양의 단단한 뿔

에너지 나이 어린아이 같은 에너지를 지닌 0~7세

행동 방식 호기심 넘치고 앞으로 돌진하며 도전한다

양자리를 드러내는 문장

나는 나다(I am)

나는 개척한다(I pioneer)

신화로 보는 양자리

그리스 신화에 등장하는 아타마스 왕은 구름의 요정인 네펠레와 결혼했다가 헤어졌다. 둘 사이에는 프릭소스와 헬레 남매가 있었다. 남매는 늘 계모에게 시달린다. 어느 날 신의 농락으로 잠시 미쳐버린 왕이 신전에 아들 프릭소스를 제물로 바치려는 순간, 네펠레가 나타나 남매를 낚아채어 숫양에게 건넨다. 이 양은 전령의 신 헤르메스에게서 받은 황금 털을 하고 있었다. 등에 남매를 태운 양은 뒤도 돌아보지 않고 열심히 날아간다. 남매의 목숨을 구한 양이 날아가던 중 헬레가 해협에 떨어져 죽고 만다. 그럼에도 양은 멈추지 않고 계속 날아가, 안전하고 살기 좋은 곳에 프릭소스를 내려준다. 이 모습을 지켜본 제우스가 이 숫양의 공로를 인정해 하늘로 올려 별자리로 만들어주었다.

양자리 특징 자세히 알아보기

양자리는 '불' 원소와 시작하고 활동하는 '카디널' 상태의 에너지를 가졌다. 새로운 일을 힘차게 밀어붙이는 사인이다. 겉으로 확 드러나는 불이면서 벌이고 활동하는 상태의 에너지까지 더해져 속내를 솔직하고 과감하게 표현한다. 겉과 속이 같은 사람이다. 불 원소의 특성에 따라 '직관'의 힘으로 행동한다. 양자리는 다른 불 원소의 사인보다 활동력이 강력하다. 한쪽으로 방향을 잡고 번지는 불의 특성을 갖는다.

양자리는 12사인이 시작되는 첫 번째 사인으로 '처음' '시작' '새로움' 등을 나타내며, 아이디어가 떠오르는 즉시 튼튼한 발굽으로 실행에 옮기며 앞장선다. 당신의 태양 사인이 양자리라면 주변을 살피지 않고 곧장 앞으로 내달리는 성향을 지녔을 것이다. 반짝거리는 눈으로 처음 보는 것에 매료되어 무슨 일이든 충동적으로 시작하기 일쑤다.

장애물이 있어도 거침없이 뚫고 나아가고, 안정되면 금세 새로운 것을 찾아 나서는 개척자 스타일이다. 주변에서 반대하거나 만류해도 무시하고 일을 벌이며, 앞장서서 자기 생각을 밀고 나가야 직성이 풀리는 편이다. 다소 서투르고 미숙하게 일을 벌인다거나 끝까지 이어가는 힘이 부족할 수 있다. 인내심이 없고 뒷심이 부족해서 한 가지 일을 꾸준히 지속하지 못하는 경향이 있다.

사랑의 감정을 표현하는 데에도 에두르지 않고 적극적이고 열렬하다. 금방 사랑에 빠지는 경향이 있다. 솔직하기에 좋아하는 마음을 감추지 못한다. 앞으로 돌격하는 '직진 남녀'가 많다. 그런가 하면 어떤 상황에서든 "나, 나, 나"를 외치며 자기애가 넘치는 사랑스러운 존재들이다. 그럼에도 때론 이기적으로 보인다.

양자리는 계절적으로 '봄이 시작되는' 때로 만물이 생동하는 시기다. 새싹들이 땅을 뚫고 나오고 죽은 듯 보이는 초목들에서 새 잎이 돋아난다. 절기로 '춘분春分'과 '청명淸明'이 양자리에 해당한다. 춘분(3월 20일)은 낮이 밤보다 더 길어지기 시작하면서 양기가 점점 돋는 때고, 청명(4월 5일)은 완연한 봄을 알리며 첫 꽃이 피는 때다. 새로운 것을 시작하기 좋아하는 양자리 에너지와 무척 닮았다.

해시태그로 보는 양자리

#용감무쌍
#단순무식
#천진난만
#천방지축
#행동대장

에너지를 잘 쓰면, 빛	제대로 못 쓰면, 그림자
좋아하는 것에 집중한다.	참을성이 부족하다.
뒤끝이 없다.	성급하고 충동적이다.
자기주장을 잘한다.	상황을 신중히 고려하지 않는다.
도전에 두려움이 없다.	마무리가 약하다.
불의를 보면 참지 못한다.	좌충우돌한다.
신박한 아이디어가 넘친다.	지는 것을 참지 못한다.
거짓 없고 솔직하다.	남이 시키는 것을 싫어한다.
실행력이 뛰어나다.	새로운 것만 좋아한다.
자기 주도적이다.	화가 나면 눈에 보이는 게 없다.

양자리 에너지를 긍정적으로 쓰는 법

솔직함도 힘이다. 하지만 남에게 해서는 안될 말까지 쏟아내는 건 솔직함을 넘어서는 일이다. 말이 본능적으로 튀어나가기 전에 잠시 숨을 고르고 한 박자 쉬자. 생각을 즉시 제시하거나 관철시키려는 마음을 내려놓고 다른 이들의 주장에 귀를 기울여 듣는 여유까지 가진다면 더 강력하고 긍정적인 에너지를 장착하게 될 것이다. 앞을 향해 내달리는 시선을 거두어 옆을 살피면 다른 이들이 눈에 들어오고 상황이 보인다. 타인과 상황을 고려하여 말하는 매력적인 양자리가 되지 말라는 법은 없다. 타인과 싸워 이기려고 하기보다는 자신의 단점을 뛰어넘어 더 나은 자기를 만드는 기회는 당신이 빚는다.

황소처럼 우직하게 안정적으로
지키고 소유하는 에너지

아름답고 매력적인 눈망울
듬직하고 탄탄한 등
천천히 되새김질하며 음미하는 입
느릿하면서도 여유 있는 발걸음
튼튼하게 딛고 선 네 다리

황소자리 / 토러스Taurus 4.20~5.21

음(-), 흙(earth), 감각(sensation), 고정형(fixed)

시각적 상징　 ♉, 뿔 달린 황소 머리
에너지 나이　 폭풍 성장하는 아동기의 에너지를 띤 7~14세
행동 방식　 자기 것인지 아닌지 분별하고,
　　　　　　부지런히 몸을 쓰며 안정을 추구한다

황소자리를 드러내는 문장
　　　　　나는 소유한다(I have)
　　　　　나는 유지한다(I maintain)

신화로 보는 황소자리

페니키아의 공주인 에우로페가 바닷가에서 놀고 있었다. 에우로페의 아름다운 모습에 한눈에 사랑에 빠진 제우스. 그녀를 유혹하기 위해 제우스는 눈부시게 흰 소로 변신하여 왕의 소떼 속으로 숨어든다. 소떼 속에서도 유독 아름답고 멋진 소를 발견한 공주가 다가가 장난치듯 등에 올라탄다. 소는 기다렸다는 듯이 바다로 뛰어들어 크레타 섬까지 헤엄쳐 건넌다. 제우스는 본래 모습으로 돌아와 그녀를 설득하여 아내로 맞아들이고, 에우로페를 크레타 섬 최초의 여왕으로 만든다. 그리고 제우스는 하늘에 자신이 변신했던 황소 모습의 별자리를 만들었다.

황소자리 특징 자세히 알아보기

황소자리는 '흙' 원소와 고정하고 지속하는 '픽스드' 상태
의 에너지를 가진 사인이다. 12사인 중에서도 유지하고 지키
려는 힘이 가장 강한 것이 황소자리다. 보고, 듣고, 맛보고, 냄
새 맡고, 느끼는 오감에 충실하며, 감성적이면서도 상당히 실
리적인 성향을 띤다. 황소자리는 일상의 평온함과 안정적인
삶을 강렬하게 추구한다. 변화를 좋아하지 않으며 규칙적인
방식으로 일상을 꾸려나간다. 먹고 사는 일을 무엇보다 중요
하게 여긴다.

황소자리는 단순하고 끈질기다. 자신의 일차적인 욕구를
충실히 따른다. 발 딛고 있는 대지와 같이 단단한 에너지로 차
분하면서도 여유 있고 느긋하다. 그런 까닭에 주변 사람들에
게 편안한 느낌으로 자신의 매력을 발산한다. 다만 신중한 편
이라 이들과 가까워지는 데 시간이 걸릴 수 있다. 안정적인 삶
을 중요하게 여기기에 잘 흔들리지 않고 견실하다. 안정적이
고 윤택한 삶을 누리기 위해 돈이 중요하다는 사실을 어떤 이
들보다 잘 알기에 열성껏 우직하게 일한다.

4월과 5월, 신록이 눈부신 계절에 태어난 만큼 세상을 향
한 감각이 발달했다. 자신의 감각을 만족시키는 음악이나 미
술, 영화 같은 예술 분야에 높은 관심을 보인다. 예술적인 취
미를 하나쯤 가진 황소자리 사람들이 꽤 많다. 그러나 아름다
운 것을 사랑하는 만큼 지나치게 쾌락적인 것에 빠지거나 게
을러질 수 있다.

황소자리는 계절적으로 '봄의 절정'에 해당하는 시기다.

움츠러들었던 것들이 흠뻑 내린 비를 맞고 푸르게 자라나고 꽃들이 활짝 피어나는 아름다운 계절이다. 절기로는 '곡우穀雨'와 '입하立夏'가 황소자리에 해당한다. 곡우(4월 21일)는 곡식을 키우는 봄비가 내리는 때고, 입하(5월 5일)는 녹음이 짙어지고 양기가 밖으로 펼쳐지며 여름의 시작을 알리는 때다.

해시태그로 보는 황소자리

#근면성실
#오감발달
#고집불통
#먹고사니즘
#사랑의비너스

에너지를 잘 쓰면, 빛	제대로 못 쓰면, 그림자
꾸준하고 믿음직스럽다.	소유에 집착한다.
온화하고 차분하다.	인색하고 탐욕스럽다.
현실적이며 구체적이다.	기존 방식만 고수한다.
성실하고 겸손하다.	변화를 싫어한다.
정직하고 예의바르다.	게으르고 안락만 추구한다.
예술적이고 낭만적이다.	즐거운 것만 탐닉한다.
여유롭고 관대하다.	융통성이 없다.
제대로 배워서 오래 쓴다.	둔감하고 아둔하다.
친절하고 매력적이다.	고집스럽고 완강하다.

황소자리 에너지를 긍정적으로 쓰는 법

변화에 열려 있는 태도가 절실하다. 말은 쉽지만 실행하기는 그리 녹록치 않을 것이다. 그럼에도 익숙하고 편안한 것에 안주하지 않고 작은 일부터 기존과 다른 변화를 시도할 때 황소자리 에너지를 긍정적으로 쓸 수 있게 된다. 황소답게 서두르지 않는 느긋한 변화가 적절하다. 더 소유하려 애쓰기보다는 가지고 있는 것들을 온전히 누리는 데 집중하면 좋다. 또한 습관으로 배어버린 기존의 방식을 고집하지 않을 때 다른 빛깔, 다른 모양의 삶으로의 전환이 가능하다. 여러 사람들에게 지적받는 고집스러운 모습이 있다면 그것부터 바꿔볼 것을 추천한다.

네트워크처럼 모든 것을
연결하고 공유하는 에너지

둘이라서 명석한 두뇌
궁금한 게 많아 반짝거리는 눈
정보를 빠르게 전달하는 입과 나팔
자유롭게 날아다닐 수 있는 날개

쌍둥이자리 / 제미나이Gemini 5. 21~6. 21

양(+), 공기(air), 생각(thought), 변화형(mutable)

시각적 상징	Ⅱ, 나란히 서 있는 쌍둥이
에너지 나이	청소년기의 에너지를 지닌 14~21세
행동 방식	살아가는 데 필요한 것들을 배우고, 그것으로 소통한다

쌍둥이자리를 드러내는 문장

나는 생각한다(I think)

나는 소통한다(I communicate)

신화로 보는 쌍둥이자리

아름다운 백조로 변신한 제우스가 스파르타의 왕비 레다를 유혹해서 카스토르와 폴룩스라는 쌍둥이 형제가 태어났다. 둘은 재능이 특출했다. 남다른 우애를 나누며 살아가던 어느 날 형이 전장에서 화살에 맞아 죽고 만다. 동생 폴룩스는 상심한 나머지 형을 따라 죽으려 시도했지만 그럴 수가 없었다. 평범한 인간으로 태어난 형과 달리 폴룩스는 불사不死의 몸을 가졌기 때문이다. 달리 방법을 찾지 못하던 그는 아버지인 제우스에게 죽음을 달라고 요청한다. 형제의 깊은 우애에 감동한 제우스는 둘을 하늘로 올려 2개의 밝은 별로 만들고 그들의 우애가 영원히 빛나도록 했다.

쌍둥이자리 특징 자세히 알아보기

쌍둥이자리는 '공기' 원소와 변화하고 유동하는 '뮤터블' 상태의 에너지를 가진 사인이다. 12사인 중에서도 정보에 가장 민감하고 빠르다. '생각'을 바탕으로 행동한다. 마치 세상의 모든 정보를 알아내고 말겠다는 듯 지적 호기심이 강해서 온갖 새로운 정보에 관심을 보인다. 쌍둥이자리를 상징하는 기호에서도 보이듯 두 사람의 두뇌를 쓰는 덕분에 어려운 정보도 일목요연하게 잘 요약하고 정리한다. 문제의 양면을 보는 능력도 뛰어나다. 어떤 대상과도 연결점을 잘 찾고 응용력도 좋고 참신한 편이다.

새로운 것을 배우는 속도도 빠르고 다재다능하다. 카멜레온처럼 변신을 잘하는 만큼 생각이나 견해가 자주 바뀌고, 흥미로운 대상 또한 자주 바뀔 수 있다. 쌍둥이기에 여러 가지 일을 동시에 처리하는 것도 식은 죽 먹기다. 멀티태스킹의 대가다. 또한 자신이 습득한 정보를 다른 사람들에게 전하기를 좋아한다. 마치 전령이 정보를 전달하는 것과 같다.

이들에게 '대화와 소통'은 소중한 가치다. 발랄함과 재치, 유려한 말솜씨로 모임을 압도하며 주도한다. 늘 새로운 것을 좇다 보니 아는 것이 표면적이거나 피상적인 한계도 따른다. 쌍둥이자리가 싫어하는 것은 지루함이다. 자신을 사로잡던 호기심이 사라지면 이내 대상에 대한 싫증으로 이어질 수 있다. 집중력이 떨어지는 것이다.

쌍둥이자리는 논리적이지만 동시에 이상적이기도 하다. 아이디어를 현실에 구체적으로 적용하려 하지만 진지함이 떨어지기도 한다. 이들은 세상을 가볍게 만들기 위해 태어났다고 할 만큼 명랑하다. 심각함을 찾아보기 어렵다. 그러나 끊임없이 머리를 쓰며 사고하기에 생각을 멈추고 충분히 휴식을 취할 필요가 있다.

쌍둥이자리는 계절적으로 '봄과 여름 사이'로, 씨를 뿌려야 하는 바쁜 시기다. 절기로 '소만小滿'과 '망종芒種'이 이 시기에 해당한다. 소만(5월 21일)은 만물이 생장하여 산과 들에 가득 차는 때고, 망종(6월 6일)은 보리를 수확하고 벼를 심는 등 바쁜 때다. 따라서 쌍둥이자리는 분주하게 움직이며 씨를 뿌리는 에너지를 가졌다.

해시태그로 보는 쌍둥이자리

#다재다능
#논리정연
#검색천재
#드립력최고
#티엠아이TMI

에너지를 잘 쓰면, 빛	제대로 못 쓰면, 그림자
재빠르고 날쌔다.	침착하지 못하고 산만하다.
발랄하고 생기 넘친다.	수다스럽다.
똘똘하고 총명하다.	얕고 피상적이다.
손재주가 좋고 도구를 잘 활용한다.	교묘한 잔꾀를 부린다.
재치 있게 말한다.	딴생각에 자주 빠진다.
논리적이고 설득력이 있다.	지루함을 견디지 못한다.
정보를 잘 찾고 잘 공유한다.	변덕스럽고 확답을 피한다.
응용력이 뛰어나다.	쓸모없는 정보만 계속 모은다.

쌍둥이자리 에너지를 긍정적으로 쓰는 법

떠오르는 아이디어를 모조리 펼치기보다는 한 가지에 몰입하여 깊이 파고들어야 한다. 정보들을 연결하여 통합해내는 것도 쌍둥이자리 에너지를 긍정적으로 발현하는 방법 중 하나다. 하나의 생각에 깊이 머무르며 그 속에서 변화를 모색해야 한다. 자꾸만 신경이 곤두서고 괜스레 불안하다면, 밖으로 표현되지 않은 감정들이 자신 안에 쌓였을 수 있다. 머리를 주로 쓰는 사람들이 때때로 자기 감정을 놓치거나 알아차리지 못하는 경우가 잦다. 그러니 자신의 감정을 살펴야 한다.

든든한 울타리 속에서
감정적 안정을 느끼려는 에너지

속마음을 지켜주는 단단한 껍질
한번 잡으면 놓지 않는 강력한 집게발
예민하게 느끼고 반응하는 수염
부드럽고 섬세한 속살
정면이 아니라 옆으로 에둘러 가는 걸음걸이

90

게자리 / 캔서Cancer 6.21~7.22

음(-), 수(water), 느낌(feeling), 활동형(cardinal)

시각적 상징 　⊙, 바다와 땅을 오가는 게, 엄마의 젖가슴
에너지 나이 　청년기의 에너지를 지닌 21~28세
행동 방식 　감정을 잘 느끼고 감수성이 예민해
　　　　　　내면의 안전감을 중시한다
게자리를 드러내는 문장
　　　　나는 느낀다(I feel)
　　　　나는 보호한다(I protect)

신화로 보는 게자리

제우스의 아내 헤라는 남편의 외도로 태어난 헤라클레스를 미워해, 그가 광기에 휩싸여 처자식을 죽이도록 만든다. 헤라클레스는 죄를 씻기 위해 미케네와 티린스의 왕 에우리스테우스의 노예가 되고, 그의 엄청난 힘과 왕위 계승이 두려운 왕은 그에게 풀기 어려운 열두 가지 과업을 부과한다. 그 두 번째 과업이 머리 아홉인 괴물 뱀 히드라를 물리치는 것. 그가 뱀과 수초에서 30일 간 혈전을 치르는 가운데, 헤라는 게를 보내 뱀을 돕도록 한다. 호시탐탐 기회를 엿보던 게는 헤라클레스의 발가락을 무는 데 성공하지만 이내 헤라클레스의 발에 밟혀 죽고만다. 싸움도 헤라클레스가 승리한다. 헤라는 자신을 위해 싸우다 죽은 게를 기려 하늘 위 별자리로 만들었다.

게자리 특징 자세히 알아보기

게자리는 '물' 원소와 시작하고 활동하는 '카디널' 상태의
에너지를 가진 사인이다. 풍부한 감성을 지녔고, '느낌'을 바탕
으로 행동한다. 감성이 풍부한 만큼 내면이 복잡하고 신비롭
다. 상상력이 풍부한 예술가적 기질을 지녔지만, 심한 감정 기
복을 보이기도 한다.

게자리는 '당신을 보살펴줄게' 하는 마음으로 주위 사람들
을 잘 챙기고 마치 가족을 대하듯 물심양면으로 돌본다. 무척
가정적이다. 항상 먹을 것을 챙겨 다닐 정도다. 엄마처럼 다정
하게 보살피고 키우는 에너지이기 때문이다. 위험한 상황이
오면 딱딱한 껍질로 자신을 보호하듯 대상을 보호하고 감싼
다. 그만큼 책임감과 애정이 크다. 반면에 보살피고 보호하는
마음이 지나치면 상대방에 대한 집착이나 간섭으로 변질될 수
있다. 양육하는 사인답게 대상을 보살피고 키우기 위한 물질
적 안정을 중요하게 여기고, 미래를 대비해 저축하는 편이다.

게자리는 상대의 감정을 잘 알아채고 편안하고 세심하게
배려할 줄 안다. 그러나 부드럽다가도 누군가 자신이나 자기
편을 공격하면 재빨리 마음을 닫아걸고 경계 태세를 취하거나
거칠게 방어하며 집게발로 가차 없이 물고 늘어지는 듯한 태
도를 보인다. 옆으로 걷는 게처럼 목표를 향해 돌진하기보다
는 옆으로 조심스럽게 다가가고, 분위기에 민감해서 낯선 사
람을 처음 만날 때면 자신을 드러내기보다는 다소 수줍어한
다. 기억력이 좋고, 과거의 오래된 추억이나 마음의 상처를 두
고두고 간직하며, 추억이 담긴 물건을 유물처럼 보관해 둔다.

이러한 태도가 지나치면 추억이나 물건에 대한 집착으로 나타날 수도 있다.

    게자리는 계절적으로 '여름이 시작되는' 때로 성장을 시작하는 시기다. 절기로 '하지夏至'와 '소서小暑'가 이 시기에 해당한다. 하지(6월 22일)는 낮의 길이가 가장 길어졌다가 짧아지는, 즉 양이 극성했다가 음으로 전환하는 때이고, 소서(7월 7일)는 본격적인 더위와 장마로 벼가 잘 자랄 여건이 형성되는 때다. 이러한 측면만 봐도 기르고 보살피는 게자리의 에너지 특성을 엿볼 수 있다.

해시태그로 보는 게자리

#엄마마음
#갬성충만
#다정다감
#눈치귀신
#기억창고

에너지를 잘 쓰면, 빛	제대로 못 쓰면, 그림자
다정하고 배려심이 많다.	눈치를 많이 보고 초조해한다.
섬세하고 부드럽다.	잔걱정이 많고 불안하다.
상대의 감정을 잘 읽는다.	안정감을 주는 것에 집착한다.
감정적으로 교감한다.	지나치게 감정에 휘말린다.
상상력이 풍부하다.	자주 침울해진다.
잘 보호하고 길러낸다.	외부로부터 과잉보호한다.
지난 일을 잘 기억한다.	물건을 잘 버리지 못한다.
분위기를 편안하게 만든다.	겁이 많고 방어적이다.
눈치가 빠르다.	

게자리 에너지를 긍정적으로 쓰는 법

게자리의 상상력은 감정이 안정될수록 잘 발휘된다. 그렇기에 지나치게 감정에 휘둘리지 않는 훈련이 필요하다. 좋은 일이건 나쁜 일이건 감정에 매몰되지 않도록 자신을 잘 들여다보면서 불쑥불쑥 밖으로 나오는 감정으로부터 적절한 거리를 두어야 한다. 다른 사람을 돌보고 보살피려는 욕구가 강한 게자리 사람들은 타인의 감정 못지않게 자신의 감정을 알아야 하는 것이 절실한 과제다. 또한 가까운 사람들에게서 정서적 지지와 응원을 받는 것이 그 어떤 것보다 중요하다.

자신 있게 개성을 드러내며
뽐내는 에너지

우아한 갈기털
위엄 있게 포효하는 울음소리
적을 제압하는 크고 강력한 발과 발톱
자신을 당당하게 드러내는 꼬리
느긋하고 품위 있는 걸음걸이

사자자리 / 리오Leo 7.22~8.23

양(+), 화(fire), 직관(intuition), 고정형(fixed)

시각적 상징	♌, 수사자의 갈기털과 꼬리, 우아한 자태
에너지 나이	사회 초년생의 에너지인 28~35세
행동 방식	무리를 이끄는 수사자처럼 자신의 힘과 권위를 드러내며 창조성을 펼친다

사자자리를 드러내는 문장

나는 당당하다(I authorize)

나는 창조한다(I creat)

신화로 보는 사자자리

사자 모양을 한 황금빛 유성 하나가 네메아 골짜기에 떨어졌다. 유성은 성질도 포악한 거대한 사자로 변해 그곳에 살던 사람들을 괴롭히며 잡아먹기 시작했다. 사람들이 어쩔 줄 몰라 하며 벌벌 떨었다. 이때 헤라클레스에게 주어진 열두 과업 중 첫 번째가 이 사자를 죽이는 것이었다. 싸움을 시작한 그는 어떤 무기로도 사자를 죽일 수 없음을 깨달았다. 무엇으로도 꿰뚫을 수 없는 가죽이었다. 오직 힘으로만 사자를 죽여야 했던 것이다. 무려 한 달 동안 맨손으로 뒤엉켜 싸운 끝에 마침내 지친 사자의 목을 졸라 죽였다. 그제야 사람들은 공포에서 벗어났고, 그는 뚫리지 않는 가죽을 얻었다. 이 모습을 흐뭇하게 지켜보던 제우스는 아들의 용맹을 기리며 죽은 사자를 별자리로 만들었다.

사자자리 특징 자세히 알아보기

사자자리는 '불' 원소와 고정하고 지속하는 '픽스드' 상태의 에너지를 가진 사인이다. 불 원소의 사인들 중에서도 굳건한 중심을 갖고 흔들림 없이 타오른다. 태양계의 중심이자 스스로 빛을 뿜어내는 태양처럼, 주변에 빛과 에너지를 발산하고 사람들의 주목을 받으며 빛나고 싶어한다. '직관'에 따라 행동하며, 대담하고 모험을 두려워하지 않는다. 사자자리 사람들은 자기 개성을 멋지게 뽐내며 드러낸다. 자존감이 높고 당당하다. 자기다운 삶을 살고자 하며, 낭만적이고 활력이 넘친다. 이런 삶의 방식만큼이나 이들에게 연애와 사랑도 무척 중요하다.

사자자리 사람들은 등장부터 시선을 사로잡는다. 이들이 수사자의 갈기처럼 멋진 헤어스타일에 우렁찬 목소리로 인사하며 등장하는 순간 분위기는 활기를 띤다. 자신이 있는 곳을 순식간에 무대로 만들어버리는 재주가 있다. 그렇다고 이들이 시끌벅적 요란한 것만은 아니다. 기품 있으면서도 도도한 매력을 지닌다. 가만히 있기만 해도 아우라와 존재감을 뽐낸다.

이들은 백수의 제왕인 사자처럼 위엄 있고 우아한 리더다. 따뜻한 마음으로 사람들을 끌어당기고 자신을 따르는 사람들에게 물심양면으로 베풀며, 확신에 찬 밝은 기운으로 사람들에게 용기를 북돋아주는 탁월한 능력이 있다. 이렇듯 열정을 가지고 사람들과 관계를 맺으면서 자기 조직을 꾸린다. 누군가에게서 명령을 받기보다는 이끌고 가는 것을 좋아하며, 그만큼 다른 사람들에게 권위를 인정받거나 칭찬을 듣고 싶어한다. 하지만 자신을 무시하거나 자신의 공을 인정해주지 않으면 난폭한 사자처럼 흉포해질 수 있다.

　사자자리는 계절적으로 '여름의 절정'에 해당하며, 가을의 결실을 위해 모든 에너지를 쓰는 시기다. 절기로는 '대서大暑'와 '입추立秋'가 이 시기에 해당한다. 대서(7월 23일)는 장마가 끝나고 불볕더위가 절정에 이르는 때고, 입추(8월 8일)는 천지의 기운이 가을로 들어서며 곡식이 여물어가는 때다.

해시태그로 보는 사자자리

#무대체질

#핵인싸

#플렉스넘쳐

#위풍당당

#멋짐폭발

에너지를 잘 쓰면, 빛	제대로 못 쓰면, 그림자
자신감 넘치고 당당하다.	사람들을 지배하려 한다.
주위 사람들을 격려한다.	허세가 심하고 사치스럽다.
사람들에게 주목을 받는다.	자기만 옳다고 생각한다.
연애를 주도한다.	독단적이다.
자신을 맵시 있게 가꾼다.	게으르다.
사교적이다.	허드렛일을 싫어한다.
행동이나 표정이 여유롭다.	잘난 척한다.
품이 넓고 잘 베푼다.	교만하고 무심하다.
믿음직스럽다.	타인을 너무 의식한다.
창의적인 아이디어가 넘친다.	
유능하며 자기 사람을 잘 챙긴다.	

사자자리 에너지를 긍정적으로 쓰는 법

멋지게 보이려고 본래의 자신을 과장하지 말라. 타인의 시선을 지나치게 의식하기보다는 자신만의 개성을 표현하는 데 집중할수록 사자자리 에너지가 더욱 충만해지고 긍정적으로 발휘된다. 잘난 척하는 태도를 조금 줄이고, 솔직하고 겸손해질 때 저절로 빛난다. 자신을 낮추고 타인을 높이는 겸손하고 세련된 태도가 사자자리 사람들의 위대한 힘이다.

정갈하게 분류하여
질서를 만드는 에너지

정갈하고 단정한 자세
꼼꼼하고 예리한 눈
보리 이삭을 줍는 부지런한 손
군살 없이 날씬한 몸

처녀자리 / 버고Virgo 8.23~9.23

음(-), 토(earth), 감각(sensation), 변화형(mutable)

시각적 상징	♍, 보리 다발, 완고하게 닫힌 정숙한 여인의 성기
에너지 나이	자기 규율이 완성되는 시기의 에너지를 띤 35~42세
행동 방식	조신하고 독립적이며, 신중하게 살펴
	모두에게 이로운 걸 찾는다

처녀자리를 드러내는 문장

나는 봉사한다(I serve)

나는 분석한다(I analyze)

신화로 보는 처녀자리

대지의 여신 데메테르에게는 아름다운 딸 페르세포네가 있었다. 어느날 지하세계의 왕 하데스가 산책하던 페르세포네를 납치하여 아내로 삼아버렸다. 슬픔에 빠진 여신은 대지에 신경쓰지 않았고 땅은 점점 황폐해졌다. 곳곳에서 원성이 터져나오자 제우스는 자신의 형인 하데스를 설득해 페르세포네가 1년 중 3분의 1은 지하 세계에서, 나머지 시간은 지상에서 지내도록 중재했다. 딸이 돌아오는 시기에는 여신의 슬픔이 걷혀 땅이 활기를 되찾았지만, 딸이 돌아가면 다시 슬픔에 빠져 대지는 차갑게 얼어붙었다. 이렇게 넉 달 동안 초목이 마르고 싹이 나지 않는 겨울이 탄생했다. 봄이 되면 동쪽 하늘로 떠오르는 처녀자리는 지하 세계에서 지상으로 올라오는 페르세포네의 모습이다. 아스트라이아가 처녀자리가 되었다는 신화도 있다.

처녀자리 특징 자세히 알아보기

처녀자리는 '흙' 원소와 변화하고 유동하는 '뮤터블' 상태의 에너지를 가진 사인이다. 흙 원소의 사인 중에서 비교적 유연하고 적응력도 뛰어나다. '감각'을 바탕으로 행동하는 처녀자리는 치밀하게 계획을 세워 실질적인 결과를 맺는다. 자기 규칙을 만들어 규칙적으로 생활한다. 물건도 나름의 엄격한 기준에 따라 위치를 정하고 둔다. 다시 말해 정리정돈에 뛰어나고 질서와 체계를 잘 잡는다.

분별력이 뛰어나 오류나 문제점을 한눈에 정확하게 찾아낸다. 작은 허점도 처녀자리 눈에는 다 보인다. 송곳처럼 예리하고 현미경처럼 세세하게 분석하는 타고난 비평가 스타일이기에 그렇다. 때로 이들의 비판이 너무 날카로워 견디기 힘들 수 있지만 비교적 객관적인 편이니 비판에 귀 기울이면 도움이 될 것이다.

기준이 까다롭고 높으며 완벽성을 추구하기에 스트레스를 많이 받는 편이다. 종종 남들에게도 지나치게 비판적이거나 까칠한 모습으로 비치기도 하며, 자신에게도 엄격하다. 매우 섬세하고 사소한 일이라도 허투루 넘기는 법이 없다. 그 탓에 숲 전체를 보지 못하고 자기 오류에 빠지기도 한다.

처녀자리 사람들은 다른 사람과 세상에 도움을 주는 꼭 필요한 존재가 되고자 한다. 이들은 조직에 골칫거리 같은 일을 맡아서 끝끝내 해결하고야 만다. 그만큼 맡은 일에 대한 책임감도 강하고 참고 견디는 힘도 대단하다. 일머리가 뛰어난 이들은 일 잘하는 실무자의 전형을 보여준다. 그런가 하면 누군가 자기 세계로 함부로 침범하여 질서를 깨트리는 것을 극도로 꺼린다. 건강에 대한 관심이 높아 자신만의 건강 관리법이나 식이요법 등을 지녔을 것이다.

처녀자리는 계절적으로 '여름과 가을 사이'로 성장에서 결실로 넘어가는 시기다. 절기로는 '처서處暑'와 '백로白露'가 이 시기에 해당한다. 처서(8월 23일)는 더위가 차차 물러나고 날씨가 시나브로 선선해지는, 그러나 여전히 따가운 햇살이 내리쬐어 곡식의 낟알을 여물게 하는 때고, 백로(9월 8일)는 이슬이 맺히기 시작하는 시기로 벼 이삭이 여물어 수확을 준비하는 때다.

해시태그로 보는 처녀자리

#잔소리봇
#워크홀릭
#정리달인
#걱정부자
#갬성파괴자
#디테일짱
#칸트시계

에너지를 잘 쓰면, 빛	제대로 못 쓰면, 그림자
근면성실하고 겸손하다.	지나치게 비판적이다.
완벽하고 꼼꼼하다.	잔소리가 많다.
정리정돈을 잘한다.	지적받는 것을 싫어한다.
구체적으로 준비하고 실행한다.	자기 검열이 심하다.
부족한 점을 잘 찾아낸다.	결벽증적인 성향이 있다.
건강을 잘 챙긴다.	강박적으로 건강을 챙긴다.
자기 절제를 잘한다.	어수선한 상황을 못 견딘다.
궂은 일도 책임 있게 처리한다.	잔걱정이 많다.
두루 살펴 꼭 필요한 도움을 준다.	큰 그림을 놓친다.
반복적이고 지루한 것도 잘 견딘다.	
정밀하게 분석하고 냉정하게 평가한다.	

처녀자리 에너지를 긍정적으로 쓰는 법

시시콜콜한 잔소리나 간섭은 이제 그만. 중요한 일에 건강한 비판을 하는 것은 더 나은 결과에 도움이 될 테지만, 사소한 일까지 비판하는 건 오히려 독이 될 수 있다. 소소한 문제는 적당히 눈감고 넘어가는 느긋하고 여유로운 태도가 삶을 부드럽게 만든다. 맡은 일에 최선을 다하되 결과에 신경을 덜 쓰는 연습이 필요하다. 과정은 즐기고 결과에는 연연하지 않는 것이 이 연습의 핵심이다.

관계 속에서 조화와 균형을
추구하는 에너지

치우침 없는 정의의 저울
공정과 객관성을 유지하는 지지대
양쪽에 올려 무게를 가늠하는 그릇
균형을 잡으려고 요동치는 저울

천칭자리 / 리브라Libra 9.23~10.23

양(+), 공기(air), 생각(thought), 활동형(cardinal)

시각적 상징　♎, 태양의 일몰, 좌우 균형 잡힌 저울

에너지 나이　청년과 중년 사이의 에너지를 지닌 42~49세

행동 방식　　균형 잡힌 저울처럼 조화로움을 고려한다

천칭자리를 드러내는 문장

　　　　　나는 고려한다(I weigh)

　　　　　나는 균형을 잡는다(I balance)

신화로 보는 천칭자리

아스트라이아는 제우스와 율법의 여신 테미스의 딸로, 그 당시는 신과 인간이 어우러져 살았다. 인간들이 죄를 짓지도 서로 싸우지도 않아 법 없이도 정의와 진리가 지켜지던 황금 시대였다. 시간이 흐를수록 인간 사회는 점점 흉포해지며 범죄와 전쟁이 끊이지 않았다. 아스트라이아는 '정의의 저울'로 인간이 행한 선악을 판단하고 그들의 운명을 결정하면서, 정의와 공평을 가르치려 애썼다. 그럼에도 인간들은 황금을 탐하며 온갖 불법, 거짓과 음모, 폭력과 탐욕을 멈추지 않았다. 실망한 신들이 지상을 떠나 올림포스 산으로 돌아갈 적에도 그녀는 지상에 남아 정의를 호소했다. 이런 노력에도 불구하고 달라지지 않았다. 그녀는 하늘로 올라가 스스로 처녀자리가 되고, '정의의 저울'은 천칭자리가 되었다. 처녀자리에 관한 신화는 이렇듯 두 가지 이야기가 전해진다.

천칭자리 특징 자세히 알아보기

천칭자리는 '공기' 원소와 시작하고 활동하는 '카디널' 상태의 에너지를 가진 사인이다. '생각'을 바탕으로 행동하고, 상대와 조화를 이루며 협력한다. 양쪽 저울 위에 놓인 물건의 무게가 같을 때 평형을 이루는 천칭에서 보듯이 균형 감각이 뛰어나고, 갈등 상황을 중재하는 탁월한 조정자다. 갈등이 생기면 공기 원소의 사인답게 객관적이고 냉철한 지성으로 어느 편에도 치우치지 않은 판단으로 중재한다. 협상과 타협을 이끌어내는 데 천부적이다.

매우 사교적이고 상황에 어울리는 대화로 상대방의 호감을 얻는다. 지적이고 매력적이며 명랑하다. 자신을 세련되고 아름답게 꾸밀 줄도 안다. 온화하고 부드럽기 때문에 주변에 늘 사람들이 끊이지 않는다. 이들에게는 자신이 특별하게 여기는 한 사람과의 관계가 특히 중요하다. 일도 혼자서 하기보다는 파트너와 함께 하는 것을 좋아한다. 기본적으로 극단의 선을 넘지 않으며 세련되고 우아하게 일을 처리한다. 예술적, 미적 감각이 뛰어나다.

부드럽게 미소 짓는 겉모습과 달리 냉정한 면도 있다. 좌우를 살펴 균형을 이루려면 냉철한 판단력이 필요하기 때문이다. 이들은 감성적이기보다는 이지적이기에 타인을 고려하고 협력하면서 조화와 균형을 이루고자 애쓴다. 하지만 자기 견해를 포기하는 일은 결코 없다. 자기 생각을 균형 잡힌 객관적인 결론이라 확신한다.

때로 여러 상황을 고려하다가 결단을 내리지 못하는 경우가 있어 우유부단해 보인다. 상대의 기분과 상황을 살피느라 자기주장을 못하는 경우도 생긴다. 사람들의 의견이 한쪽으로 치우친다는 생각이 들 때면 반대를 위한 반대를 하기도 한다. 저울추가 한쪽으로 기우는 상황에서 균형을 잡으려는 나름의 시도라 할 수 있다. 천칭자리 사람들은 어떤 상황에 놓였느냐에 따라 판이하게 다른 모습을 내비친다.

천칭자리는 계절적으로 '가을의 시작'이며, 온갖 작물과 과일이 성장을 멈추고 결실을 맺어가는 시기다. 절기로는 '추분秋分'과 '한로寒露'가 천칭자리에 해당한다. 추분(9월 23일)은 밤의 길이가 낮보다 더 길어지면서 밖으로 펼치던 기운이 안으로 수렴되는 때고, 한로(10월 8일)는 찬 이슬이 맺히기 시작하므로 더 추워지기 전에 추수를 끝내야 하는 때다.

해시태그로 보는 천칭자리

#심사숙고
#냉철한지성
#끝장토론
#갈등해결사
#뇌피셜짱

에너지를 잘 쓰면, 빛	제대로 못 쓰면, 그림자
공정하고 합리적이다.	감정을 이성적으로 받아들인다.
세련되고 매너가 좋다.	균형이 무너지면 게을러진다.
이성적으로 판단한다.	결정 앞에 망설인다.
갈등을 중재하고 조율을 잘한다.	우유부단하다.
자신을 매력적으로 표현한다.	힘든 일을 싫어한다.
상대 입장에서 고려할 줄 안다.	따지고 든다.
믿을 만한 단짝이 있다.	연애 사건에 자주 휘말린다.
사교적이다.	대의를 중시해 자기 감정을 무시한다.
협동 작업에 능숙하다.	

천칭자리 에너지를 긍정적으로 쓰는 법

삶에서 균형을 잡는 일은 중요하다. 하지만 사람마다 생각, 가치 기준, 느낌 등이 다르기에 매사에 균형을 이루기란 불가능하다. 균형이라는 개념은 당신 머릿속에만 존재하는 환상일지도 모른다. 때로는 균형을 깨고 중요하게 여기는 가치를 밀어붙여야 할 때도 있는 법이다. 모든 상황에서 조화로움을 도모하다 자칫 일 자체를 아예 시작하지도 못한 채 끝이 날 수도 있다. 천칭자리 에너지를 긍정적으로 쓰기 위해서는 자신을 믿고 과감하게 결정하고 시도하는 태도가 절실하다.

어둠과 모순을 끝까지 파고들어
변형과 재생을 시도하는 에너지

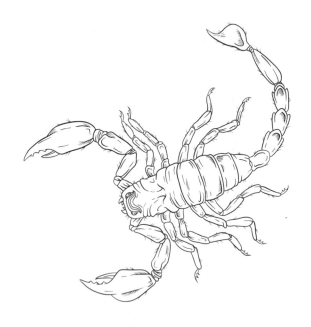

치명적인 한 방을 날리는 독침
입 안에도 숨겨져 있는 강한 집게발
바위틈에 숨어서 응시하는 눈
위협적인 꼬리

전갈자리 / 스코피오Scorpio 10.23~11.22

음(-), 수(water), 느낌(feeling), 고정형(fixed)

시각적 상징 　♏, 독침이 달린 전갈의 꼬리, 남성의 성기

에너지 나이 　심신에 변화를 겪는 갱년기의 에너지인 49~56세

행동 방식 　전갈의 독침, 죽음과 탄생을 주관하는 생식기처럼
　　　　　　파괴를 통해 새로운 시작을 연다

전갈자리를 드러내는 문장

　　　　나는 통제한다(I control)

　　　　나는 꿰뚫는다(I penetrate)

신화로 보는 전갈자리

바다의 신 포세이돈의 아들이자 사냥꾼인 오리온은 늘 자신보다 강한 자는 없다며 떠벌리고 다녔다. 그의 오만에 화가 난 여신 헤라는 거대한 전갈을 풀어 그를 죽이도록 명령했다. 하지만 전갈이 독침을 쏘기도 전에, 오리온은 자신의 연인이던 달의 여신 아르테미스가 쏜 화살에 맞아 죽고 말았다. 그를 못마땅해하던 오빠 아폴론의 꾐에 빠져 그가 오리온인 줄 모르고 화살을 쏘았던 것이다. 뜻한 바를 이룬 헤라는 전갈을 별자리로 만들었고, 아르테미스도 자신이 하늘길을 지날 때 언제든지 볼 수 있도록 오리온을 별자리로 만들었다. 전갈은 별자리가 되어서도 영영 오리온을 죽일 수 없었다. 전갈이 하늘로 떠오르면 오리온은 서쪽으로 사라지고, 어둠을 따라 쫓아 내려가면 오리온은 동쪽 하늘로 떠올랐기 때문이다.

전갈자리 특징 자세히 알아보기

전갈자리는 '물' 원소와 고정하고 지속하는 '픽스드' 상태의 에너지를 가진 사인이다. 전갈자리 사람들은 핵심을 파고 들어 본질을 꿰뚫어 보려 한다. 민감하게 느끼며, 그 느낌을 바탕으로 행동한다. 보이는 것 너머의 원인을 알아내고자 내면 깊은 곳에 숨겨진 진실과 비밀을 파헤치려는 것이다. 깊고 강렬한 눈빛으로 마치 엑스레이를 찍어 보듯 상대방의 장단점을 파악하는 능력을 지닌다.

이들은 자기 자신에게 깊이 몰두한다. 뛰어난 집중력과 끈질긴 의지로 자신의 모순을 끝까지 탐구한다. 이들에게는 깊은 차원에서 근원과 하나 되려는 욕구가 있다. 성적인 관계마저도 단순한 육체적 결합을 넘어 영적 차원으로 연결되는 경험을 원하기도 한다.

이들은 스스로에 대한 통제력을 잃는 것을 두려워한다. 이런 이유로 강렬한 감정이 용암처럼 들끓어도 겉으로 드러내지 않는 편이다. 혼자 있는 것을 즐기고, 자신을 감추는 비밀주의자다. 이와 같은 강렬함과 비밀스러움이 이들에게서 발산되는 묘한 매력의 바탕이다. 특히 섹슈얼한 매력이 있다.

전갈자리는 호불호가 극단적인 편이다. 적당히 타협하지 않고 끝까지 간다. 이들에게는 진부한 것을 버리고 완전히 새롭게 태어나려는 욕구, 자신과 세상을 변형시키고 재생하려는 욕구가 강하게 작동한다. 자신의 어두운 부분을 끝까지 응시하고 직면한 후 떠나보내고 다시 태어나고자 한다. 그러나 어두운 면을 다루다가 자칫 심각해지거나 어둠에 집착해서 오히

116

려 파괴적인 면모를 드러내기도 한다. 새롭게 태어나려는 욕구가 강렬하기에 안락한 환경에 있을 때조차 스스로를 채찍질한다.

전갈자리를 만난다면 꼬리에 감춰둔 독침을 조심할 필요가 있다. 먼저 공격하는 법은 거의 없지만 자신이 부당하게 공격을 받으면 반드시 기억한다. 언젠가 복수할 수도 있다.

전갈자리는 계절적으로 '가을의 절정'에 해당한다. 나무들이 열매를 맺은 뒤 뿌리로 에너지를 내려 저장하듯, 외적인 성장을 끝내고 내적으로 자신을 가다듬고 연마하는 시기다. 절기로 '상강霜降'과 '입동立冬'이 전갈자리에 해당한다. 상강(10월 23일)은 서리가 내리며 단풍이 절정에 이르는 때고, 입동(11월 7일)은 낙엽이 지며 겨울로 접어들어 에너지 작용이 뿌리로 수렴되는 때다.

해시태그로 보는 전갈자리

#레이저눈빛
#통찰력짱
#은근매력
#핵사이다
#비밀주의자
#극혐극호

에너지를 잘 쓰면, 빛	제대로 못 쓰면, 그림자
본질을 꿰뚫어본다.	부정적 감정에 빠져든다.
고통을 감내하고 극복한다.	강박에 사로잡힌다.
위기의 순간에 강하다.	호불호가 극단적으로 갈린다.
감정적이고 직관적이다.	타인의 아픈 부위를 들춘다.
단호하고 강렬하다.	무섭게 화를 내거나 복수를 한다.
변형과 재생의 욕구가 있다.	자만심에 잘 빠진다.
몰입과 집중력이 뛰어나다.	자기 파괴적이고 폭력적이다.
조용한 카리스마가 있다.	비밀스럽고 질투와 의심이 많다.
치밀하고 완벽하다.	너무 진지하고 어둡다.
무심하고 초연하다.	원한을 되새김질한다.
자신을 잘 통제한다.	배후에서 타인을 조종하려 든다.
용기 있게 직면한다.	

전갈자리 에너지를 긍정적으로 쓰는 법

자기 내면에 지나치게 몰입하다 보면 강박적이 될 수 있다. 자기 감정에 사로잡혀 스스로를 압박하거나 자신의 어두운 측면에 집착하는 것은 자신에 대한 제어력을 잃을지도 모른다는 두려움 때문이다. 강박적 감정들은 자신을 상하게 하거나 다른 사람들에 대한 적의로 뒤바뀔 수 있다. 따라서 타인을 보듯 자신을 바라보는 관조적인 태도가 필요하다. 자신의 내적 세계와 적당한 거리를 두면 강박적 태도에서 벗어날 여유가 생기며, 정서적인 집착이나 통제력을 잃을지 모른다는 두려움, 자신을 감추려는 마음으로부터도 이전보다 훨씬 자유로워진다. 전갈자리 사람들의 통찰력은 이러한 자유로운 상황 속에서 극대화된다.

무한한 낙천성으로
비전과 철학을 추구하는 에너지

하늘을 향하는 눈, 내달리는 발
세상 끝까지 갈 수 있는 튼튼한 허벅지
자유롭고 큰 몸짓
이상을 겨냥해 쏘아 올리는 화살

사수자리 / 새저테리어스Sagittarius 11. 22~12. 21

양(+), 화(fire), 직관(intuition), 변화형(mutable)

시각적 상징　　↗, 겨눈 활, 비전과 이상을 향하는 화살표
에너지 나이　　근원적 물음이 생기는 중년의 에너지인 56~63세
행동 방식　　　말의 하체로 목표를 향해 내달리고,
　　　　　　　궁수의 상체로는 높이 화살을 쏘아 올린다
사수자리를 드러내는 문장
　　　　　　　나는 겨냥한다(I aim)
　　　　　　　나는 사색한다(I philosophize)

신화로 보는 사수자리

케이론은 크로노스와 필리라 사이에서 태어났다. 반인반마의
켄타우로스 족인 그는 기품 있고 착한데다 현명하기까지 했
다. 아폴론과 아르테미스에게서 음악과 의술, 수렵, 예언술 등
을 전수받은 그는 자신이 배운 것들을 그리스의 신들, 헤라클
레스와 아킬레우스 같은 영웅들에게 가르쳤다. 어느 날 헤라
클레스가 반인반마의 켄타우로스 족과 싸우다가 독화살을 잘
못 쏘아 케이론을 맞추고 말았다. 독이 온몸으로 퍼져 엄청난
고통에 휩싸였지만 불사의 몸이라 죽지도 못하고 괴로워하던
케이론은 프로메테우스에게 자신이 지녔던 불사의 힘을 준 뒤
죽는다. 이를 불쌍히 여긴 제우스가 그를 하늘로 올려 별자리
로 만들었다.

사수자리 특징 자세히 알아보기

사수자리는 '불' 원소와 변화하고 유동하는 '뮤터블' 상태의 에너지를 가진 사인으로, 번지고 확장해가는 특성을 가졌다. 사수자리 사람들은 불 원소의 특징인 '직관'을 바탕으로 행동한다.

이들은 제 발로 어디로든 끝까지 달려가 세상의 다양한 곳들을 경험하려 한다. 허벅지가 터질 때까지 결코 멈추지 않는다. 하늘을 향해 활을 겨누고 있는 모습은 멀리 있는 목표와 이상을 동경하고 추구하는 사수자리 사람들의 특성을 잘 드러낸다. 이들은 멀리 여행하기를 좋아하고, 익히 아는 일상적인 것보다는 새롭고 낯선 이야기, 마치 하늘의 뜬구름처럼 들리는 이야기를 동경하고 사랑한다.

사소한 것에 신경 쓰지 않는 특유의 낙천성으로 꿈과 이상을 향해 거침없이 달려간다. 긍정적이고 호쾌하다. 낯선 길 위에서 모험을 즐기고, 언제든 떠날 수 있는 자유가 무엇보다 중요하다. 탄탄한 허벅지로 무장한 하체는 낯선 세상을 탐험하게 만들어주는 원동력이다.

이들은 늘 우주의 이치와 삶의 원리를 사색하며, 책을 좋아한다. 책을 읽으며 삶에서 만나기 어려운 것들을 경험한다. 종교에도 관심이 많은 이상주의자다. 이런 이유로 현실 감각이 떨어지거나 실천력이 빈약할 수 있다. 자신이 믿는 신념을 주변에 전파하는 걸 즐긴다. 열정적이고 솔직한 태도로 진리를 추구하며 자신의 이상을 쉽게 포기하지 않는다. 하지만 자기 신념이 옳다는 생각에 매몰되면 자칫 타인에게 강요하는 편협한 모습을 보일 수 있다.

　사수자리는 계절적으로 '겨울의 시작'에 해당하며, 가을에 풍성하게 수확한 것들을 바탕으로 자신의 내일을 생각하는 시기다. 절기로는 '소설小雪'과 '대설大雪'이 사수자리에 해당한다. 소설(11월 22일)은 보통 첫눈이 내리고 본격적인 추위가 시작되어 월동 준비를 하는 때이며, 대설(12월 8일)은 곳간에 곡식이 그득하여 걱정 없이 겨울을 나면서 한 해를 마무리하고 새해를 준비하는 때다. 곳간은 가득 찼고, 시선을 빼앗던 풍경은 비워져 자신과 정신적인 것에 집중하기 좋은 계절이다.

해시태그로 보는 사수자리

#빅픽처
#세상탐구생활
#꿀벅지
#모험덕후
#열정부자
#어나더긍정왕
#낙천주의자

에너지를 잘 쓰면, 빛	제대로 못 쓰면, 그림자
낙천적이고 쾌활하다.	말만 앞서고 행동하지 않는다.
시야가 넓다.	소소한 일상을 무시한다.
얽매이지 않고 자유롭다.	대책없이 잘될 거라 믿는다.
사색적이고 철학적이다.	책임을 지지 않는다.
비전을 잘 제시한다.	주변에 둔감하고 무관심하다.
타고난 체력을 잘 활용한다.	허세가 심하다.
모험심이 가득하다.	들떠 있고 충동적이다.
뭐든 시도하고 도전한다.	자신을 과대평가한다.
긍정적 에너지가 넘친다.	자기 신념을 강요한다.
가감없이 솔직하다.	부주의하게 약속을 잡는다.
이상이 높고 신념이 강하다.	디테일에 약하다.
	영혼 없이 말을 뱉는다.

사수자리 에너지를 긍정적으로 쓰는 법

자기 신념에 사로잡혀 성급한 판단을 내리는 실수를 조심할 필요가 있다. 신념이 독선으로 변하는 건 순간이다. 자기 생각만 강요하면 꼰대가 되어 사람들도 피할 것이다. 자신의 신념이 중요한 것처럼 타인의 신념도 존중받아야 한다. 먼 곳, 이상으로 향했던 시선과 마음을 끌어다가 자기 발밑을 살피는 시간을 갖자. 어디에 서 있는지, 상황이 어떤지 가늠해볼 필요가 있다. 현실에 대한 정확한 인식이 자신의 비전과 이상을 추구하고 이루는 데 훌륭한 토대가 될 것이다.

꾸준한 훈련으로 자기 분야에서
최고가 되려는 에너지

싸움이 끝나기 전까진 거둬들이지 않는 뿔
정상에 도달할 때까지 굽히지 않는 불굴의 발굽
험난한 길을 꿋꿋이 걸어가는 강인한 무릎과 발굽
실패를 통해 단련된 꼬리

염소자리 / 캐프리컨Capricorn 12.21~1.20

음(-), 흙(earth), 감각(sensation), 활동형(cardinal)

시각적 상징	♑, 정상을 오르는 염소의 무릎 슬개골, 물고기 꼬리
에너지 나이	실패와 성공을 모두 맛본 성숙한 노년의 에너지인 64~70세
행동 방식	험한 바위산을 오르내리며 집단 생활하는 염소처럼 조직을 이뤄 목표를 성취한다

염소자리를 드러내는 문장

나는 다스린다(I master)

나는 조직한다(I structure)

신화로 보는 염소자리

가축의 신 판은 전령의 신 헤르메스의 아들로, 염소 뿔과 다리를 갖고 태어났다. 어느 날 올림포스의 신들이 하늘에서 내려와 나일강변에서 축제를 벌이고 있을 때 괴물인 티폰이 나타나 공격하기 시작했다. 놀란 신들이 모습을 바꿔 도망쳤다. 판도 변신하려 서둘러 주문을 외다 잘못해 상체는 염소, 하체는 물고기로 변하고 말았다. 작은 소리나 움직임에도 잘 놀라는 판의 모습에서 '패닉'이라는 말도 유래했다. 패닉에 빠졌던 판이 정신을 차려 다시 변신하려는 순간, 제우스의 비명소리가 들렸다. 판은 재빨리 풀피리를 불어 티폰을 달아나게 만들었다. 판 덕에 티폰의 공격을 피한 제우스는 그에 대한 보답으로 판을 별자리로 만들었다.

염소자리 특징 자세히 알아보기

염소자리는 '흙' 원소와 시작하고 활동하는 '카디널' 상태의 에너지를 지닌 사인이다. 추진력이 아주 강하고, '감각'을 바탕으로 행동한다.

염소자리는 지극히 현실적이며, 끝까지 노력해서 목표를 달성하고야 마는 근면하면서도 끈질긴 에너지다. 감정에 휩쓸리지 않고 모든 단계를 경험하며 정상으로 향한다. 노력을 통한 성취를 가장 중요하게 여기는 까닭이다. 목표를 이루기 위해서 최선의 노력을 기울이기에 믿을 만한 실력자가 많은 편이다.

추상적인 이상보다 실제적이고 실리적인 것을 믿는다. 이들에게 전통과 원칙은 변화와 혁신보다 중요한 가치다. 권위있는 어른이나 스승의 말을 최고 진리로 여기며 받든다. 염소자리는 성숙하고 어른스러운가 하면, 때로 보수적이며 조심스럽다. 속내를 온전히 드러내지 않고, 명예와 체면이 구겨지는 일은 절대 하지 않는다. 책임이 따르는 일이 맡겨질수록 더욱 힘이 솟는 편으로, 책임감 하나는 타고났다. 중간에 포기하는 법이 없고, 소신과 원칙을 굽히지도 않는다. 책임지는 자세와 소신을 가졌기에 조직에서 중요한 역할을 맡는 경우가 흔하다.

원칙주의자인 이들은 목표를 성취해나갈 때 내면의 감정을 불필요하게 여겨 억누르는 경우가 잦다. 감정에 휘둘리면 목표를 달성하는 데 방해가 된다고 여기기 때문이다. 너무 냉정해 피 한 방울 안 나올 것 같다. 하지만 이들에게는 책임과 의무를 다하는 동시에 조직에서 최고 자리까지 올라가려는 열망이 있고, 이에 따른 명예와 지위도 무척 중요하다. 평가에 예민한 것도 이 때문이다.

염소자리는 계절적으로 '겨울의 한복판'에 속해 춥고 고독한 시기다. 힘든 시절을 견디고 마무리를 잘하면 새로운 몸과 마음으로 새봄을 맞이할 수 있다. 절기로는 '동지冬至'와 '소한小寒'이 염소자리에 해당한다. 동지(12월 22일)는 가장 길고 어두운 밤이 끝나고 낮이 점점 길어지기 시작하는 때고, 소한(1월 5일)은 일년 중 추위가 가장 심한 때로 이 추위를 견디며 이겨내야 한다.

염소자리 시작인 동짓날은 음의 기운이 제일 성한 때지만 동시에 양의 기운이 자라기 시작하는 변화의 시점이기도 하다. 소한의 추위는 어떤 힘겨움도 이겨내야 좋은 시절을 맞이할 수 있다는 염소자리의 특성과 닮았다.

해시태그로 보는 염소자리

#야망만땅
#엄근진노잼
#정상고고
#모범생활
#유교남녀
#절제장인

에너지를 잘 쓰면, 빛	제대로 못 쓰면, 그림자
목표가 정확하다.	자신이나 조직의 목표를 강요한다.
규율을 잘 지킨다.	고지식하고 융통성이 없다.
조직적이고 체계적이다.	감정이 메말라 있다.
의지력과 인내심이 강하다.	걱정이 많고 비관적이다.
감정에 흔들리지 않는다.	잘 쉬지 못한다.
포기하지 않고 기어이 성취한다.	비정하고 냉혹하다.
현실적이며 책임감이 강하다.	욕심이 많다.
부지런하고 헌신적이다.	과정을 즐기지 못한다.
어떤 일이든 심사숙고한다.	권위와 체면에 연연한다.
관리 능력이 뛰어나다.	보수적이고 고리타분하다.

염소자리 에너지를 긍정적으로 쓰는 법

성과 지향적인 염소자리는 오로지 목표 달성을 향해 내달린다. 목표를 이루고 성과를 내려면 그 과정 중에 몸과 마음이 경직되고 지치게 마련이다. 가끔은 목표에서 눈을 떼어 주변의 소소하지만 재미난 일들에 관심을 기울이면서 힘 빼는 훈련을 할 필요가 있다. 설령 목표를 달성하지 못하더라도 그 과정에서 배울 것을 배우고 취할 것을 취하면서 다음 단계로 나아가야 한다. 마치 디딤돌을 놓는 것과 같다. 목표를 향해 나아가는 전체 과정 중 현재의 단계 상황과 결실을 살피되 자책하지 않는 것이 염소자리 에너지를 긍정적으로 쓰는 데 중요하다.

독창적인 지적 탐구로
낡은 것을 깨부수는 에너지

거꾸로 든 물 항아리
단단한 땅을 뒤흔드는 진동
날개 달린 가벼운 발
지혜를 아낌없이 나눠주듯 쏟아내는 물

물병자리 / 어퀘리어스Aquarius 1.20~2.19

양(+), 공기(air), 생각(thought), 고정형(fixed)

시각적 상징	♒, 항아리의 물을 쏟아 사람들에게 나눠줌, 멀리 퍼지는 전기 파동
에너지 나이	권위를 내세우지 않고 친구처럼 지혜를 나누는 노년의 에너지인 70~77세
행동 방식	천둥과 벼락을 동반한 번개처럼 낡은 세상을 뒤흔들듯 반항한다

물병자리를 드러내는 문장

나는 안다(I know)

나는 보편화한다(I universalize)

신화로 보는 물병자리

제우스와 헤라의 딸 헤베는 청춘의 여신으로 신들에게 술을 따르는 일을 했다. 어느 날 그녀가 발목을 삐어 제대로 술을 따를 수 없게 되자 대신 술을 따를 누군가가 필요했다. 그래서 제우스는 독수리로 변신해 들판에서 양떼를 돌보던 미소년을 낚아채 데려왔다. 소년은 얼떨결에 신들에게 술을 따르는 일을 맡게 되었다. 술이 넘쳐흐르도록 붓고 있는 물병자리 주인공이 바로 이 소년이다. 그는 트로이의 왕자로 제우스의 사랑을 받아 신의 반열에 오른 인간 중 가장 아름다운 남자, 바로 가니메데이다. 이름의 어원은 '빛나는 기쁨'이다. 나중에 그는 별자리가 되어 하늘로 올라갔다.

물병자리 특징 자세히 알아보기

물병자리는 '공기' 원소와 고정하고 지속하는 '픽스드' 상태의 에너지를 지닌 사인이다. 중심이 잡혀 있으면서도 자유롭고 독창적인 물병자리는 '생각'을 바탕으로 행동한다.

남과 다른 독특성은 물병자리에게 생명과도 같다. 같은 것을 거부하며 항상 새로운 것을 지향한다. 창의적 개성을 드러내며, 어디서든 최신의 유행을 이끌 만큼 선도적이다. 공기 원소의 사인인 만큼 정서적이기보다는 지적으로 자신의 생각과 창의성을 표현하고 나눈다. 그런 이유로 사사로운 정에 매이기보다는 누구에게든 공평하게 대하려 한다.

물병자리는 낡고 고루한 기존의 질서를 부수려는 혁명적인 에너지다. 단단하게 구축된 기존 질서와 체계를 부순다. 이들은 보편적인 규칙이나 틀에서 벗어나 자기만의 방식으로 자유롭게 사는 경우가 많다. 주변으로부터 괴짜로 여겨지기도 하고, 스스로 혁명가가 되려고도 한다. 이상주의적이고 반골적인 기질은 이따금 사람들을 놀라게 한다. 그런가 하면 어디로 튈지 모르는 예측하기 어려운 속성도 지니고 있다.

인류애 넘치는 이들은 자신의 지적 능력을 사회와 타인을 위해서 쓴다. 전기 파동을 나타내는 이미지에서 드러나듯 과학의 보편적 진리에 관심이 많고 우주, 인간, 자연 등 넓고 거대한 것에 대한 지적 호기심이 넘친다. 보편적·객관적·미래 지향적인 지식으로 세상을 바꾸고 혁신하려 한다. 권위와 위계질서를 싫어하고 평등을 중시한다. 남녀노소 누구와도 친구처럼 지내고 싶어하며 실제로 그렇게 지낸다. 이들의 친구를 보면 남녀노소가 고루 포진되어 있을 것이다.

자신의 사생활을 중시하는 철저한 개인주의자들이다. 보편적 인류애를 강조하면서도 곁에 있는 가까운 사람의 감정조차 이해하지 못하는 경향이 있다. 가족과도 거리를 유지하며 쿨한 태도로 초연하게 지낸다. 너무 쿨해서 쌀쌀맞아 보인다. 머리로 가슴을 다스릴 줄 알며 감정에 흔들리지 않고 냉철하게 판단하지만, 누가 자신과 다른 견해를 주장해도 '나와 다를 수도 있지' 하는 관용적인 태도를 취할 수 있는 열린 이들이다.

물병자리는 계절적으로 '겨울의 막바지'로, 길고 추운 시간이 끝나고 새로운 기대와 희망이 싹트는 시기다. 절기로는 '대한大寒'과 '입춘立春'이 물병자리에 해당한다. 대한(1월 20일)은 막바지 추위가 닥치는 때로 이 고비만 넘기면 곧 따뜻한 봄을 맞이하게 되고, 입춘(2월 4일)은 얼음을 깨부수며 봄이 들어서는 때다. 얼어붙은 것들이 부서져야 새로운 봄을 맞이할 수 있다.

해시태그로 보는 물병자리

#혼밥혼술
#꼰대킬러
#지적혁명
#위아더월드
#개인존중
#괴짜우주인
#뇌섹남녀

에너지를 잘 쓰면, 빛	제대로 못 쓰면, 그림자
편견 없고 공평하다.	모든 규칙을 무시한다.
창의적이며 독특하다.	흥미만 좇는다.
틀린 것을 솔직하게 인정한다.	공감력이 떨어진다.
실험 정신이 강하다.	조직에서 혼자 튄다.
독립적이고 자유분방하다.	타협 없이 단호하다.
사소한 감정에 휩쓸리지 않는다.	비현실적이다.
낡은 틀을 깨며 혁신한다.	돌발적이고 갑작스럽다.
차이와 다름을 존중한다.	괴팍하고 엉뚱하다.
아는 것을 잘 알려준다.	개인적 관계를 피한다.
공동체 의식이 강하다.	일단 반항하고 본다.

물병자리 에너지를 긍정적으로 쓰는 법

무턱대고 뒤집어엎고 바꾸는 것만이 해법은 아니다. 새로운 미래를 열어젖히려면 먼저 기존 질서를 제대로 이해하고 현실적 가치를 존중해야 한다. 어떤 것을 바꾸고 어떤 것을 지켜야 할지 파악한 뒤 섬세히 바꿔나가야 제대로 된 변화를 이끌 수 있다. 상황을 고려하지 않고 제멋대로 바꾸려고만 하면 괴짜일 뿐 혁신가의 삶은 실현되지 않을 것이다. 원하는 변화를 이뤄내기도 어려울 것이다. 당신의 속도가 다른 사람들에 비해 빠르다는 것도 기억해야 한다. 사람과 사람이 얽히고설키는 관계 속에서 우리가 자주 실수하는 대목 중 하나가 저마다 각기 다른 속도로 살고 있다는 사실을 망각하는 것이다.

경계를 허물고
하나로 통합하려는 에너지

서로 반대 방향으로 가려는 두 마리 물고기
섬세하게 감각하는 아가미
미세한 흐름을 느끼는 비늘
서로 연결되어 있는 꼬리

물고기자리 / 파이시스Pisces 2.19~3.20

음(-), 수(water), 느낌(feeling), 변화형(mutable)

시각적 상징   ♓, 꼬리가 묶인 물고기 두 마리,
하나로 이어진 두 세계
에너지 나이   경계를 넘나드는 초연한 노년의 에너지인 77~84세
행동 방식   꼬리가 묶인 물고기처럼 두 세계를 연결하고
하나로 통합하려 한다

물고기자리를 드러내는 문장

나는 믿는다(I believe)

나는 초월한다(I transcend)

신화로 보는 물고기자리

미의 여신 아프로디테와 그녀의 아들인 사랑의 신 에로스가 유프라테스 강의 정취를 즐기며 산책 중이었다. 한가로운 분위기에 흠뻑 취해 있던 그때, 괴물 티폰이 갑작스레 나타났다. 키가 하늘까지 닿고 양팔을 벌리면 세상의 양 끝에 닿을 정도로 거대한 이 괴물이 한번씩 나타나 신들과 요정들을 장난치듯 괴롭히곤 했다. 놀란 아프로디테와 에로스는 황급히 물고기로 변신하는 주문을 외며 강물로 뛰어들었다. 그런데 서두른 나머지 서로의 꼬리가 묶인 두 마리 물고기로 변신하고 말았다. 이리 가지도 저리 가지도 못하는 이들의 모습을 안타깝게 여긴 신들이 하늘 위 별자리로 올려주었다.

물고기자리 특징 자세히 알아보기

물고기자리는 '물' 원소와 변화하고 유동하는 '뮤터블' 상태의 에너지를 지닌 사인이다. 부드럽게 감싸 느끼는 물 에너지를 가졌으며, '느낌'을 바탕으로 행동한다.

물고기자리 사람들은 '나도 나, 너도 나, 우리는 하나'라고 여긴다. 타인과 자신 사이에 경계를 긋지 않고 모두 하나라고 느끼며, 감정으로 교감한다. 물고기자리는 12사인의 마지막 사인으로 앞선 11개 사인들의 특성을 고루 담고 있어 다채로운 특성을 보인다.

2개의 반원이 선으로 연결된 상징 기호에서 알 수 있듯이 물고기자리는 현실과 이상이라는 두 세계를 넘나든다. 그런 까닭에 스스로 혼란을 겪는다. 마치 온탕과 냉탕을 오가는 일 같다. 이들에게는 두 세계를 하나로 통합하고자 하는 강렬한 무의식적 욕구가 있다. 궁극적으로 물질 세계를 초월하여 모든 것을 묶어내려는 열망인 것이다. 자신과 타인을 하나로 연결하고자 한다. 타인에게 도움을 주면서 서로 연결된 느낌을 받는 것이다. 다른 이들에게 베풀고 도움을 줄 때 활기를 느낀다.

파동 에너지로 물체를 감지하는 물고기처럼 예민한 감수성을 통해 세상을 느끼고 받아들인다. 다른 이의 감정도 고스란히 느끼는 뛰어난 감수성과 공감 능력으로 타인의 고통에 예민하게 반응한다. 사람이나 동물에 대한 연민으로 대가 없이 돕는다. 그런 까닭에 상대의 감정에 쉽게 동화되며 때로는 상대에게 종속되기도 한다. 다른 사람이 느끼는 감정을 쉬이 알아차리기에 작은 부분도 섬세하게 배려해 행동한다. 반면, 자기주장은 못하는 편이라서 남들로부터 오해와 상처를 받을 수 있다. 이러한 성향은 타인이 지닌 장점을 발견하여 긍정해 주는 방식으로 발현된다.

이들은 자신이 하는 일을 이상적 차원으로 끌어올리고자 하며, 상상력을 맘껏 펼치며 자신의 이상을 추구할 때 빛난다. 만약 현실 감각을 유지하면서 이러한 상상력을 발휘한다면 예술 분야에서 탁월한 재능을 드러낼 수 있다. 더 큰 존재에 대한 합일을 추구하는 점에서 이들은 신비롭고 몽환적이다. 이들에게 상상은 현실에서 벗어나는 방안인 동시에, 현실이 품은 한계를 넓히는 도구다.

물고기자리는 계절적으로 '겨울에서 봄으로 가는 환절기'에 속한다. 단단하던 것들이 녹고 부드러워지며 새로운 것들이 깨어나는 시기다. 절기로는 '우수雨水'와 '경칩驚蟄'이 물고기자리에 해당한다. 우수(2월 18일)는 눈이 녹고 비가 와서 땅을 촉촉이 적시는 때고, 경칩(3월 5일)은 기온이 오르면서 만물이 깨어나는 때다. 겨울이 지나고 다시 만물이 생장을 시작하려는 순간이다.

해시태그로 보는 물고기자리

#상상백퍼
#예술애술
#경계초월
#교감력짱
#니맘내맘
#감정스펀지

에너지를 잘 쓰면, 빛	제대로 못 쓰면, 그림자
예술적 감수성이 풍부하다.	현실과 물질을 회피한다.
연민이 넘치고 정이 많다.	무기력하고 의지가 약하다.
친절하고 따뜻하다.	논리를 감정적으로 왜곡한다.
신비롭고 낭만적이다.	막연하고 애매하다.
영감이 뛰어나다.	혼자만의 상상 속에 빠져 있다.
머리로 셈하지 않는다.	자기 이상에 도취된다.
타인의 감정을 잘 이해한다.	공과 사를 구분하지 못한다.
타인의 말을 경청한다.	쉽게 중독되고 의존적이다.
주위 사람들에게 잘 베푼다.	허무주의에 빠진다.

물고기자리 에너지를 긍정적으로 쓰는 법

줄 수 있는 만큼만 베푸는 게 중요하다. 자신의 경계를 지키면서 주어야 베푸는 자신은 물론이고, 받는 상대도 진심으로 여기며 기뻐할 것이다. 자신이 가진 것 이상으로 베푸는 건 결국 자신에게 상처만 남기는 일이다. 도를 넘는 배려나 도움은 다른 이를 의존적으로 만들기도 한다. 타인을 섬세하게 배려하는 것도 의미 있지만 그렇다고 자신의 욕구를 무시해도 된다는 뜻은 아니다. 자신의 감정과 욕구를 알아차리는 것이 먼저다. 자신보다 앞선 타인이란 없다. 또한 순수한 마음으로 베풀고 싶다면 보상의 기대 없이 베풀라.

12사인의 순환과 몸

서로 연결되어 순환하는 12사인

양자리로 시작해 물고기자리로 끝나는 12사인의 순서에도 의미가 있다. 양자리·황소자리·쌍둥이자리는 봄 사인, 게자리·사자자리·처녀자리는 여름 사인, 천칭자리·전갈자리·사수자리는 가을 사인, 염소자리·물병자리·물고기자리는 겨울 사인에 해당한다.

계절이 봄, 여름, 가을, 겨울로 흘러가며 돌고 돌듯 12사인도 이러한 계절적 흐름을 타고 순환한다. 별자리 출생 차트가 둥근 것도 이러한 흐름과 순환의 의미가 표현된 것이다. 또한 누구나 12사인의 특성을 모두 품고 있다는 걸 알려준다. 태어나는 순간에 행성의 위치는 정해지지만 현재의 행성들은 한 별자리에서 다음 별자리로 각각의 주기에 따라 이동하고 있다는 사실도 잊지 말자.

12사인은 개인적 사인과 사회적 사인으로 나뉜다. 양자리부터 처녀자리까지 앞쪽 6개 사인은 개인적인 사인들로 '나' 자신을 살피고 바로 세우는 데 집중하고, 천칭자리부터 물고기자리까지 뒤쪽 6개 사인은 사회적 사인들로 '나' 자신을 타자와 사회를 중심으로 확장해나가는 데 집중한다. 뒤에서 좀 더 자세하게 다룰 것이다. 또한 염소자리는 지구라는 현실적 세계에서 완성하는 에너지로서 지구에서의 마지막 사인으로 보며, 물병자리와 물고기자리는 현실 세계를 벗어난 우주적 지평에 다가선 사인으로 본다.

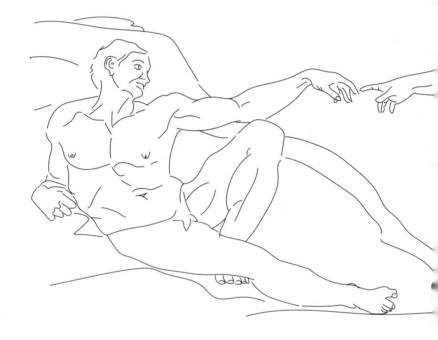

12사인과 몸

12사인은 우리 몸과도 긴밀하게 연결되어 있다. 사인과 신체의 연관성을 잘 알고 있으면 질병과 관련된 정보를 별자리의 특별한 신호를 통해 알아차릴 수 있다. 우선 몸과 마음이 따로 떨어진 별개의 것이 아니라 하나로 연결되어 있다는 관점이 여기서도 작동한다.

마음 상태는 몸에 직·간접적으로 영향을 미친다. 즉시 알아차리기 어려울 뿐이다. 특정 사인의 에너지를 강하게 쓰면 몸에 그 영향이 미친다. 어떤 사인이 지닌 에너지 중 어두운 부분에 속하는 그림자 에너지를 자주 쓰거나 오래 쓰면 해당 사인에 해당하는 신체 부위가 아프기도 한다. 그러므로 몸으로 향하는 각 사인의 에너지를 살필 필요가 있다. 자신의 별자리를 이해한다는 것은 타고난 자신의 몸과 마음 상태와 기질을 알아챈다는 뜻이다. 이렇듯 우리 몸의 정보를 담고 있는 12사인별 건강 포인트와 관리법을 알아두면 도움이 될 것이다.

양자리 — 머리, 눈, 위턱, 뇌하수체

양자리는 강한 리더십을 가졌고, 직관이 발달했으며, 즉흥적이고 저돌적이다. 불 같은 성격에, 항상 선두에 서려 한다. 이런 성향 때문에 양자리는 머리 부위에 상처를 입거나 문제가 생기기 쉽다. 불 같은 성격으로 인해 두통이 생기거나 눈이 자주 충혈되기도 한다. 충동적으로 일을 시작하거나 서두르지 말고 일단 멈춰서 숨을 고르는 것이 중요하다. 가만히 앉아 심호흡하면서 불처럼 이는 자신의 감정과 욕구를 바라보며, 자신의 속도보다 한 박자 늦추는 연습이 필요하다. 빠르고 급한 서두름을 버리자.

황소자리 — 목, 혀, 성대, 아래턱, 편도선, 갑상선

황소자리는 대지를 닮아 강인한 생명력을 가졌으며, 매력적인 목소리가 특징이다. 기본적으로 활력이 넘치는 사람들이지만 자신의 체력을 과신해서 무리하다 보면 갑상선이나 편도선에 병이 올 수 있다. 건강 관리를 위해 영양에만 의존하기보다 자연과 친하게 지내는 것이 좋고, 평소에 자주 산책을 하는 등 꾸준히 운동할 것을 권한다.

쌍둥이자리 — 양 어깨, 양 팔, 양 손, 견갑골, 폐

쌍둥이자리는 외부의 정보를 수집하고 조합하여 다른 사람에게 전달하는 능력이 뛰어나다. 공기 중의 산소를 받아들이고 혈액 속 이산화탄소를 배출하는 폐의 기능 방식과 비슷하다. 뇌를 많이 쓰기에 깨끗한 산소를 충분히 공급해야 한다. 이를 위해서는 눈을 감고 뇌가 휴식할 수 있는 시간을 줄 필요가 있다. 호흡이 짧아져 있지 않은지 살피고, 깊은 숨쉬기를 통해 나쁜 기운은 뱉어내고 뇌에는 깨끗하고 충분한 산소를 공급해야 한다. 요가나 명상으로 몸과 마음을 이완하거나, 유산소 운동으로 산소 섭취량을 늘리면 뇌건강에 유익하다.

게자리 ― 위, 가슴, 소화관

게자리는 소화, 흡수를 잘 시켜 쉽게 살이 찔 수 있다. 하지만 보호 본능이 강해 안전과 보호에 지나치게 신경을 쓰다 보면 오히려 소화 계통에 문제가 생긴다. 예민하고 감정 기복도 심하기 때문에 마음의 평정을 유지할 자신만의 비법을 찾는 것이 필요하다. 어떤 상황에서 자신이 예민해지고 어떻게 반응하는지 알아채는 훈련을 해두면 좋다.

사자자리 ― 심장, 척추, 대동맥

주변 사람들에게 관심과 격려를 아끼지 않는 사자자리의 모습은 심장이 온몸으로 피를 내보내 각 기관이 살아 움직이게 하는 것과 비슷하다. 하지만 이처럼 조직에 생명력을 불어넣는 보스의 역할을 하느라 힘에 부치는 순간이 오기도 한다. 뛰어난 체력을 타고났어도 몸에 과부하가 걸리면 심장이나 혈압 등에 문제가 올 수 있다. 그렇기에 많은 일을 떠맡으려는 마음을 비우고, 힘들 때는 다른 이에게 도움을 청하는 용기를 내자. 이와 동시에 충분하게 움직여서 활력을 유지해야 한다. 추운 날에는 외부 활동을 삼가고 심장에 무리가 가지 않도록 하라. 무슨 일이 있어도 심장을 지켜라.

처녀자리 ― 복부, 대장, 소장, 비장

처녀자리는 세부적인 것에 신경을 많이 기울인다. 예컨

대 자기가 먹는 음식 재료의 영양 성분이나 구성이 어떻게 되는지 따져보는 사람이라면 처녀자리일 가능성이 높다. 완벽한 것을 추구하는 까닭에 늘 신경이 곤두서 있을 수 있다. 따라서 과민성대장증후군 같은 병에 걸릴 가능성이 높다. 그러나 자신에게 적절한 식이요법을 본인 스스로 잘 아는 사람이기도 하다. 어떤 일이건 완벽하게 하려는 태도를 내려놓을 필요가 있다. 예민한 신경을 편안하게 만드는 자신만의 비법을 찾도록 하자.

천칭자리 — 골반, 신장, 부신, 요추, 피부

천칭자리는 균형 감각과 공정함을 잃지 않으려고 노력한다. 골반이나 신장은 모두 몸의 균형을 유지하는 데 중요한 역할을 하는 기관들이다. 천칭자리 사람들은 대체로 균형 잡힌 몸을 지녔고 미남, 미녀가 많다. 이들은 또한 사람들과의 관계를 통해 삶의 활기를 얻는다. 이들은 부당한 일을 겪거나 삶에 균형이 깨질 때 신장이나 방광 쪽에 질환이 생기기 쉽다. 자신의 삶에 균형을 잡으려고 세운 까다로운 기준들을 조금 느슨하게 만드는 것이 절대적으로 필요하다. 둘이서 함께 하는 운동이나 균형 감각에 도움되는 운동을 추천한다.

전갈자리 — 생식기, 배설 기관, 직장, 전립선

전갈자리는 자신을 극단으로 밀어붙여 다시 태어나려는 성향이 강하다. 생식 기관은 새롭게 생명을 창조시킬 수 있는 기관으로 전갈자리의 핵심 기관이다. 병에 걸리거나 사고를 당해도 회복력이 뛰어나다. 겉보기와 달리 정력가이며 끈질긴 생명력을 지니고 있다. 그럼에도 강렬한 감정이나 집요함, 지나친 몰두 등으로 정력을 지나치게 소모하지 않도록 하자. 무리한 운동보다는 긴장을 완화시키는 가벼운 운동을 하는 것이 좋다. 전갈자리에게 과도한 것은 그 무엇도 좋지 않다.

사수자리 — 허벅지, 간, 엉덩이, 좌골신경

전체적으로 몸이 건장하다. 특히 튼튼한 허벅지를 가지고 있다. 튼튼한 허벅지와 건강한 간은 삶의 비전을 찾거나 지적 호기심을 채워줄 대상을 찾아 먼 여정에 나서는 사수자리에게 중요한 신체적 조건이다. 하지만 자신의 체력을 과신하다 갑자기 방전될 수 있다. 에너지를 한 번에 쓰면 간이 손상될 수 있으니 주의해야 한다. 간 해독에 좋은 음식을 섭취하고, 자유로움을 만끽할 수 있는 활동을 하면 좋다. 피로가 쌓이지 않도록 그때그때 풀어주는 쉼의 시간을 가지자.

염소자리 — 골격, 무릎, 관절, 치아

염소자리는 밖으로 힘을 쓰는 근육보다는 에너지를 안으로 모으고 토대를 잡는 골격이 발달해 있다. 책임감이 강하고 자신의 욕구를 억압하는 경향이 있는 염소자리 사람들은 몸이 마르고 피부에 생기가 없는 편이다. 따라서 영양가 높은 식사를 하는 것이 필요하다. 특히 피부에 윤기를 주기 위해 단백질이나 좋은 기름 그리고 뼈를 강화시키는 칼슘이 많이 든 음식을 섭취할 필요가 있다. 아울러 경직된 몸에서 힘을 빼주는 수영 같은 운동을 추천한다.

물병자리 — 종아리, 발목, 순환계

혁신적 사고로 개인의 자유가 보장되는 사회를 꿈꾸는 물병자리는 두뇌를 많이 쓴다. 이를 지탱해줄 정도의 강한 체력도 갖췄다. 하지만 이들이 즐겨하는 불규칙한 생활로 인해 신체 리듬이 흐트러져 건강에 빨간 신호가 켜질 수 있다. 순환계에 문제가 생겨 자주 종아리에 쥐가 나기도 한다. 자율적이면서도 계획된 시간표를 짜고 그에 맞춰 적절하게 활동하길 권한다.

물고기 — 양 발, 발가락, 임파선

물고기자리는 다른 사람들과 깊이 교감하며 감성과 상상력 속에서 유영하는 것을 즐긴다. 그렇기에 활동성은 떨어지고 발바닥은 땅에 딱 붙어 있지 않은 경우가 많다. 발의 피로를 잘 견디지 못하고, 오래 걷지 않아도 발바닥의 감각이 무뎌지거나 통증이 올 수 있다. 몸이 잘 붓고, 활동성이 떨어지다 보면 우울한 상태에 빠질 수도 있다. 흙길을 맨발로 산책하거나 발에 잘 맞는 편한 신발을 신는 것이 좋다.

Sun sign: Scorpio
Ascendant: Germini

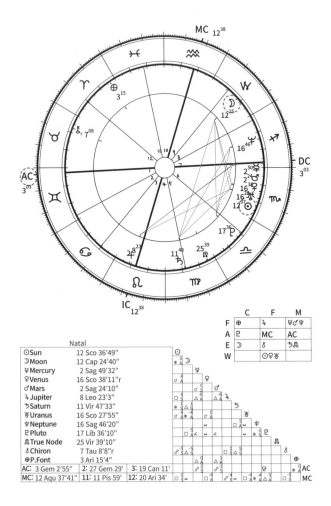

		C	F	M
F		⊕	♃	☿♂♆
A		♇	MC	AC
E		☽	♀	♄♌
W			⊙♀♅	

Natal					
⊙ Sun	12 Sco 36'49"				
☽ Moon	12 Cap 24'40"				
☿ Mercury	2 Sag 49'32"				
♀ Venus	16 Sco 38'11"r				
♂ Mars	2 Sag 24'10"				
♃ Jupiter	8 Leo 23'3"				
♄ Saturn	11 Vir 47'33"				
♅ Uranus	16 Sco 27'55"				
♆ Neptune	16 Sag 46'20"				
♇ Pluto	17 Lib 36'10"				
☊ True Node	25 Vir 39'10"				
⚷ Chiron	7 Tau 8'8"r				
⊕ P.Font	3 Ari 15'4"				
AC: 3 Gem 2'55"	2: 27 Gem 29'	3: 19 Can 11'			
MC: 12 Aqu 37'41"	11: 11 Pis 59'	12: 20 Ari 34'			

154

스텝별 출생 차트 해석 예시 2

12사인을 적용해 차트 해석하기

출생 차트의 가장 바깥쪽 원(태양이 지나가는 길, 황도)에 있는 기호들이 12사인이다. 12사인 안쪽 원에 10행성이 위치해 있다. 출생 차트에서는 태양과 달, 당신이 태어날 때 동쪽 지평선에 걸쳐 있는 AC(Ascendent, 상승점)가 들어 있는 3개 사인이 가장 중요하다. 이 셋이 개인의 특성을 결정짓는 핵심 사인이기 때문이다. 이 사인들은 마치 3중주처럼 어우러져 당신이라는 한 사람을 그려낸다.

앞서 당신이 만든 별자리 출생 차트에서 태양 사인을 찾아봤다. 태양 사인은 당신이 누구며, 자신을 세상에 어떻게 표현하고 싶은지 보여주는 핵심 사인이다. 또한 당신의 정체성을 보여준다는 점에서 다른 행성들보다 가장 먼저 확인한다. 태양이 태양계의 중심이자 유일한 에너지원인 항성이듯, 별자리에서도 태양 사인은 '나'라는 존재의 본질이자 '나'라는 당신이 살아가도록 하는 생명력 그 자체다.

달도 그에 못지않게 중요하다. 왜냐하면 달이 태양빛을 받아 반사하기 때문이다. 즉 태양이 우리의 의식적인 지향을 드러낸다면, 달은 우리의 무의식적이고도 본능적으로 반응하는 양태를 보여준다.

태양과 달은 짝꿍처럼 함께 생각해야만 한다. 태양이 '의

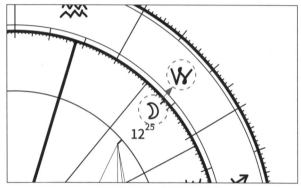

달이 위치한 사인, 염소자리에 위치해 있다

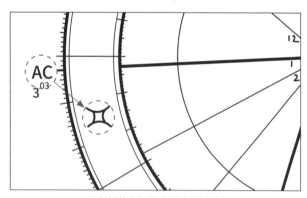

AC가 위치한 사인, 쌍둥이자리에 위치해 있다

식'이라면 달은 '무의식'이고, 태양이 겉으로 발현되는 '이성'이라면 달은 안으로 느끼는 '감정'이다. 태양이 남성성이면서 '외향성'이라면, 달은 여성성이면서 '내향성'이다. 태양은 가장 큰 '양(+)'이기에 '클 태太'자를 써서 '태양太陽'이라고 하고, 달은 가장 큰 '음(-)'이기에 '태음太陰'이라고도 부른다.

그러므로 태양 사인과 달 사인이 당신의 출생 차트 안에서 어떻게 작동하는지 알면 자신을 이해하는 폭이 넓어지는 건 말할 필요도 없다. 출생 차트에서 달(☽) 행성이 어느 사인에 있는지 찾아서 당신의 달 사인을 알 수 있다. 예시로 든 출생 차트에서는 달이 염소자리에 위치해 있다. 차트 주인공은 달을 염소자리 에너지로 쓸 것이다. 아직 당신 자신의 달 사인이 어디에 있는지 확인하지 못했다면 확인 후 해당 사인의 내용을 확인하라.

다음으로 당신의 출생 차트에서 AC를 찾아보자. 먼저 예시로 든 출생 차트에서 원의 9시 방향 왼쪽 끝에 'AC'라는 글자가 보인다. 앞에서도 설명했지만 'AC'는 어센던트ascendent, 즉 당신이 태어나는 순간 떠오르던 태양이 정확히 동쪽 지평선과 만나는 지점을 가리킨다. AC는 떠오르는 사인으로서 '라이징 사인rising sign' 혹은 '동쪽 별자리'라고도 부른다.

AC는 당신의 출생 차트에서 세상과의 관계가 시작되는 첫 지점이다. AC가 있는 라이징 사인은 당신의 외모나 첫인상, 관계 속에서 당신이 가장 먼저 겉으로 드러내는 태도(호기심, 호의적이거나 적대적인 태도, 무관심, 조심스러움 등)가 어떤지 보여준다. 당신이 다른 사람을 대할 때 쓰는 일종의 페르소나persona와도 같다.

앞에서 예시로 든 출생 차트에서 AC가 들어 있는 라이징 사인은 쌍둥이자리(Ⅱ)에 위치해 있다. 더 정확하게 표현하자면 쌍둥이자리 3도 03분. 차트 주인공은 태양 사인이 전갈자리인데도(태양 사인은 앞에서 이미 찾아봤다) '쌍둥이자리' 모습으로 자신을 세상에 드러낼 것이다. 쌍둥이자리처럼 두뇌 회전과 정보 습득이 빠른 명민한 사람으로 행동하고 다른 사람들에게도 그렇게 보일 가능성이 높다.

당신의 별자리 출생 차트에서 AC가 어느 사인에 있는지 확인해보자. 찾았다면 12사인 중에서 해당 사인의 내용을 한 번 더 꼼꼼히 읽어보라(AC가 사자자리라면 사자자리 페이지로 돌아가 읽어보면 된다). 당신의 외모나 첫인상, 낯선 사람을 처음 만날 때 어떤 태도를 보이는지는 AC를 통해 알 수 있다.

당신의 별자리 출생 차트 안에 12사인이 모두 들어 있다는 사실을 잊지 말자. 누구든 12사인이 지닌 열두 에너지를 약하게 혹은 강하게 쓰면서 살아간다. 물론 한 사인에 여러 행성들이 모여 있다면 해당 사인을 강하게 쓸 것이고, 행성이 단 하나도 속해 있지 않은 사인의 경우에는 해당 사인의 에너지를 약하게 쓸 따름이다. 행성이 없다고 해서 해당 사인이 무용해지는 건 아니다.

12사인이 당신이라는 소우주를 구성하는 소중한 열두 빛깔 에너지라는 사실은 결코 변치 않는다. 태양 사인이 아닌데도 당신이 강하게 쓰는 사인이 있을 수 있다.

이제 다음의 '출생 차트 해석 워크 페이지 2'의 지시에 따라 나머지 행성들이 어느 사인에 위치했는지 당신의 별자리 출생 차트에서 찾아 기록해보라.

출생 차트 해석 워크 페이지 ❷

12사인으로 내 에너지 살펴보기

앞에서 배운 각 사인의 특성들을 기억하면서 당신의 태양 사인, 달 사인, 동쪽 별자리의 에너지 특성을 앞서 설명한 내용을 참조하여 작성해보자.

내 차트에서 태양이나 달, 다른 행성이 많이 들어 있는 사인/기호	해당 사인의 특성으로 내가 많이 쓰는 에너지	해당 사인의 특성 중 조절하고 싶은 에너지
(예시)		
☉ Sun 전갈/♏	- 고통을 감내하고 극복한다. - 위기의 순간에 강하다.	- 호불호가 극단으로 갈린다. - 타인의 아픈 부위를 들춘다.

태양 사인, 달 사인, 동쪽 별자리 외에 당신 모습과 닮은 사인의 에너지(12사인의 에너지 가운데서 자신의 특성이 드러나는 듯한 에너지의 사인)도 살펴보자. 태양 사인이나 달 사인이 아니지만 자신과 닮았다고 느껴지는 사인을 중심으로.

사인/기호	해당 사인의 특성으로 내가 많이 쓰는 에너지

태양 사인이나 달 사인은 아니지만 이상하게 나와 닮았다고 느끼는 별자리의 비밀은 10행성 파트를 읽고 나면 좀 더 자세하게 밝혀질 것이다. 다음 단계인 행성부터 배워보자.

5.
10행성 탐험하기

하늘에는 태양 주위를 도는 행성들이
있다. 출생 차트 속의 10행성은
모든 인간이 갖고 있는 열 가지
기본적인 욕구나 의지를 가리킨다.
"나는 (   )하고 싶다"와 같은
의지와 힘이다. 그리고 이 10행성이
12사인과 만나면 각 사인의 에너지,
즉 기질과 특성에 물들어
각기 다른 스타일로 그 욕구나
기능이 발현된다.

당신의 욕구를 알라!

프랑스의 계몽주의 철학자이자 작가 볼테르는 인간의 욕구에 대해 이렇게 말했다.

"진정한 욕구 없이 진정한 만족은 없다."

인간은 누구나 숱한 욕구들의 집합체로, 이러한 욕구를 동력으로 삼아 살아간다. 자기 욕구를 안다는 건 자신이 어떤 사람인지 이해한다는 뜻이다. 자신이 원하는 것을 알고, 자신의 욕구를 어떻게 드러내는지 알면 자신의 반응이나 행동 방식이 이해된다. 불필요한 오해나 갈등은 줄어들고 만족스러운 삶으로 이어질 것이다. 하늘에 무수한 별들이 있듯 우리에게도 무수한 욕구 혹은 욕망들이 있다. 문학, 역사, 철학 등 인문학을 공부하는 것도 자신을 알고자 하는 욕구 때문이다.

개인의 욕망은 언제나 시대의 욕망을 관통한다. 시대가 복잡해질수록 그 시대의 욕망이 각종 미디어나 시스템을 통해 개인에게 은밀히 스며들기에 자신의 욕망을 제대로 알기란 쉽지 않다. 그렇기에 제 욕구를 깊이 들여다봐야만 자신을 조금 더 알아챌 수 있고 자기답게 살아갈 기회도 열린다.

이 책으로 당신의 별자리 출생 차트를 해석하려는 마음도 '나'를 알고 싶다는 욕구의 발로일 것이다. 10행성은 자신의 복잡한 욕구들을 해체해 보여준다는 점에서 중요하다.

당신 욕구의 뿌리, 10행성

우리의 욕구는 나뭇가지처럼 무수한 갈래로 뻗어나가 복잡해 보이지만 그 근원을 거슬러 오르면, 몇 가지로 압축된다. 10행성은 압축된 욕구를 선명하게 드러내어 보여준다.

10행성이 12사인 어디에 위치하고, 행성들이 서로 어떻게 관계를 맺고 있느냐에 따라 욕구가 표현되는 모습이나 방식이 달라진다. 이제 당신이 품고 있는 욕구/욕망의 정체를 낱낱이 파헤쳐보자.

행성 기호 이해하기:
욕구는 한 인간의 몸과 마음과 정신의 조합

행성 기호는 우리의 몸body과 물질matter을 나타내는 '+', 초월적이고 무한한 정신spirit을 나타내는 'ㅇ', 그리고 몸에 깃든 정신인 혼soul과 마음mind을 나타내는 'ㅗ'을 조합한 것이다. 이 기호들만 알고 있어도 10행성의 특성을 파악하기 쉽다.

행성 기호는 인간의 욕구를 시각화한 것이다. 우리는 주어진 몸/물질을 통해 세상 속에서 다양한 경험을 하며 산다. 무수한 경험을 통해 각자의 삶 안에서 알아차리고 조율하며, 무한한 정신의 세계로 나아가려 한다. 이러한 근원적인 욕구야말로 존재가 삶을 끌고 가는 동력인 셈이다.

이렇듯 몸, 정신, 마음의 조합으로 만들어진 행성 기호를 이해하면 행성들이 품고 있는 욕구가 어떤 것인지 감지할 수 있다.

태양 SUN ☉

정신을 상징하는 원의 가운데에 점이 찍혀 있는 모습이며, 중심에 박힌 점은 씨앗으로서 개인이 품고 있는 정신의 무한한 가능성을 표현한다.

달 MOON ☽

두 마음이 겹쳐진 모습으로, 날마다 모습을 바꾸는 하늘 위 달처럼 외부 환경과 감정, 주기에 따라 변화하는 마음을 표현한다.

수성 MERCURY ☿

정신이 몸과 마음을 연결하고 있는 모습으로, 몸이 경험한 정보를 마음이 해석할 수 있도록 정신이 길을 내어주는 것을 표현한다. 신성한 정신 위에 마음이 안테나처럼 자리잡고 있다.

금성 VENUS ♀

물질 위에 정신이 놓여 있는 모습으로, 비물질인 정신을 유한한 물질로 탈바꿈시키는 것을 표현한다. 물질 위에 정신이 세워진 모습은 구조적으로도 가장 안정적이며 아름답다.

화성 MARS ♂

물질 아래에 정신이 놓여 있는 모습으로, 물질이 지닌 한계를 뚫고 나아가는 정신을 표현한다. 물질에 속박되지 않고 싸우려는 의지를 나타낸다.

목성 JUPITER ♃

몸 한쪽으로 마음이 뻗어나가는 모습으로, 자신의 지평을 넓혀가려는 마음을 표현한다. 물질 세계에서 개인적 성장과 확장을 나타낸다.

토성 SATURN ♄

몸 아래에 마음이 놓여 있는 모습으로, 확장되는 마음이 물질에 의해 현실화되는 것을 표현한다. 확장하려는 마음을 몸과 물질로 막아서고 있는 모습으로 시련을 의미한다.

천왕성 URANUS ♅

물질 아래 정신이 있고, 물질을 사이에 두고 마음이 오가는 모습으로, 정신을 억누르고 있는 관습을 깨려는 마음을 표현한다.

해왕성 NEPTUNE ♆

물질과 마음이 서로 관통되어 있는 모습으로, 물질 세계를 넘나드는 마음을 드러낸다. 이는 물질을 초월하려는 의지를 표현한다.

명왕성 PLUTO ♇, ♀

물질 위에 마음이 있고 그 마음 안에 정신이 깃들어 있는 모습으로, 몸과 마음에 잠재되어 있는 정신이 새롭게 태어나려는 의지를 표현한다.

10행성과 12사인 간의 연결고리

10행성은 12사인과 서로 긴밀하게 연결되어 있다. 각 사인마다 비슷한 에너지를 가진 친화성 행성 또는 지배행성ruler이 있다. 수호행성이라고도 부른다. 행성들은 각자 맡은 사인을 수호하며 자신의 욕구를 해당 사인에 투사한다. 12사인과 10행성이 지닌 공통점을 기억하면, 10행성이 각 사인에서 제 욕구를 어떻게 표현하는지 어렵지 않게 파악할 수 있다.

고전점성학에서는 수성, 금성, 화성, 목성, 토성만 다루고 있지만 현대점성학에서 천왕성, 해왕성, 명왕성 같은 외행성까지 다룬다. 망원경 성능이 향상되어 멀리 떨어져 있던 외행성이 차례로 발견되면서 몇몇 사인이 이들의 지배를 받는 것으로 간주되었다. 물병자리는 천왕성, 물고기자리는 해왕성, 전갈자리는 명왕성을 새로운 수호행성으로 맞아들였다.

외행성들이 발견되기 전에 사인을 지배하던 행성을 구 지배행성(old ruler), 발견 이후에 사인을 지배하는 행성을 현 지배행성(modern ruler)이라 부른다. 이로써 의식할 수 있는 세계 바깥인 인간의 무의식과 연결할 수 있게 되었고, 내면 혹은 정신의 변화에 대한 연결고리를 찾게 되었다.

한편으로 다른 사인에 동일한 수호행성이 있는 경우도 있다. 수호행성은 같지만 사인의 기질과 에너지에 따라 행성의 욕구도 다르게 드러난다(앞에서 배운 별자리의 음양을 떠올려보라). 양자리와 전갈자리 모두 화성을 수호행성으로 가졌지만 양자리는 불 원소 별자리로서 화성을 외향적인 에너지로 쓴다. 새로운 것에 대한 호기심으로 빠르게 행동하고 빠르게 사그라드는 식이다. 전갈자리는 물 원소 별자리이기에 수호행성인 화성을 내향적 에너지로 쓴다. 내면으로 강하고 집요하게 파고드는 작용을 하는 것이다. 이렇듯 욕구를 품은 하나의 행성이 어떤 사인이냐에 따라 그 발산하는 힘이나 방향이 달라진다.

12사인의 수호행성

12사인	친화성 행성	
	구 지배행성 (old ruler)	현 지배행성 (modern ruler)
양자리 Aries ♈	♂ Mars (+)	
황소자리 Taurus ♉	♀ Venus (-)	
쌍둥이자리 Gemini ♊	☿ Mercury (+)	
게자리 Cancer ♋	☽ Moon (-)	
사자자리 Leo ♌	☉ Sun (+)	
처녀자리 Virgo ♍	☿ Mercury (-)	
천칭자리 Libra ♎	♀ Venus (+)	
전갈자리 Scorpio ♏	♂ Mars(-)	♇ Pluto (-)
사수자리 Sagittarius ♐	♃ Jupiter (+)	
염소자리 Capricon ♑	♄ Saturn (-)	
물병자리 Aquarius ♒	♄ Saturn (+)	♅ Uranus (+)
물고기자리 Pisces ♓	♃ Jupiter (-)	♆ Neptune (-)

12사인과 수호행성 간의 역학 관계

양자리는 수호행성인 **'화성'**의 영향을 받아, **불 원소** 별자리답게 외향적(+)인 방식으로 표현한다.

황소자리는 수호행성인 **'금성'**의 영향을 받아 **흙 원소** 별자리답게 내향적(-)인 방식으로 표현한다.

쌍둥이자리는 수호행성인 **'수성'**의 영향을 받아 **공기 원소** 별자리답게 활달하고 외향적(+)인 방식으로 표현한다.

게자리는 수호행성인 **'달'**의 영향을 받아 **물 원소** 별자리답게 내향적(-)인 방식으로 표현한다.

사자자리는 수호행성인 **'태양'**의 영향을 받아 **불 원소** 별자리답게 외향적(+)인 방식으로 표현한다.

처녀자리는 수호행성인 **'수성'**의 영향을 받아 **흙 원소** 별자리답게 내향적(-)인 방식으로 표현한다.

천칭자리는 수호행성인 **'금성'**의 영향을 받아 **공기 원소** 별자리답게 외향적(+)인 방식으로 표현한다. 황소자리보다 **빠르고** 활기차게 금성의 에너지를 드러낸다.

전갈자리는 수호행성인 **'화성'**의 영향을 받아 양자리보다 물 **원소** 별자리답게 신중하게 내향적(-)인 방식으로 표현한다. 전갈자리는 화성의 영향만을 받는 양자리와 달리 '**명왕성**'의 영향도 함께 받아 집요하고 강렬한 방식으로 드러낸다.

사수자리는 수호행성인 '**목성**'의 영향을 받아 **불 원소** 별자리답게 외향적(+)인 방식으로 표현한다.

염소자리는 수호행성인 '**토성**'의 영향을 받아 **흙 원소** 별자리답게 내향적(-)인 방식으로 표현한다.

물병자리는 수호행성인 '**토성**'의 영향을 받아 **공기 원소** 별자리답게 외향적(+)인 방식으로 표현한다. 물병자리는 토성의 영향을 받는 염소자리와 달리 '**천왕성**'의 영향도 함께 받기에 관습을 뒤엎거나 혁명적인 방식으로 에너지를 표현한다

물고기자리는 수호행성인 '**목성**'의 영향을 받아 **물 원소** 별자리답게 내향적(-)으로 자신을 표현한다. 물고기자리는 목성의 영향만 받는 사수자리와 달리 '**해왕성**'의 영향도 함께 받기에 초월적 방식으로 교감하며 에너지를 표현한다.

태양

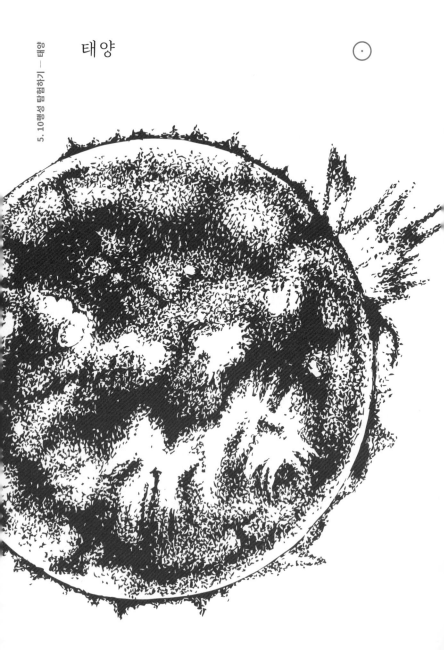

태양의 천문학 지식

태양계의 중심이다.

태양계의 유일한 항성이다.

태양계 무게의 99.86퍼센트를 차지한다.

태양에 가까운 행성일수록 뜨겁고, 멀수록 차갑다.

태양빛은 지구 생명체의 생존에 필요한 에너지를 제공한다.

천문학 지식을 알아두면,
출생 차트 속 행성들을 이해하고 의미를 파악하는 데 도움이 된다.

태양   Sun

건강한 자기 개성

자기다운 표현

자부심

자신감

태양은 '나'라는 주체가 자기다움을 표현하려는 창조적 욕구다. 말 그대로 나답게 살고 싶다는 외침이다. 우리는 각자 자신만의 고유한 씨앗을 품고 있으며, 가능성이 잉태된 이 씨앗을 활짝 피우고자 한다. 작은 씨앗이 발아해 큰 나무가 되려는 것과 같은 의지다. 이 욕망이 제대로 발휘되면 살아 있다는 활기를 느끼는 동시에, 건강하고 자연스럽게 자신을 표현할 수 있다.

태양의 욕망을 긍정적으로 발산하면 자존감과 자신감으로 충만해진다. 누구든 자신을 자기답게 드러낼 수 있을 때 행복하며 삶에서 만족을 얻는다. 또한 자존감이 높아지면 외부 충격에 쉽게 무너지지 않는다. 반대로 자기다움을 방해받고 억압되면 힘이 빠지고 위축된다. 삶의 의미를 잃고 무기력해질 수 있다.

출생 차트 속 태양을 통해서 당신이 어떤 방법으로 자신을 표현하며, 무엇을 할 때 살아 있다는 생명력과 활력을 느끼는지 알 수 있다. 따라서 태양은 활기, 개성, 자의식, 창조력, 주체성, 모든 잠재력을 이용하려는 의지 등을 가늠할 수 있는 지표다. 태양 하나가 태양계 전체 무게의 99.86퍼센트를 차지한다는 사실만 보더라도, '나'라는 주체에게 자기 개성과 자기다움이 얼마나 중요한지 알 수 있다. 당신의 고유한 개성을 스스로 인정하는 것만큼 타인에게 인정받는 것도 중요하다.

에너지를 잘 쓰면, 빛	제대로 못 쓰면, 그림자
따뜻하고 너그럽다.	게으르고 산만하다.
약속을 잘 지킨다.	오만하고 타인을 무시한다.
리더십이 뛰어나다.	판단력이 떨어진다.
신중하고 위엄이 있다.	침착하지 못하다.
생각을 당당하게 밀어붙인다.	허세가 심하다.
야망이 있고 꿈도 크다.	사치를 즐긴다.
개성을 뚜렷하게 표현한다.	말과 행동이 경박하다.

태양으로 알 수 있는 욕구

나는 (남과 다르게 나를 표현하고) 싶다.

나는 (생기를 느끼고) 싶다.

나는 (자신 있게 나를 드러내고) 싶다.

나는 (있는 그대로의 나를 존중받고) 싶다.

태양이 수호하는 사자자리를 떠올려라. 무대 위에서 자신 있게 개성을 발휘하고, 관대하게 베푸는 사자자리와 태양의 욕망은 닮았다.

나는 나를 (　　)하게 표현한다.
나는 (　　)할 때 기운이 솟는다.
나는 (　　)한 사람이다.

당신의 출생 차트에서 **태양**이 어느 사인에 있는지 찾아 내용을 확인하라.

태양⊙이 양자리♈에 있으면, 저돌적인 양답게 자신을 단도직입적으로 표현한다. 말보다 행동이 앞선다. 새롭고 낯선 상황을 두려워하지 않고 목표를 향해 거침없이 달려간다.

태양⊙이 황소자리♉에 있으면, 밭을 일구는 황소답게 실용적인 것을 만들어낸다. 실질적이고 유용한 가치를 중시하고 상황을 신중하게 검토한다. 한번 받아들이면 잘 바뀌지 않는다.

태양⊙이 쌍둥이자리♊에 있으면, 다양한 지식에 관심이 많은 쌍둥이답게 새롭고 낯선 것에 지적 호기심을 발휘한다. 하나에 안주하지 않고 계속해서 새로운 정보를 찾아다닌다. 다재다능하고 손재주가 좋다.

태양⊙이 게자리♋에 있으면, 안전을 중시하는 조심스러운 게답게 감정적 교감을 나누는 사람에게 헌신적이다. 때로는 게가 집게발로 뭔가를 꽉 잡듯 안정감을 주는 가족 같은 사람에게 집착한다. 분위기에 민감하며, 낯설고 불편한 상황이면 단단한 껍질로 방어하듯 자신을 보호하려 한다.

태양⊙이 사자자리♌에 있으면, 기품 있는 사자답게 말과 행동에 자신감이 넘친다. 관대함과 따뜻함으로 사람을 끌어모으고 이끈다. 타인에게 관심을 기울이고 격려하여 기운을 북돋운다.

태양⊙이 처녀자리♍에 있으면, 꼼꼼하고 분석적인 처녀답게 매사에 정확하게 표현한다. 하는 일마다 완벽하려는 성향에 잔소리가 많지만 잘 도와준다. 체계와 질서를 만들어내는 능력이 탁월하다.

태양⊙이 천칭자리♎에 있으면, 균형과 조화를 추구하는 천칭답게 매너가 좋다. 상대방과 균형을 맞추며 합리적으로 행동하려 한다. 우아하고 사교적이며, 말과 행동이 부드럽다.

태양⊙이 전갈자리♏에 있으면, 비밀스럽게 숨어 있는 전갈답게 조용하지만 강렬한 존재감으로 자신을 표현한다. 전체 상황을 스캔하듯이 잘 파악한다. 보이는 현상 너머 본질을 통찰하려는 관심이 높다.

태양⊙이 사수자리♐에 있으면, 이상을 꿈꾸는 사수답게 배우는 것을 좋아하고 낙천적으로 표현한다. 자신이 배운 것을 열렬하게 전파한다. 새로운 비전을 찾아다니느라 현실의 사소한 것에는 신경 쓰지 않는다.

태양⊙이 염소자리♑에 있으면, 성공을 향해 한 걸음씩 나아가는 염소답게 최고의 목표를 향해 차근차근 실력을 쌓아간다. 책임지는 일을 맡을 때 활력을 느낀다. 분명한 목표를 달성하려 꾸준히 노력한다.

태양⊙이 물병자리≈에 있으면, 자유롭고 독창적인 물병답게 관습의 틀에서 벗어나 혁명적으로 자신을 표현한다. 개혁적인 기질에 따라 새로운 사상이나 이론에 관해 대화하기를 좋아한다. 집단의 획일적인 규율보다는 개인의 다양한 자유를 중요한 가치로 여긴다.

태양⊙이 물고기자리⊬에 있으면, 미묘한 느낌을 잘 감지하는 물고기답게 타인과 정서적으로 교감하는 것으로 자신을 표현한다. 뛰어난 감정이입으로 타인을 잘 이해하고 배려한다. 풍부한 상상력으로 현실 속에서도 자신만의 이상 세계를 만들어간다.

TIP 태양을 잘 쓸 수 있는 인생 비법 ★ 태양은 독특하고 고유한 자신만의 존재감이다. 타인에게 이러한 존재감을 드러낼 때 생명력과 자부심을 느끼게 된다. 당신의 경험을 믿고 자신이 잘할 수 있는 것들을 즐겁고 당당하게 표현하라.

달

금성

달

지구

달의 천문학 지식

지구의 유일한 위성이다.
태양에게서 받은 빛을 지구로 반사한다.
지구를 한 바퀴 도는 데 약 27.4일이 걸린다.
달의 인력으로 인해 지구에 밀물과 썰물이 일어난다.
지구 그림자에 달의 모양이 만들어지고 매순간 변한다.

달   Moon

나도 모르는 습관
반응하는 태도
내적 안정감
어머니와의 관계
자녀의 양육방식

달은 끊임없이 변화하는 외부 환경에 민감하게 반응하며 요동
치는 감정을 안정시키고자 하는 욕망이다. 변화 가운데서 감
정적 안정을 충족하려는 의지다. 외부의 영향에 무의식적으로
반응하는 감정과 느낌이 달로 드러난다. 태양이 자신이 품고
있는 에너지를 능동적으로 발산하여 자기만의 개성을 창조적
으로 표현한다면, 달은 외부에 반응하며 빚어지는 내밀한 감
정이나 무의식적 태도를 표현한다. 태양이 큰 양이라면, 달은
큰 음인 '태음'이다. 태양은 남성, 아버지, 왕을 상징하는 반면,
달은 여성, 어머니, 여왕을 상징한다. 태양이 액션이라면 달은
리액션이고 태양이 의식이라면 달은 무의식이다. 또한 태양이
이성이라면 달은 감정이다.

달은 태양에게서 받은 빛을 지구로 반사하며, 지구에 가려졌
다가 나타나기를 반복한다. 날마다 모양과 위치가 다르게 보
인다. 달이 우리 감정을 상징하듯, 감정의 변화는 지극히 자연
스러운 현상이다. 우리는 감정의 안정을 깨트리는 외부 세계

를 민감하게 감지해 자신을 보호하고, 때로는 불안을 정서적 측면에서 조율함으로써 안정감을 되찾으려 한다. 이렇듯 달은 정서적 평온함을 느끼기 위해 당신에게 무엇이 필요한지 보여주는 행성이다. 또한 당신이 유년기에 어머니와 어떤 관계를 맺고 있었는지, 어떤 가정 환경과 분위기 속에서 성장했는지 알려준다.

달은 태어나기 이전부터 만들어진 한 인간의 내적 형태이자, 타고난 인격의 습관적 반응이다. 그러니까 당신 자신도 모르게 드러내는 모든 감정, 느낌, 본능, 무의식이 곧 달의 표현 방식인 것이다.

에너지를 잘 쓰면, 빛	제대로 못 쓰면, 그림자
차분하다.	돌파하지 않고 안주한다.
부드럽고 다정하다.	주변 사람에게 의존적이다.
정교하고 섬세하다.	변덕이 심하다.
주변을 잘 돌본다.	기분에 따라 목표 없이 산다.
일상에 충실하다.	다른 사람의 도움을 바란다.
삶에 만족한다.	불안과 불만이 많다.

달로 알 수 있는 욕구

나는 (보호받고) 싶다.

나는 (만족하고) 싶다.

나는 (감정적으로 안정되고) 싶다.

나는 (주변 상황을 파악하고) 싶다.

달이 수호하는 게자리를 떠올리면 이해하기 쉽다. 곁에 있는 사람을 보호하고, 민감한 감수성과 교감력으로 주변을 배려하는 게자리와 달의 욕망은 닮았다.

나는 주변 상황에 (   )하게 표현한다.
나는(   )할 때 기분이 좋다.
나는 습관적으로 자주 (   )한다.

당신의 출생 차트에서 **달**이 어느 사인에 있는지 찾은 뒤 내용을 확인하라.

달☽이 양자리♈에 있으면, 즉시 행동으로 옮기는 양답게 외부 상황에 즉각적으로 반응한다. 자기주장을 하고 새로운 일에 도전할 때 만족한다. 새로운 상황에 맞닥뜨리면 신중히 생각하기보다 자신도 모르게 행동이 먼저 나간다.

달☽이 황소자리♉에 있으면, 느긋한 황소답게 외부 상황에 여유롭고 느긋하게 반응한다. 몸이 편안할 때 만족감을 느끼기에 몸 상태에 따른 감정 기복이 있다. 습관적으로 즐거운 것을 찾는 편이고 한번 만들어진 습관은 잘 바꾸지 않는다.

달☽이 쌍둥이자리♊에 있으면, 두 사람인 쌍둥이답게 변덕이 심하고 마음이 자주 바뀐다. 새로운 정보를 알게 되거나 지적 호기심이 채워지면 만족을 느낀다. 습관적으로 많은 정보를 알고자 하며 수집한다.

달☽이 게자리♋에 있으면, 알을 품은 게처럼 주변 사람을 잘 돌보고 눈치가 빠르다. 감정적으로 교감하고 보호받을 때 만족을 느낀다. 추억을 잊지 않고 오래도록 기억한다.

달☽이 사자자리♌에 있으면, 너그러운 사자처럼 다른 이들에 게 관대하고 위엄 있게 자신을 드러낸다. 자신이 주목받고 당 당하게 개성을 드러냈을 때 만족을 느낀다. 습관적으로 타인 위에 선 듯 지시한다.

달☽이 처녀자리♍에 있으면, 꼼꼼한 처녀답게 외부 상황을 냉 철하게 분석하고 평가한다. 다른 사람에게 현실적인 도움을 주면 만족을 느낀다. 습관적으로 끊임없이 분석하고 개선할 점을 찾는다.

달☽이 천칭자리♎에 있으면, 조화로운 천칭답게 외부에서 일 어난 상황에 공정하고 균형 잡힌 태도로 반응한다. 여러 의견 을 조화롭게 아우르는 해법을 찾으면 만족을 느낀다. 자신도 모르게 타인을 고려하고 스스로를 포장한다.

달☽이 전갈자리♏에 있으면, 통찰력 있는 전갈답게 사건의 배 후나 원인을 집요하게 파헤친다. 정서적으로 강렬한 교감을 나눌 때 만족한다. 무의식적으로 주위 상황을 컨트롤하려는 경향이 있다.

달☽이 사수자리♐에 있으면, 이상적인 사수답게 새로운 비전 과 사상에 열렬히 반응한다. 인생의 이치나 철학적인 신념을 여러 사람에게 알려주면서 만족을 느낀다. 낙천적인 사수자리 답게 눈 앞의 현실적인 문제는 무시하는 습관이 있다.

달☽이 염소자리♑에 있으면, 절제된 모습의 염소처럼 냉철하게 반응한다. 권위 있는 자리에서 중요한 일을 처리할 때 만족을 느낀다. 목표 달성을 위해 사사로운 감정을 최대한 드러내지 않는 무의식적 습관이 있다.

달☽이 물병자리♒에 있으면, 사차원적인 물병처럼 상식을 뒤엎고 엉뚱하게 반응한다. 서로 자유롭고 평등한 친구 같은 관계일 때 만족을 느낀다. 감정마저도 논리적이고 객관적으로 표현하려는 습관이 있다.

달☽이 물고기자리♓에 있으면, 몽환적인 물고기처럼 느낌에 따라 반응한다. 하지만 모호하게 반응하는 편이다. 자유롭게 상상력을 펼칠 때 만족을 느낀다. 습관적으로 연민을 강하게 느껴 고통받는 사람을 그냥 지나치지 못한다.

TIP 달을 잘 쓸 수 있는 인생 비법 ★ 달은 감정의 변화, 즉 '나'의 출렁거림이다. 달은 인간이 기본적으로 품고 있는 불안감을 드러낸다. 당신의 마음은 어떤 상황에서 불안을 느끼는지 달 사인이 알려줄 것이다. 따라서 감정을 정확하게 마주하고 객관적으로 보려 노력하는 동시에, 감정적 균형을 잡는 각자의 방법을 찾아야 한다. 달은 감정 체험의 저장고이기에 감정을 편하게 느끼고 안아주면 상상력의 원천이 된다.

수성

☿

태양

수성

수성의 천문학 지식

태양과 가장 가깝다.
태양계에서 가장 작은 행성이다.
새벽에 동쪽 하늘에서 잠깐 보인다.
초저녁에 서쪽 하늘에서 잠깐 보인다.
1년에 한 번씩 태양에서 멀어지며 지구 가까이 다가온다.

금성

수성   Mercury

지적인 소통
언어 능력
배우는 방식
정보를 다루는 기술

수성은 타인과 소통하고자 하는 욕망이다. 관심의 안테나를 세워 여기저기 흩어져 있는 정보를 수집한다. 검색하고, 책을 읽고, 정보를 교환하는 지적 호기심과 사회적 활동으로 나타난다. 얻은 정보를 다른 사람들에게 퍼뜨리고 나누려 한다. 타인과 의사소통할 때 이 욕망이 발휘된다. 외부 정보들을 모으고 정리하여 글이나 말로 표현할 수 있는 것도 수성의 욕구가 작동하기 때문이다.

수성은 태양과 가장 가까이 있으면서 1년에 한 번씩 지구 가까이 다가온다. 지구에 태양 에너지를 전하듯 외부의 다양한 정보를 받아들여 자기만의 방식으로 소화하여 타인과 소통하는 것이다. 수성은 이해력, 학습능력 같은 지적인 활동들을 상징한다. 태양의 의식적인 면과 달의 감정적인 면이 조화를 이룰 때 자신의 생각을 말이나 글로 명료하게 표현할 수 있다. 빠르게 움직이는 수성답게 무엇이든 민첩하게 연결하고 다양한 영역에 관심을 기울이며, 보고 들은 모든 것을 깔끔하게 정리해낸다.

수성을 통해 당신의 생각과 그것을 표현하는 방식, 타인과의 의사소통 방식을 알 수 있다. 전화나 편지, 일상에서의 대화 방식, 재치와 손재주 등도 드러난다. 또한 근거리 여행이나 운송수단과도 관련이 깊다. 예를 들어 출장이 잦은 외근 업무나 운전을 직업으로 삼는 것까지도 수성으로 알 수 있다.

에너지를 잘 쓰면, 빛	제대로 못 쓰면, 그림자
이해력이 높고 지적이다.	여기저기로 말을 옮긴다.
말솜씨가 뛰어나다.	남의 일에 참견을 잘한다.
명민하고 재치가 넘친다.	무엇이든 아는 체한다.
정보를 빠르게 습득한다.	제대로 아는 게 없다.
거래 수완이 탁월하다.	잦은 농담으로 신뢰를 잃는다.
디지털 기기를 잘 다룬다.	변명하려고 거짓말을 한다.

수성으로 알 수 있는 욕구

나는 (언어로 소통하고) 싶다
나는 (알고) 싶다
나는 (정보를 공유하고) 싶다

수성이 수호하는 '쌍둥이자리'의 특성을 떠올리면 이해하기 쉽다. 접점을 찾아 정보를 연결하면서 소통하는 언어의 마술사인 쌍둥이자리와 수성의 욕망은 닮아 있다.

나는 (   )하게 대화한다.
나는 (   )하게 배운다.
나는 (   )하게 생각한다.

당신의 출생 차트에서 **수성**이 어느 사인에 있는지 찾은 뒤 내용을 확인하라.

수성☿이 양자리♈에 있으면, 저돌적인 양답게 자신의 의견을 돌려 말하지 않고 직설적으로 표현한다. 무언가를 배우고 싶다는 생각이 들면 곧바로 행동으로 옮긴다. 다른 의견을 듣기보다는 우선 자기 생각을 주장한다.

수성☿이 황소자리♉에 있으면, 느긋한 황소답게 자신의 의견을 말하기까지 다른 사람들보다 시간이 걸리는 편이다. 새롭게 들어온 정보들을 받아들이기까지 조심스럽게 살핀다. 느리지만 유용한 것을 잘 배워 오래 써 먹는다.

수성☿이 쌍둥이자리♊에 있으면, 똑똑하고 민첩한 쌍둥이답게 자신의 의견을 빠르고 조리 있게 표현한다. 아는 정보를 즉시 타인에게 얘기하고 전달한다. 무언가를 배우고 이해할 때 속도가 매우 빠르다.

수성☿이 게자리♋에 있으면, 정서에 민감한 게답게 자신의 의견에 감정을 섞어서 표현한다. 정보조차도 자신의 느낌과 감정을 연결시켜 받아들인다. 인간 내면에 관심이 많고 민감하게 느끼며, 예민하게 들으면서 배운다.

수성☿이 사자자리♌에 있으면, 백수의 왕인 사자답게 자신의 의견을 화려한 수사를 섞어서 자신 있게 표현한다. 사람을 향한 관심과 열의를 가지고 대화한다. 확신에 찬 말투로 타인을 설득한다.

수성☿이 처녀자리♍에 있으면, 분석적인 처녀답게 자신의 의견을 차분하고 정밀하게 표현한다. 외부의 정보를 비판적으로 분석하고 개념화한다. 습득한 정보를 세분화하고 현실적으로 쓸모 있게 만든다.

수성☿이 천칭자리♎에 있으면, 균형감 있는 천칭답게 자기 의견을 매너 있고 우아하게 표현한다. 여러 사람의 입장을 고려한 객관적인 시각을 유지하려 한다. 원만하고 사교적인 태도로 대화를 나눈다.

수성☿이 전갈자리♏에 있으면, 통찰력 있는 전갈답게 자신의 의견을 핵심적인 언어로 통찰력 있게 표현한다. 삶에 대해 깊이 있는 대화를 나누고자 한다. 의심을 통해 자기 생각이 확실하게 정리되기 전까지는 말을 아낀다.

수성☿이 사수자리♐에 있으면, 하늘로 불화살을 쏘아 올리는 사수답게 자신의 의견을 신념에 가득 찬 태도로 표현한다. 자신이 알고 있거나 배운 것을 다른 이들에게 적극적으로 전파한다. 대화할 때 지나칠 정도로 긍정적이며 솔직하다.

수성☿이 염소자리♑에 있으면, 완고한 스타일의 염소답게 조심스럽고 진지하게 자기 의견을 피력한다. 한번 받아들인 생각이나 개념의 틀을 잘 구축하고 쉽게 바꾸지 않는다. 권위 있는 스승에게 체계적으로 배운다.

수성☿이 물병자리♒에 있으면, 혁명적인 스타일의 물병답게 자신의 의견을 파격적이고 독특하게 표현한다. 틀에 얽매이지 않으며 다른 관점을 제시하는 지적인 대화를 즐긴다. 통념을 깨는 자유롭고 독창적인 변화에 대해 자주 생각하고 고민한다.

수성☿이 물고기자리♓에 있으면, 몽환적인 스타일의 물고기답게 자신의 의견을 느낌 중심으로 추상적으로 표현한다. 타인의 감정에 교감하며 호의적으로 대화한다. 말이나 사고가 유연하며 드높은 상상력으로 새로운 영감을 불어넣는다.

TIP   수성을 잘 쓸 수 있는 인생 비법 ★ 소통은 원래 어렵다. 대화하다 보면 상대의 말을 건성으로 듣거나 자기 식으로 해석해 듣는 경우가 많다. 따라서 귀 기울여 잘 듣는 것이 진정한 소통의 첫걸음이다. 나아가 상대의 말에 갇히지 말고 상대가 내비치는 감정이나 상황까지 살피며 대화하기를 추천한다.

금성

♀

금성

수성

금성의 천문학 지식

지구 궤도 바로 안쪽을 돈다.

수성보다 크고 지구보다는 작다.

지구에 가장 가까이 다가오는 행성이다.

미의 여신 이름을 따서 비너스라고 부른다.

크기와 질량이 지구와 유사한 쌍둥이 같은 행성이다.

하루가 약 243일, 1년이 224일로 자전이 공전보다 더 길다.

달

지구

금성   Venus

가치관

사랑

예술적 취향

조화로운 관계

아름다움에 대한 인식

금성은 '미의 여신'인 비너스로 아름다움과 관련된 욕망이다. 아름다움에 이끌리면 사랑하게 되고, 그 대상을 소유하고 싶어진다. 지구 안쪽 궤도에 들어서면 금성의 인력이 지구를 끌어당긴다. 따라서 금성은 대상을 자기 안으로 끌어오는 힘을 나타낸다. 사랑하는 대상을 유혹하기 위해 자신만의 독특한 매력을 어필해야 하듯 대상과 특별한 관계를 맺기 위해서도 그런 힘을 발휘해야 한다. 금성은 자신만의 매력으로 유혹하려는 욕구를 드러내는 행성이다.

금성은 사랑 그 자체나 사랑하려는 마음, 아름다움에 대한 당신의 인식이나 태도, 미적 가치관, 예술 등을 나타낸다. 주변 사람들과 조화롭고 아름답게 관계 맺으려는 욕구이기도 하다. 그렇기에 타인과의 화합, 공존에 대한 욕구가 크다. 삶을 관통하는 예술이든 호의적인 관계든 뜨거운 사랑이든, 결국은 아름다움에 대한 감각이자 조화를 이루고자 하는 욕망이기 때문이다.

달이 자신의 감정이나 느낌을 비추는 행성이라면, 금성은 감각적이거나 즐거운 것에 대한 추구를 드러내는 행성이다. 내면의 감정보다는 물질을 통해 경험하는 감각적 즐거움에 가깝다. 그렇기에 금성을 통해 당신이 가치 있게 여기는 것들, 애정을 표현하는 방식, 매력을 느끼는 사람 스타일(이상형), 매력을 드러내는 방식, 소유하고자 하는 것들을 알 수 있다.

에너지를 잘 쓰면, 빛	제대로 못 쓰면, 그림자
상냥하고 사랑스럽다.	사치스럽다.
맵시 있게 꾸민다.	소유욕이 강하다.
우아하게 사랑한다.	매너 없고 무례하다.
예술적 재능이 있다.	게으르고 제멋대로 한다.
사교활동에 유능하다.	쾌락적인 것을 탐닉한다.
비지니스에 탁월하다.	

금성으로 알 수 있는 욕구

나는 (사랑하고) 싶다
나를 (매력적으로 드러내고) 싶다
나는 (즐거움을 느끼고) 싶다

'황소자리', '천칭자리'를 수호하는 금성을 떠올리면 이해하기 쉽다. 오감이 발달해 예술을 즐기는 황소자리 에너지와 우아한 매너로 조화롭게 관계 맺는 천칭자리 에너지는 금성의 욕망과 닮았다.

나는 (　　)하게 애정을 표현한다.
나는 (　　)에게 매력을 느낀다.
나는 (　　)하게 관계를 맺는다.
나는 (　　)할 때 즐겁다.

당신의 출생 차트에서 **금성**이 어느 사인에 있는지 찾은 뒤 내용을 확인하라.

금성♀이 양자리♈에 있으면, 저돌적인 양답게 애정과 관심을 거침없이 행동으로 표현한다. 금방 사랑에 빠지고 금방 식어버리는 스타일이다. 상대를 배려하기보다는 자기중심적이고 주도적으로 관계를 맺는다.

금성♀이 황소자리♉에 있으면, 현실적인 스타일인 황소답게 물질 공세를 하며 꾸준하게 애정을 드러낸다. 서두르지 않고 천천히 사랑의 블랙홀에 빠져든다. 하지만 소유욕만큼은 강렬하게 발휘된다.

금성♀이 쌍둥이자리♊에 있으면, 소통하는 쌍둥이답게 일상적 대화로 발랄하게 애정을 표현한다. 말이 잘 통하고 지적인 사람을 좋아한다. 변덕스러운 부분이 있어 관심 대상이 자주 변한다.

금성♀이 게자리♋에 있으면, 다정하고 따스한 게답게 편안하고 섬세하게 애정을 표현한다. 좋아하는 사람이 생겨도 애둘

러서 간접적으로 드러낸다. 감정과 느낌을 상호 교감할 수 있는 사람을 좋아한다. 상대에게 보호받는 듯한 느낌을 가질 때 마음을 열어 관계를 맺는다.

금성♀이 사자자리♌에 있으면, 자신감 넘치는 사자답게 애정을 열정적이고 열렬하게 표현한다. 자신의 자존심을 세워주는 멋지고 개성 넘치는 사람을 좋아한다. 관계에서 주도권을 가지려는 경향이 있다.

금성♀이 처녀자리♍에 있으면, 신중한 처녀답게 애정도 조심스럽게 표현한다. 자신이 그렇듯 깔끔하고 정확한 스타일의 사람에게 끌리는 편이다. 좋아하는 사람에게 현실적이고 실질적인 도움을 주려고 애쓴다.

금성♀이 천칭자리♎에 있으면, 조화로운 천칭답게 다정하고 사랑스럽게 애정을 표현한다. 서로의 의견을 존중하며 매너 있게 배려할 때 사랑을 느낀다. 한쪽으로 치우치지 않는 균형 잡힌 관계를 만들고자 노력한다.

금성♀이 전갈자리♏에 있으면, 신비로운 전갈답게 은밀하고 강렬하게 애정을 표현한다. 깊은 감정적 교감을 나눌 수 있는 사람에게 끌리고 좋아한다. 관계를 통해 자신은 물론, 상대방까지 변화시킨다.

금성♀이 사수자리♐에 있으면, 솔직한 사수답게 과감하고 열렬하게 애정을 표현한다. 사회적인 이상을 나누면서 철학적인 공감대가 이뤄지는 사람을 좋아한다. 관계 맺을 때 모든 것을 보여주려 하며 다양한 낯선 경험을 즐긴다.

금성♀이 염소자리♑에 있으면, 보수적이고 엄격한 염소답게 격식을 갖춰 다소 건조하게 애정을 표현한다. 좋아하는 사람에게 책임을 다하려고 애쓴다. 자신의 목표에 도움이 되는 사람을 만나려는 경향이 있다.

금성♀이 물병자리≈에 있으면, 자유분방한 물병답게 관습을 뛰어넘어 자유로운 관계를 맺고 갑작스레 애정을 표현한다. 다소 특이하고 독창적인 사람에게 끌린다. 다양한 분야에서 독특한 개성을 가진 사람과 어울리는 것을 좋아하며 통념을 뛰어넘는 자유로운 관계를 맺는다.

금성♀이 물고기자리⟩(에 있으면, 교감을 잘하는 물고기답게 느낌에 따라 헌신적으로 애정을 표현한다. 자신이 좋아하는 상대에게 환상을 가져 지나치게 이상화한다. 상상력을 발휘할 수 있는 영적으로 충만한 관계를 선호한다.

TIP 금성을 잘 쓸 수 있는 인생 비법 ★ 자기 매력이 무엇인지 모르겠다고? 당신의 금성 에너지를 잘 활용하면 매력을 마음껏 발산할 수 있다. 다만 자신의 매력을 잘 표현할 전략과 연습이 필요하다. 나만의 취향과 가치관을 드러내는 연습을 하다 보면 좋은 인연, 좋은 관계를 만나는 것은 시간 문제일 뿐.

화성

♂

지구

화성

화성의 천문학 지식

지구 바깥 행성 중 가장 빠르다.
산화철 토양이 덮여 있어 붉은색을 띤다.
태양계 행성 중 가장 큰 화산인 올림푸스 산이 있다.
그리스·로마 신화에 등장하는 '전쟁의 신' 이름을 땄다.
지구 궤도 바깥을 돌며 모든 것을 바깥으로 밀어붙인다.

목성

화성 　　　　　　　　Mars

자기주장
분노, 공격성
원하는 걸 얻는 방식
성적 에너지를 발산하는 방식
육체적 에너지 또는 몸을 쓰는 방식

화성은 전쟁의 신인 마스mars로 전투력을 드러내는 상징으로, 자신을 적극적으로 주장하고 외부와 투쟁하려는 가장 야생적인 욕구다. 자기 내부에 안주하지 않고 외부로 자신을 드러내고 개척하려는 의지이기도 하다. 욕구를 발산하고 영역을 넓히고 싶어 타인과 충돌하는 것을 두려워하지 않는다. 투쟁, 용기, 행동 의지처럼 긍정적 의미를 품는 동시에, 사나운 공격성이나 무자비함 같은 부정적 지표로도 읽는다. 자기주장을 관철시키고, 경쟁자 혹은 대상과 싸워 정복하는 힘을 관장한다.

화성을 통해 당신이 원하는 것을 얻기 위해 어떻게 의지를 끌어 모으고 에너지를 발산하는지, 욕망을 달성하기 위해 어떻게 행동하는지를 알 수 있다. 금성이 구심력이라면 화성은 바깥쪽으로 밀쳐내는 힘, 즉 발산이나 원심력이다. 태양이 자기다움을 표현하려는 '정신적 의지'라면, 화성은 자신의 외연을 확장하기 위한 '육체적인 의지나 태도'라 할 수 있다. 태양보다 화성이 조금 일차원적이고 즉각적인 행성이다.

화성이 위치한 사인을 통해 자기주장, 화, 경쟁심, 성욕, 육체
적인 힘 등이 어떻게 발산되는지 확인할 수 있다. 화성 에너지
를 지나치게 쓰면 종잡을 수 없거나 탐욕적으로 나타난다. 어
딜 가나 트러블메이커가 되기 십상인 것이다. 행성 중 빛을 가
진 태양과 그 빛을 반사하는 달의 잠재력을 가장 먼저 표출하
는 행성이 바로 화성이다. 따라서 자신의 행동을 알아차렸을
때는 벌써 엎질러진 물과 같은 상황일 것이다. 그때는 이미 늦
었다. 그렇기에 화성의 힘을 과도하게 남발하지 않도록 조율
하며 적절하게 써야 한다.

에너지를 잘 쓰면, 빛	제대로 못 쓰면, 그림자
용기 있게 앞장선다.	분란을 일으킨다.
강한 상대에게도 도전한다.	종잡을 수 없이 행동한다.
거침없고 확신에 차 있다.	배신하는 경향이 있다.
정정당당하게 승부를 본다.	음란하며 탐욕스럽다.
먼저 복종하지 않는다.	감사할 줄 모른다.
에너지를 금방 회복한다.	강압적이다.
	사납고 폭력적이다.

화성으로 알 수 있는 욕구

나는 (주장하고) 싶다
나는 (화를 내고) 싶다
나는 (목표를 이루고) 싶다

화성이 수호하는 '양자리'와 '전갈자리'를 떠올리면 이해하기 쉽다.
승부욕이 뛰어나 자신의 생각을 밀어붙여 새로운 도전을 하는 양자
리 에너지와 강인한 의지력으로 본질을 꿰뚫는 전갈자리 에너지는
화성의 욕망과 닮았다.

나는 원하는 것을 (　)하게 얻는다.
나는 (　)하게 화를 낸다.
나는 (　)에 열정을 쏟는다.

당신의 출생 차트에서 **화성**이 어느 사인에 있는지 찾은 뒤 내용을 확인하라.

화성♂이 양자리♈에 있으면, 앞으로 돌격하는 양답게 즉각적이고 격렬하게 자기주장을 한다. 뜻대로 되지 않을 때 갑자기 폭발하듯 화를 낸다. 육체적 열정마저도 충동적이고 격렬하게 쏟아낸다.

화성♂이 황소자리♉에 있으면, 참을성 있고 느긋한 황소답게 자기주장을 할 때 꾸준하고도 완고하게 한다. 자신에게 실질적 이익이 있을 때 몸을 열심히 쓰고 열정을 발휘한다. 화를 잘 내지 않지만 한번 내면 크게 폭발한다.

화성♂이 쌍둥이자리♊에 있으면, 똑똑한 쌍둥이답게 자기주장을 할 때 논리적으로 표현하고 설득도 잘한다. 육체적 열정을 발휘하고픈 대상이 자주 바뀐다. 한계 상황이 닥쳐도 영리하게 돌파한다. 말싸움이라면 절대 지지 않는다.

화성♂이 게자리♋에 있으면, 감수성이 풍부한 게답게 자기주장을 할 때 감정에 호소한다. 보호해야 할 대상이 있을 때 육체적 열정을 발휘한다. 한계 상황이 닥치면 자기보호 본능이 강해진다. 자신의 섬세한 감정이 무시되면 화를 낸다.

화성♂이 사자자리♌에 있으면, 자신을 드러내길 좋아하는 사자답게 자기주장을 할 때도 자신감 넘치고 당당하게 드러낸다. 자신을 창조적으로 개성 있게 드러낼 때 육체적 열정을 쏟는다. 자신이 나서서 지배하고자 하는 욕구가 강하다. 자존심을 건드리면 화를 낸다.

화성♂이 처녀자리♍에 있으면, 분석적인 처녀자리답게 자기주장을 할 때 사실이나 정보를 근거로 삼는다. 자신이 하는 일에 실질적인 도움이 될 때 육체적 열정을 쏟는다. 자신과 관련된 것들을 완벽하게 하려는 욕구가 강하다. 화가 나면 오히려 차분하게 팩트로 조곤조곤 따진다.

화성♂이 천칭자리♎에 있으면, 균형과 조화를 중요시하는 천칭답게 자기주장을 할 때도 상대방을 고려한다. 자신과 관계를 맺을 수 있는 것들에 육체적 열정을 쏟는다. 공정성과 균형을 맞추려는 욕구가 강하다. 화를 낼 때도 상대를 배려하며 지나치게 굴지 않는다.

화성♂이 전갈자리♏에 있으면, 인내심 있는 전갈답게 자기주장을 격정적이면서 집요하게 한다. 깊은 교감을 나눌 수 있을 때 육체적 열정을 쏟는다. 비밀이나 본질을 밝히려는 욕구가 강렬하다. 화가 나면 상대와 자신 모두에게 깊은 내상을 입히며 파괴적이 된다.

화성♂이 사수자리♐에 있으면, 활발하고 밝은 사수답게 자기주장을 할 때 솔직하고 활기가 넘친다. 이상과 비전을 찾는 데 육체적 열정을 쏟는다. 자기 신념과 믿음을 지키려는 욕구가 강하다. 자신의 신념에 어긋나거나 반대되는 것들에 화를 낸다.

화성♂이 염소자리♑에 있으면, 완고한 염소답게 자기주장을 할 때마저도 절제한다. 구체적 목표를 세워 한 단계씩 올라가는 데 육체적 열정을 발휘한다. 전통적이고 세속적인 방식으로 성공하려는 욕구가 강하다. 세운 목표에서 벗어날 때 화를 낸다.

화성♂이 물병자리♒에 있으면, 물병자리답게 자기주장을 할 때 지성적이며 독창적이다. 고루한 전통을 타파하는 데 육체적 열정을 쏟는다. 사생활을 존중받고 개인적 자유를 쟁취하려는 욕구가 강하다. 사생활과 자유를 존중받지 못하면 화를 낸다.

화성♂이 물고기자리♓에 있으면, 상대에게 감정이입을 잘하기에 자기주장에 취약하다. 다른 사람을 돕는 데 육체적 열정을 발휘한다. 오히려 한계 상황에서 상상력을 발휘해 돌파하려 한다. 화를 잘 내지 못하며 현실을 외면하거나 도피한다.

TIP 화성을 잘 쓸 수 있는 인생 비법 ★ 자신이 어떤 상황에서 짜증이 나고 불만이 생기는지 알아채는 것이 중요하다. 화를 내야 한다면 제때, 정확하게 제대로 내야 한다. 분노의 화살이 자신을 괴롭히지 않도록 화에 감정을 싣지 않고 온전히 전달하면 오히려 진솔한 관계를 맺을 수 있다. 욕구 불만과 분노 조절 장애가 생기지 않도록 발산할 수 있는 출구를 마련하자. 자신에게 맞는 운동이 최고다.

목성

긔

화성

목성

목성의 천문학 지식

태양계 행성 중 가장 크고 무겁다.

그리스·로마 신화 속 주피터의 이름을 땄다.

빠른 자전 속도로 인해 줄무늬가 나타난다.

대부분 기체로 이루어져 큰 크기에 비해 가볍다.

밀도가 낮고 가벼운 목성형 거대 가스 행성을 대표한다.

토성

목성   Jupiter

이상과 진리를 탐구하는 마음
희망과 낙천성
세계관과 인생관
장거리 여행

태양계 행성 중 가장 큰 목성은 지금도 커지고 있는 행성으로, 자신을 확장하고 성장하고자 하는 욕구/욕망을 나타낸다. '하늘의 산타클로스'라고 불리는 행운의 행성으로 넓은 아량과 관대함, 풍요로움과 축복을 상징한다. 이러한 목성 에너지로 인해 인간은 특유의 낙천성과 새로움을 향한 호기심을 바탕으로 늘 탐구하고 확장해나가는 경향을 가진다.

목성이 지닌 에너지를 잘 쓰면, 굴레로 여기던 자신의 한계를 뛰어넘어 잠재된 가능성을 키워나갈 수 있다. 자신이 성장하면 할수록 삶에 대한 믿음과 희망도 더불어 커진다. 그렇기에 자신의 내적 믿음을 단단하게 만들어줄 체험과 기회가 무엇인지 목성을 통해 배워야 한다.

품이 넓고 너그러운 이 행성은 기본적으로 시선을 먼 곳에 두고 긍정적 태도를 보이며, 장기적 비전을 세우는 일에 뛰어나다. 원대한 포부를 바탕으로 오늘보다는 나은 내일을 지향한

다. 자기 자신에 대한 비전을 잃지 않는 것이 가장 큰 특징이
다. 목성이 위치한 사인을 통해 자신을 성장시키고자 하는 방
식, 확장되고 성숙하기 위해 자신에게 필요한 것들이 무엇인
지 알아챌 수 있다.

에너지를 잘 쓰면, 빛	제대로 못 쓰면, 그림자
도전적이고 긍정적이다.	허세가 심하고 방탕하다.
지혜를 잘 나눠준다.	자기 믿음을 타인에게 강요한다.
높은 도덕성을 추구한다.	그릇된 교리에 집착한다.
모든 사람의 이로움을 모색한다.	경솔하게 말한다.
자비롭고 신앙심이 깊다.	실무감각이 부족하다.
인색함 없이 잘 베푼다.	대책 없이 저지른다.
늘 배우며 성장한다.	

목성으로 알 수 있는 욕구

나는 (성장하고) 싶다
나는 (이치를 알고) 싶다
나는 (믿고) 싶다

목성이 수호하는 '사수자리'를 떠올리면 이해하기 쉽다. 특유의 낙천성으로 낯선 곳을 모험하며 철학적 이상을 탐구하는 사수자리 에너지와 목성의 욕망은 닮았다.

나는 (   )하면서 성장한다.
나는 (   )할 때 믿음이 생긴다.
나는 (   )하게 탐구한다.

당신의 출생 차트에서 **목성**이 어느 사인에 있는지 찾은 뒤 내용을 확인하라.

목성♃이 양자리♈에 있으면, 단도직입적인 양답게 자기 의사나 의견을 확실히 표현하면서 성장한다. 새로운 분야에 도전하면서 배우는 기회를 얻는다. 자기를 넘어서며 용감하게 도전할 때 삶에 대한 믿음이 생긴다.

목성♃이 황소자리♉에 있으면, 현실적인 황소답게 실용적인 것을 만들어내면서 물질적 확장을 통해 성장한다. 증거가 명확한 것과 눈에 보이는 것을 믿고 배운다. 몸이 편할 때 삶에 대한 믿음이 생기고 강해진다.

목성♃이 쌍둥이자리♊에 있으면, 소통하는 것을 좋아하는 쌍둥이답게 다양한 사람과 의사소통하면서 성장한다. 정보를 연결하고 언어화하면서 배우는 기회를 얻는다. 지적 욕구가 충족될 때 삶에 대한 믿음이 생긴다.

목성♃이 게자리♋에 있으면, 감정적 교류가 중요한 게자리답게 다른 사람과 감정을 공유하고 돌보면서 성장한다. 감정적 교감과 안정을 느낄 때 마음이 열린다. 보호받고 있다고 느낄 때 삶에 대한 믿음이 단단해진다.

목성♃이 사자자리♌에 있으면, 자신의 존재감이 중요한 사자답게 창조적 역량을 마음껏 드러낼 수 있을 때 성장한다. 사람들 앞에 서서 자신을 당당하게 드러낼 때 행운이 따른다. 리더로서 중요하고 창조적인 역할을 할 때 삶에 대한 믿음이 생긴다.

목성♃이 처녀자리♍에 있으면, 분석적인 처녀답게 자기를 개선하기 위해 훈련할 때 성장한다. 추상적인 관념들을 실재적인 것으로 바꾸면서 배운다. 자신의 분야에서 지식을 확장하고 기술적 재능을 연마할 때 삶에 믿음이 생긴다.

목성♃이 천칭자리♎에 있으면, 조화와 균형을 중요하게 여기는 천칭답게 폭 넓은 인간관계 속에서 성장한다. 친밀한 일대일 관계를 통해 배우는 기회를 얻는다. 예술과 법률에 관심이 많고, 공정한 분배로 조화를 이룰 때 삶에 대한 믿음이 생긴다.

목성♃이 전갈자리♏에 있으면, 통제력이 뛰어난 전갈답게 내면의 깊은 그림자를 다루고 변신하면서 성장한다. 한 가지에 깊게 파고들 때 배우는 기회를 얻는다. 삶의 본질과 의미에 가까이 다가갈 때 삶에 대한 믿음이 생긴다.

목성♃이 사수자리♐에 있으면, 사수답게 비전과 목표를 따라 살아갈 때 성장한다. 자유롭게 탐구할 때 더 나은 것을 배울 기회를 얻는다. 영감을 고취시키는 철학적 비전을 가질 때 삶에 믿음이 생긴다.

목성♃이 염소자리♑에 있으면, 목표를 향해 한 단계씩 나아가는 염소답게 지속적인 자기 절제를 통해 성장한다. 조직 속에서 권위를 가질 때 배우는 기회를 얻는다. 물질적 성취를 얻고 존경받을 때 삶에 믿음을 가진다.

목성♃이 물병자리♒에 있으면, 낡은 틀을 깨는 물병답게 혁신적인 생각과 행동을 펼치며 성장한다. 사회 변혁을 일으키는 활동을 할 때 배우는 기회를 얻는다. 공공의 선과 인류애를 발휘할 때 삶에 대한 믿음이 생긴다.

목성♃이 물고기자리♓에 있으면, 감정과 느낌이 중요한 물고기답게 영적인 교감을 나눌 때 성장한다. 풍부한 상상력을 마음껏 펼치는 기회를 통해 배운다. 충분히 헌신할 때 삶에 대한 믿음이 생긴다.

TIP 목성을 잘 쓸 수 있는 인생 비법 ★ 목성은 시야가 넓다. 다양한 주제를 넘나든다는 장점이 있지만 한 주제에 집중하지 못하고 엉뚱한 주제로 대충 뛰어넘기도 한다. 진정한 확장과 성장은 자기 발밑의 단단한 지반을 쌓아올리면서 시작된다. 가끔은 발디딘 자리, 즉 자기 일상을 살피며 실현 가능한 비전을 펼쳐야 한다.

토성

ħ

토성

목성

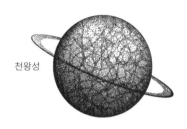

천왕성

토성의 천문학 지식

가장 많은 위성을 가지고 있다.
기체로 이뤄진 목성형 행성이다.
목성보다 온도가 더 낮고 얼어 있다.
태양계 행성 가운데 밀도가 가장 낮다.
행성 중 가장 큰 위성인 타이탄을 가지고 있다.

토성

Satern

책 임

극 기

훈 련

제한과 자제

토성은 현실적 안정을 위해 절제하는 욕구/욕망이다. 책임감을 강하게 느낀다. 천문학적으로도 토성은 많은 위성을 거느린 행성으로 강한 의무, 책임과 연결되어 있다. 토성은 목성 바깥 궤도를 돌며 무한하게 커지려는 목성의 성장에 제동을 건다. 이러한 제동을 통해 한 존재가 스스로 자신의 한계를 경험하게 하는 동시에, 현실을 있는 그대로 인식시키는 것이 바로 토성의 역할이다.

당신이 자기 자신을 어떤 식으로 훈련시키는지 알려주는 행성이다. 얼음과 암석 파편 가득한 차갑고도 까칠한 토성은 오랜 시간과 세대에 걸쳐 쌓은 전통이라는 검증된 방식을 통해 엄격한 원칙과 질서를 잡는다. 책임감과 목표의식이 뚜렷하며, 어떤 일이든 완벽하게 해내려 하기에 자신도 모르게 경직되는 경향이 있다. 토성이 가장 두려워하는 것은 실패다. 실패하지 않으려 자신은 물론 외부 조건을 최대한 조절하고 통제하려는 것이다.

이러한 통제적 성향은 자기 영향권에 있는 것들을 긴장하게 만든다. 사소한 실수도 용납하지 못한다. 제한하고 자제하는 토성의 특성이 당신 자신을 과하게 엄격한 사람, 즉 인조인간처럼 만들기도 한다. 토성은 당신에게 맡겨진 일이나 상황 속에서 책임지는 방식, 자신의 한계를 느끼고 절제하는 방식, 체계를 만들어가는 방식, 극복하고자 하는 것 등을 알려준다.

에너지를 잘 쓰면, 빛	제대로 못 쓰면, 그림자
생각이 깊다.	냉정하게 원칙만 앞세운다.
행동이 조심스럽다.	목표를 위해 타인을 이용한다.
꾸준하고 묵묵히 일한다.	안정된 방식만 고수한다.
성실하게 성취를 향해 나간다.	개인적 야망에만 집중한다.
자기 절제가 뛰어나다.	완고하다.
안정적이며 신뢰감을 준다.	가부장적이다.
원칙과 규율을 잘 지킨다.	부정적이고 한계 짓는다.

토성으로 알 수 있는 욕구

나는 (책임지고) 싶다
나는 (목표를 이루고) 싶다
나는 (더 잘하고) 싶다

토성이 수호하는 '염소자리'를 떠올리면 이해하기 쉽다. 원칙을 지키며 한 단계씩 올라가 최고의 자리에서 공헌하는 염소자리 에너지와 토성의 욕망은 닮았다.

나는 (   )하게 책임진다.
나는 (   )을 위해 절제한다.
나는 (   )하면서 안정적인 기반을 다진다.

당신의 출생 차트에서 **토성**이 어느 사인에 있는지 찾은 뒤 내용을 확인하라.

토성♄이 양자리♈에 있으면, 저돌적으로 달려드는 양답게 용기를 가지고 도전하고 선두에서 이끌면서 책임을 진다. 선두에 서기 위해 자기 스스로 절제하고 통제한다. 앞만 보고 달려가는 양답게 새로운 도전을 통해 자기 기반을 다진다.

토성♄이 황소자리♉에 있으면, 현실적 안정을 중시하는 황소답게 무엇이든 구체적으로 만들어내고 물질화하면서 책임을 진다. 가진 것을 지키기 위해 절제하고 자제한다. 물질적인 풍요와 안정을 통해 자기 기반을 다진다.

토성♄이 쌍둥이자리♊에 있으면, 새로운 지식에 관심 많은 쌍둥이답게 정보를 연결시키고 전달하면서 책임진다. 정확한 정보를 위하여 자신의 감정을 최대한 절제한다. 지적인 활동을 통해 자기 기반을 다진다.

토성♄이 게자리♋에 있으면, 보호하려는 의지가 강렬한 게답게 다른 사람을 지키고 키워내면서 책임진다. 정서적 안정을 위해 타인과의 교류를 절제한다. 정서적인 생각과 활동으로 자기 기반을 다진다.

토성♄이 사자자리♌에 있으면, 주인공이 되려는 사자답게 자신만의 개성을 당당하게 드러내고 포용하면서 책임진다. 다른 이들에게 인정받기 위해 자기 표현을 최대한 절제하고 통제한다. 주변 사람의 인정과 자존감 확립을 통해 자기 기반을 다진다.

토성♄이 처녀자리♍에 있으면, 세상에 필요한 존재가 되고자 하는 처녀답게 실무적으로 디테일을 추구하면서 책임을 진다. 일을 완벽하게 처리하기 위해 자기 욕구를 절제하고 통제한다. 끊임없이 정돈하고 체계화하며 자기 기반을 다진다.

토성♄이 천칭자리♎에 있으면, 공정을 중시하는 천칭자리답게 사람들과의 관계에서 균형 잡는 것을 의무로 여긴다. 좋은 관계를 위해 자기 의견을 주장하기보다는 절제한다. 조화를 중요하게 여기는 천칭답게 균형 잡힌 시각으로 자기 기반을 다진다.

토성♄이 전갈자리♏에 있으면, 깊이 있고 통찰력 있는 전갈답게 인내하고 자신을 갱신하면서 책임진다. 삶의 핵심으로 다가가기 위해 자기 자신을 절제하고 통제한다. 본질적인 문제들에 질문을 던지면서 자기 기반을 다진다.

토성♄이 사수자리♐에 있으면, 비전 찾아 모험하는 사수답게 새롭고 낯선 것을 탐구하며 자신의 이상을 추구하고 그 결과에 책임진다. 자신의 신념을 인정받기 위해 절제하고 통제한다. 자신만의 이상과 비전을 세우며 자기 기반을 다진다.

토성ħ이 염소자리♑에 있으면, 성취하고 공헌하는 염소답게 단계를 밟아 현실적으로 책임지고 성취하기 위해 노력한다. 목표를 실현하고 완성하기 위해 절제하고 통제한다. 보수적인 염소답게 전통을 존중하며 자기 기반을 다진다.

토성ħ이 물병자리♒에 있으면, 혁명적인 물병답게 권위를 깨고 평등한 관계를 맺으며 새로운 시스템을 실험하면서 책임진다. 객관성을 확보하기 위해 개인적 감정을 절제하고 통제한다. 자유로움을 중요하게 여기는 물병답게 규율을 가로지르며 자기 삶의 기반을 구축한다.

토성ħ이 물고기자리♓에 있으면, 공감과 상상력의 물고기답게 경계를 허물며 헌신적으로 책임진다. 이상을 실현하기 위해 현실적인 것들을 절제하고 통제한다. 현실과 이상의 경계를 허물고 통합하면서 자기 삶의 기반을 만든다.

TIP 토성을 잘 쓸 수 있는 인생 비법 ★ 목표를 향해서만 달려가다 보니 정서나 감정을 경시하는 편이다. 목표 지향의 경직된 태도에 이완이 필요하다. 진정한 리더가 되려면 함께하는 사람들의 감정까지도 포용하는 섬세한 감수성이 필요하기 때문이다. 엄격한 태도를 벗고 유연하게 흘러가는 연습을 하자.

멀리 떨어져 있지만 영향력 있는
천왕성, 해왕성, 명왕성

천왕성, 해왕성, 명왕성은 토성 궤도 바깥을 도는 외행성으로 천체 망원경이 발명된 이후에 발견되었다. 그런 이유로 고대부터 내려온 어스트롤로지에서는 토성 밖에 있던 외행성, 즉 천왕성, 해왕성, 명왕성을 해석하지 않았다. 그 시절에는 이 행성들이 존재하는지조차 몰랐기 때문이다.

이 책은 현대점성학에 기반하기에 3개의 외행성을 '개인적인 나'를 초월한 '우주적인 나'로 변형시키는 힘으로 해석한다. 또한 시대적 영향과 같이 개인이 어쩌지 못하는 거대한 힘으로 다룬다. 태양에서 멀리 떨어져 있지만, 시대와 세대 전반은 물론 개인의 무의식에까지 영향을 미친다.

천왕성, 해왕성, 명왕성은 살던 대로 살지 않도록 변화를 부추기는 에너지다. 몸과 마음을 완전히 바꾸게 하는 사건들을 일으킨다. 호두 껍데기처럼 단단한 자기 정체성을 깨트리고, 또다른 '나'로 성장하도록 돕는 행성들이 바로 천왕성, 해왕성, 명왕성이다. 지금 이 순간에도 멀리서부터 미미하지만 우리를 변화시키려는 힘이 우주를 가로질러 오고 있다.

TIP 천왕성, 해왕성, 명왕성 별자리의 연도 구분은 1~2년 정도 겹칠 수 있다. 행성 공전 주기의 차이로 생기는 역행(지구에서 봤을 때 뒤로 가는 것처럼 보이는 현상)과 공전주기를 편의상 평균으로 계산함으로써 생기는 오차 때문이다.

232

명왕성

해왕성

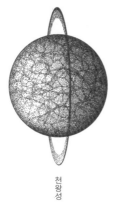

천왕성

천왕성

토성

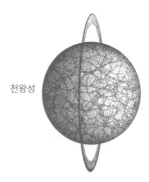

천왕성

천왕성의 천문학 지식

1781년 3월 13일에 발견되었다.
기체로 이루어진 목성형 행성이다.
자전으로 인하여 낮과 밤이 바뀌지 않는다.
다른 행성과 달리 수직 방향으로 누워서 자전한다.
하늘의 신 유레너스는 아들인 크로노스에 의해 쫓겨났다.

천왕성으로 알 수 있는 욕구

나는 (자유롭고) 싶다
나는 (틀을 깨고) 싶다
나는 (독창적인 사람이 되고) 싶다

해왕성

천왕성 Uranus

독창성
혁신과 발명
돌발적인 사건
자유와 개인주의
세상을 놀라게 하는 사람

천왕성은 우리를 얽어매려는 관습에서 벗어나 자유롭고 독립적이고자 하는 욕구다. 사회적 시선이나 틀에서 벗어나 고유한 자신만의 독자성을 드러내는 힘이다. 토성이 지닌 관습적 태도를 넘어서서 자신만의 독특하고 창의적인 힘을 발휘한다. 남들이 뭐라고 하든 상관 않고 자기 길을 묵묵히 가는 것이다.

혁신의 아이콘인 천왕성은 독창적이고 참신한 것, 엉뚱하고 괴팍한, 인습에 묶이지 않는, 예측할 수 없는 것 등으로 해석된다. 또한 과학적 영감의 근원을 뜻하기도 한다. 익숙하게 길들여진 방식을 깨고 새로운 질서를 만들어내는 용기인 셈이다. 폭탄 같은 파괴력을 드러내며, 토성의 굳은 장벽을 깨트려 갇힌 마음을 해방시키려 한다. 오래도록 질서를 부여하고 구축하던 체계 중 낡아 쓸모 없는 것들을 깨트리는 것이다. 미래로 나아가려면 불필요한 것들을 과감히 버려야만 한다. 새로운 것은 낡은 것들과의 결별 뒤에야 온다.

천왕성은 한 개인에게 직접적인 영향을 끼치기보다는 거대한 시대적 움직임이나 변화, 즉 기존의 관습에서 벗어나 자유롭고 독립적이고자 하는 사회 전체의 욕망에 영향을 주는 행성이다. 천왕성이 발견된 후 미국의 독립전쟁(1781년), 프랑스 대혁명(1789년)과 같은 혁명적 변화를 이끄는 인류사적 사건이 벌어진 것은 우연이 아니다. 이는 시대의 거대한 욕구가 '나'라는 한 개인에게도 영향을 미친다는 사실은 잊지 말자. 해왕성과 명왕성도 마찬가지다.

TIP 천왕성을 잘 쓸 수 있는 인생 비법 ★ 굳게 믿었던 신념이나 시스템이 무너지면 소위 '멘붕'이 온다. 하지만 기존의 토대가 무너지는 붕괴 없이 새로운 시대로 나아가는 일은 불가능하다. 일상 속에서 갑작스레 뭔가가 깨지더라도 정신 줄 꽉 잡고 계속 가야 한다. 사회적 시선이나 관습을 벗고 내가 나답게 자유로워지는 것에 집중하라. 다른 미래가 기다리고 있을 것이다.

평등한 인류애를 추구하는 자유와 독립성의 행성, 천왕성의 시대별·세대별 특성

천왕성♅ + 양자리♈ — 1927/28~1934, 2011~2018
낡은 경제관념에서 벗어나 물질적 토대를 새로 쌓는 시대
경제적 독립과 현실적 독립에 대한 열망을 가진 세대

천왕성♅ + 황소자리♉ — 1935~1941, 2019~2025
새로운 사상과 이념이 급속도로 퍼져나가는 시대
새로운 방식으로 의사소통을 나누려는 세대

천왕성♅ + 쌍둥이자리♊ — 1942~1948
전통적 가정의 모습에서 벗어나는 시대
정서적으로 자유롭고자 하는 세대

천왕성♅ + 게자리♋ — 1949~1955
정치적 권위를 새롭게 만들어가는 시대
개인의 표현과 창조성의 자유를 중요하게 여기는 세대

천왕성♅ + 사자자리♌ — 1955~1962
회사, 의료 분야 등에서 새로운 기술과 질서를 도입하는 시대
정확한 분석 자료와 논리로 개혁을 요구하는 세대

천왕성♅ + 처녀자리♍ — 1962~1968
좌우로 균형 잡힌 새로운 시각을 확보하려는 시대
전통적 남녀 관계에서 벗어나려는 세대

천왕성♅ + 천칭자리♎ — 1968/9~1974/5

사회개혁의 움직임이 비밀스럽지만 강렬하게 일어나는 시대
근본적으로 시스템을 바꾸려는 세대

천왕성♅ + 전갈자리♏ — 1974~1981

기존의 철학, 종교, 사상을 개혁하고자 하는 시대
새로운 비전과 이상을 찾아 해외로 나가는 세대

천왕성♅ + 사수자리♐ — 1982~1989

낡은 정치, 사회구조가 무너지는 시대
사람을 위한 사회제도를 구축하고자 하는 세대

천왕성♅ + 염소자리♑ — 1989~1996

과학·통신 분야에서 획기적인 변화가 일어나는 시대
개인적 자유와 독창성을 중요하게 생각하는 세대

천왕성♅ + 물병자리♒ — 1996~2003

사회 시스템과 과학이 급진적으로 변화하는 시대
개인의 자유와 해방을 중요하게 생각하는 세대

천왕성♅ + 물고기자리♓ — 2004~2011

상상력을 기반으로 창조성을 발휘하는 시대
현실에 머물기보다 영적인 것을 지향하는 세대

해왕성

천왕성

해왕성

기체로 두껍게 덮여 있다.
1846년 9월 23일에 발견되었다.
신화 속 바다의 신인 넵튠에서 이름을 따왔다.
해왕성의 축은 자전축에 비해 크게 기울어져 있다.
바다의 요정 이름을 딴 위성 네레이드도 공전한다.

해왕성으로 알 수 있는 욕구

나는 (이 세계를 초월하고) 싶다
나는 (타인을 돕고) 싶다
나는 (혼돈을 통합하고) 싶다

명왕성

해왕성   Neptune

영감과 상상
연민과 자비심
꿈과 이상
혼돈
환상

해왕성은 모든 걸 받아들여 품는 바다처럼 한계와 경계를 뛰어넘어 물질로부터 초월하려는 욕구의 행성이다. 행성 기호는 바다의 신 넵튠의 삼지창을 의미한다. 바다의 힘은 이것과 저것을 분별하는 경계를 허물어지도록 뒤섞은 뒤 하나로 끌어안아 통합하는 것이다. 해왕성이 발견된 1840년대는 이전의 계몽주의에 대한 반발로 낭만주의가 나타나고, 현대적 심령주의가 유행하기도 했다.

이러한 특성은 '나'와 '너'라는 구분을 무의미하게 만듦으로써 하나로 연결되어 있음을 감지하게 한다. 안개에 휩싸인 듯 막막하고 보이지 않는 거대한 힘은 조급함을 버리고 묵묵히 기다리거나 받아들이는 태도를 길러준다. 때문에 경계를 뛰어넘어 통합하고 싶은 욕구를 나타내며, 좀 더 미묘한 차원으로 세상을 느끼고 체험하게 한다. 따라서 예술적·종교적 영감의 원천으로 발현되기도 한다.

해왕성을 잘 쓸 수 있는 인생 비법 ★ 삶은 모호한 것들로 가득하다. 이런 모호함들
이 일상에 스며들어 불안과 두려움을 일으킨다. 염증과 같은 것이다. 하지만 안개
에 휩싸인듯 희미한 삶의 세계를 피하기보다는 잠시 멈춰서 응시하는 것만으로도
기다림에 힘이 생긴다. 기다림은 수동적 자세가 아니다. 기다리며 자기 자신의 예
민함을 느끼고 받아들이는 일은 그 자체로 긍정적 자세다. 불투명한 삶 안의 자신
을 담담하게 만나는 것만으로도 길을 잃고 주저앉는 일은 드물어진다.

모든 걸 뒤섞는 바다처럼 경계를 초월하려는 해왕성의 시대별·세대별 특성

해왕성Ψ+사자자리♌ — 1914/16~1928/29
상상력이 개인의 창조적 분야에 쏠리는 시대
자기 표현의 한계를 초월하려는 세대

해왕성Ψ+처녀자리♍ — 1928/29~1942/43
일상적 질서를 만드는 것에서 상상력을 펼치는 시대
혼돈스러운 무의식적 내면에서 길을 찾으려는 세대

해왕성Ψ+천칭자리♎ — 1942/43~1955/57
관계에서의 평등을 전제로 평화를 꿈꾸는 시대
개인적 관계를 초월해 전체성을 지향하는 세대

해왕성Ψ+전갈자리♏ — 1955/57~1970
물질과 정신의 경계를 강렬하게 초월하려는 시대
정신적으로 예민하고 깊은 감정을 가진 세대

해왕성Ψ+사수자리♐ — 1970~1984
종교, 철학이 융합되며 새로운 이상을 추구하는 시대
영성과 집단 무의식에 관심을 갖는 세대

해왕성Ψ+염소자리♑ — 1984~1998
새로운 제도와 사회구조에 대한 상상력을 가지는 시대
개인을 초월한 사회에 대해 책임감을 갖는 세대

해왕성♆+물병자리≈ ─ 1998~2012

지적 활동의 자유와 독창성에 대한 상상력이 폭발하는 시대

인터넷 등 과학기술을 바탕으로 물질의 경계를 초월하는 세대

해왕성♆+물고기자리)(─ 2012~2024

물질 너머의 정신적인 것, 영성으로 전환되는 시대

인류가 하나임을 강하게 느끼는 세대

TIP   해왕성은 1914년에 사자자리로 시작해 현재는 물고기자리에 이르렀다. 그런 까닭
에 현재까지 8개 시대별·세대별 특징으로 나뉜다.

명왕성

♇

명왕성

해왕성

태양계 맨 끝에 있다.
1930년 2월 18일에 발견되었다.
금성, 천왕성처럼 시계 방향으로 돈다.
로마 신화 속 저승의 신 플루토에서 따왔다.
명왕성은 달의 3분의 2 크기로 태양계에서 가장 작다.
2006년 8월 행성의 지위를 잃고 왜소행성으로 분류되었다.

명왕성으로 알 수 있는 욕구

나는 (핵심을 꿰뚫고) 싶다
나는 (고통과 직면하고) 싶다
나는 (나를 완전히 바꾸고) 싶다

명왕성   Pluto

공포
강박관념
시작과 끝
집단 무의식
다양한 모습으로 빚어지는 죽음과 재생

명왕성은 죽음과도 같은 고통을 겪어서라도 변신하거나 변형하고자 하는 욕망을 나타낸다. 명왕성은 고통을 피해 달아나기보다는 고통의 핵심을 집요하게 직면한 뒤 그 고통을 떠나보내고 새롭게 태어나려는 에너지다. 그렇기에 치유하고 재생하려는 힘이기도 하다. 명왕성이 발견된 1930년대에 세상은 히틀러, 마오쩌둥, 스탈린 같은 독재자들과 그로 인한 격변을 겪으며 세계를 멸망시킬 수 있는 핵분열 에너지를 만들기도 했다.

명왕성은 적당히 타협하지 않는다. 끝장을 본다. 어두운 그림자처럼 음습하고 변변치 못한 모습은 물론, 무의식의 본질에까지 가닿으려 한다. 불편한 과정이라는 것을 알면서도 지속적으로 자기 정체성에 의문을 던지고, 자기를 들여다보고 다듬는 시간을 가진다.

그렇게 어두운 부분들과 대면하여 다스리면서 연금술과 같은

248

담금질로 변신의 씨앗을 만드는 것이다. 하지만 태양과 멀리 떨어져 있고 거대한 힘이 심연에 갇혀 있기에 이 힘을 자각하기란 그리 녹록치 않다. 그럼에도 심리적 차원에서 가장 민감한 부분들을 건드리고 영향을 끼치는 행성이 바로 명왕성이다. 결코 간과할 수 없는 행성인 것이다.

TIP   명왕성을 잘 쓸 수 있는 인생 비법 ★ 명왕성은 태양계의 가장 바깥이자, 새로운 우주의 시작이다. 깊은 어둠의 지대를 통과한 사람만이 만날 수 있는 새로운 세상이다. 당신이 지닌 못난 모습들이 쌓여 있는 내면의 밑바닥을 보는 일은 쉽지 않을 테지만, 회피하지 않고 직시하려고 노력하면 할수록 많은 것이 달라질 것이다. 당신의 그림자를 끝까지 파헤치고 직면한 뒤 완전히 떠나보내라.

죽음 같은 고통 속에서도 변신하고 변형하려는,
무의식의 행성 명왕성의 시대별·세대별 특성

명왕성♇+게자리♋ 1912/14~1937/39
전통적 가정의 모습이 완전히 바뀌는 시대
강렬한 감정으로 인해 방어본능도 강해지는 세대

명왕성♇+사자자리♌ 1937/39~1956/58
사람들을 통제하려는 독재정권이 들어서는 시대
자기 표현을 강렬하게 하는 세대

명왕성♇+처녀자리♍ 1956/58~1971/72
옳고 그름에 대한 판단이 근본부터 변화하는 시대
분석과 비판을 끝까지 밀어붙이는 세대

명왕성♇+천칭자리♎ 1971/72~1983/84
조화와 균형의 관계가 근본적으로 변화하는 시대
관계에서 감정적으로 깊은 교류가 일어나는 세대

명왕성♇+전갈자리♏ 1983/84~1995
성, 죽음 등의 문제에 공공연하게 골몰하는 시대
보이는 것 이면에 관심을 갖고 파고드는 세대

명왕성♇+사수자리♐ 1995~2008
해외여행과 유학이 본격적으로 시작되는 시대
미지의 것을 탐구하려는 열망이 강한 세대

명왕성♇+염소자리♑ 2008~2023

사회제도를 본질부터 새롭게 구축하려는 시대

실질적이고 구체적인 변화를 추구하는 세대

TIP 명왕성이 한 시대, 한 세대에 미치는 영향력의 기간은 조금씩 다르게 나타난다.
     1912년 게자리로 시작해 현재에 이르렀다. 일곱 시대와 세대로 분류되고 있으며,
     현재는 염소자리 특성이 지배하는 시대이며 2024년에는 물병자리로 진입한다.

10행성 이외의 기호들은 뭐지?

케이론 ⚷

소행성인 케이론은 그리스 신화에 나오는 현자의 이름에서 유래했다. 상처받은 치유자(Wounded Healer)를 뜻하는 이름처럼 그는 반인반마인 켄타우로스 족에게 무예와 의술을 가르쳤다. 케이론은 우리 내면에서 치유해야 할 지점을 자각하게 하고 성숙을 이끌어내는 중요한 지표로 해석된다. 케이론이 있는 별자리와 하우스는 깊은 상흔이 있기에 잘 다루어서 치유할 필요가 있다. 치유의 경험은 타인에게도 도움이 되기에 힐러 역할을 할 수도 한다.

노스 노드 ☊

출생 차트에는 ☊와 ☋ 같은 노드 사인Node Sign이라 불리는 기호도 있다. 노드 사인은 행성이 아니다. 태양과 달의 두 궤도가 교차하는 가상의 두 지점으로, 노스 노드North Node와 사우스 노드South Node라고 부른다. 두 노드는 180도로 마주 보고 있다. 출생 차트에는 헤드폰 모양 안에 T자가 든 노스 노드만 보일 것이다. 노스 노드가 위치한 사인의 특성과 하우스의 경험을 통해 당신이 성숙해져야 한다는 영적 암시로, 이번 생에서 훈련해야 할 과제이기도 하다. 익숙한 것과 결별하고 새롭고 낯선 것에 도전하라는 의미다. 출생 차트에는 보이지 않지만 노스 노드 반대편에 위치한 사우스 노드는 전생에서 충분히 습득한 능력과 재능을 나타낸다.

스텝별 출생 차트 해석 예시 3

행성을 적용해 해석하기

10행성 설명까지 잘 따라왔는가? 이제 당신의 별자리 출생 차트에서 행성들이 각각 어느 사인에 있는지 확인했을 것이다. 아직까지 12사인 기호와 10행성 기호가 헷갈린다면 앞으로 돌아가 찬찬히 복습하며 익혀보라.

출생 차트에서 당신의 10행성 중 나머지 행성들이 어디에 있는지 차례로 살펴보자. 달☽, 수성☿, 금성♀, 화성♂, 목성♃, 토성♄, 천왕성♅, 해왕성♆, 명왕성♇을 찾은 뒤 각 행성의 특징을 참고해 당신이 어떻게 욕망을 쓰는지 알아보자.

STEP 1 — 태양 사인 해석하기

예시로 든 출생 차트를 보자. 태양○은 전갈자리에 있다. 친절하게 도수도 옆에 표시되어 있다. 정확히 전갈자리♏ 12도 37분. 도수는 나중에 배울 어스펙트(aspect, 각도)를 계산할 때 필요하다. 실제 출생 차트에서 행성들이 몰려 있어서 위치나 각도가 헷갈린다면 출생 차트 중 박스로 되어 있는 표를 참고하여 확인할 수 있다. 표에는 ⊙ Sun 12 Sco 36'49"이라고 표기되어 있다. 예상했겠지만 'Sco'는 Scorpio의 줄임말이다.

태양이 전갈자리에 있으니 '나'를 표현하는 방식, '나'라는 주체가 활력을 느끼는 방식이 전갈자리 스타일이란 걸 알 수

Sun sign: Scorpio
Ascendant: Germini

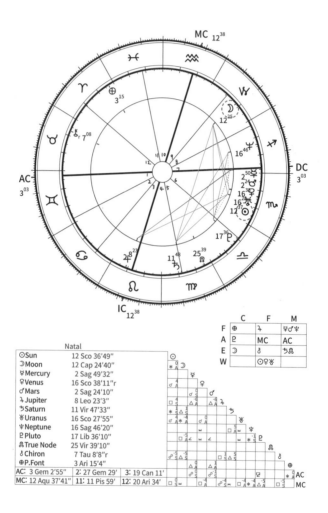

	C	F	M
F	⊕	♃	☿♂♆
A	♇	MC	AC
E	☽	♂	♄☊
W		☉♀♅	

Natal

☉ Sun	12 Sco 36'49"	
☽ Moon	12 Cap 24'40"	
☿ Mercury	2 Sag 49'32"	
♀ Venus	16 Sco 38'11"r	
♂ Mars	2 Sag 24'10"	
♃ Jupiter	8 Leo 23'3"	
♄ Saturn	11 Vir 47'33"	
♅ Uranus	16 Sco 27'55"	
♆ Neptune	16 Sag 46'20"	
♇ Pluto	17 Lib 36'10"	
☊ True Node	25 Vir 39'10"	
⚷ Chiron	7 Tau 8'8"r	
⊕ P.Font	3 Ari 15'4"	

AC: 3 Gem 2'55"	2: 27 Gem 29'	3: 19 Can 11'
MC: 12 Aqu 37'41"	11: 11 Pis 59'	12: 20 Ari 34'

254

있다. 전갈자리는 깊이를 추구하고, 보이는 것 너머에 감춰진 이면을 알고자 하는 에너지다. 다른 사람들에게는 뭔가 비밀스러워 보이기도 하고 때로는 허세를 부리거나 무게를 잡는 것으로 보일 수도 있다. 물론 나머지 행성들이 다른 사인에 자리 잡고 있기에 태양 사인인 '전갈자리'로만 모든 것이 표현되지는 않는다. 그런 까닭에 '전갈자리 설명이 전혀 나 같지 않다'고 느끼는 사람도 있을 수 있다. 그럼에도 자기 자신에 대해 곰곰이 되짚어보면 전갈자리적 정서가 느껴진다는 걸 스스로 알아챌 것이다.

STEP 2 ― 달 사인 해석하기

달☽도 한번 찾아보자. 달은 염소자리♑ 12도 25분에 자리하고 있다. 정서적 만족감이나 내적 안정감은 염소자리 스타일로, 설정한 목표를 이룰 때에야 만족하고 안정감을 느낀다는 것을 짐작할 수 있다. 가만히 보니, 태양과 달이 선으로 연결되어 있다. 뭔지 궁금할 것이다. 이것도 뒤에서 충분하게 설명되니 인내심을 가지고 이 책 끝까지 읽어나가자. 한번에 모든 걸 설명하기란 쉽지 않다. 이제 다른 행성들도 찾아서 직접 내용을 확인해보라.

출생 차트 해석 워크 페이지 ❸

<u>10행성과 12사인으로 내 마음 들여다보기</u>

배운 개념을 복습하며 자신이 강하게 쓰는 특성들을 떠올리며 적어보라. 부정적인 습관을 긍정적으로 바꾸려면 우선 자신에 대한 알아차림이 선행되어야 한다.

기호	행성(욕구) 키워드	내 별자리 (원소/상태)	내가 많이 쓰는 에너지	에너지를 장점으로 쓰기 위한 액션 플랜
Sun (예시)	생명력, 활력, 자신감, 나답게 나를 표현하고 싶다.	전갈자리 (물/유지)	숨겨진 이면에 관심이 많다. 상황 파악이 빠르다.	부정적인 감정에 빠지려 할 때 상황을 객관적으로 파악하려고 시도해본다.
☉ 태양				
☽ 달				
☿ 수성				

♀ 금성				
♂ 화성				
♃ 목성				
♄ 토성				
♅ 천왕성				
♆ 해왕성				
♇ 명왕성				

6.
12하우스 경험하기

12하우스는 삶에서 맞닥뜨려야 하는
12개의 현장이다. 10행성의 욕구는
현장에서 구체적이고 현실적인
방식으로 드러난다.
출생 차트에 있는 12개의 현장,
즉 12하우스에서 당신의 욕구들이
어떤 방식으로 펼쳐지는지
확인할 수 있다.

우리는 삶의 현장에 발 딛고 산다

하루하루 쌓은 경험들이 곧 삶이 된다. 삶은 생의 현장에서 빚는 체험들의 합이다. 작가 무라카미 하루키는 인생을 '다채로운 맛의 비스킷이 든 통'에 비유하며 누구든 통에서 꺼낸 비스킷이 쓰든 달든 떫든 먹어야 한다고 말한다. 쓰든 달든 떫든 바꿀 수 없으니 맛나게 먹으라고. 그게 삶이라고.

별자리 출생 차트의 12하우스는 마치 피자판 같다. 막 배달된 피자를 떠올려보라. 조각마다 뿌린 재료가 제각각이라서 맛도 전부 다른 피자를. 그러니까 12하우스는 인생을 살면서 맛봐야 하는 열두 조각의 피자, 즉 12개의 현장이다. 10행성은 열두 조각 위에 뿌려진 토핑인 셈이다. 어떤 재료가 어느 조각에 뿌려졌냐에 따라 겪어야 하는 삶의 맛도 달라진다.

당신 삶에서는 어떤 맛이 나는가?

삶의 열두 현장인 12하우스

10행성이 "( )하고 싶다"거나 "( )을 원한다"와 같은 욕구/욕망이라면, 12하우스는 행성이 품고 있는 욕구/욕망들이 펼쳐지는 무대이자 현장이다. 다시 말해, 12하우스는 '나'라는 존재의 내면과 외면, 개인적 세계와 사회적 세계 그리고 다양한 물질과 관계들이 얽히고설키는 곳이다.

삶은 예측불허인 우연과 다양한 변수들이 끝없이 물결을 일으키며 유동한다. 누군가를 만나 사랑에 빠지거나 예상치도 못한 사건에 휘말리거나 원하던 일이 뜻밖의 방식으로 성사된다거나……. 좋은 일도 있고 나쁜 일도 있으며, 의도를 따르다가 의도에 어깃장을 놓으며 다른 길로 빠지기도 한다. 싫든 좋든 겪어야만 하는 삶이 놓인 자리가 곧 12하우스다.

12하우스는 출생 차트의 동쪽 지평선(AC)을 기준으로 열두 개로 분할된다. 돈, 사람, 일을 대하는 태도나 중요하게 여기는 가치, 가족의 뿌리, 소통하는 방식, 친밀한 사람과의 일대일 관계, 자신에게 기쁨과 행복을 주는 것들, 사건이나 사고, 타인과 얽힌 돈 문제, 지적 확장, 사회적 지위나 경력, 자신의 무의식의 세계 등이 각각의 하우스에 적용되어 드러난다.

하우스에 행성이 있거나 없거나

피자 한 조각에 몇 가지 재료가 뿌려지기도 하듯 하나의 하우스에 행성이 여럿 있기도 하다. 반대로 하우스에 행성이 하나도 없을 수도 있다. 하우스에 행성이 없다고 해서 삶의 현장을 건너뛰거나 의미가 없는 것은 결코 아니다. 욕구/욕망을 발현할 행성은 없지만 그 하우스가 가리키는 사인(별자리)의 특성으로 그 현장을 대하면서 살아갈 것이기 때문이다.

12하우스 중 어느 하우스에 행성이 여럿 들어가 있다면, 각 행성의 특성들이 서로 뒤얽혀서 각 행성마다의 욕구가 제대로 발휘되기 어렵다. 물론 멋지게 어우러져 발산되기도 한다. 그것은 한 하우스에 든 행성들이 서로 어떤 관계를 맺고 있는지 살펴보면 알 수 있다. 이에 대한 설명은 뒤에서 다룰 어스펙트 장에서 하겠다.

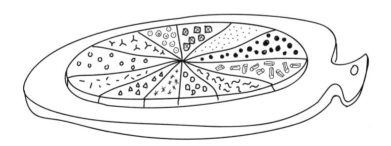

커스프와 4개의 중요한 커스프

한 하우스가 끝나고 다음 하우스가 시작되는 경계선이 바로 커스프(CUSP)다. 눈여겨봐야 할 것은 커스프가 어느 별자리를 가리키고 있는가다.

하우스마다 1개씩 12개의 커스프가 출생 차트에 존재하며, 그중 중요한 4개에는 이름이 붙어 있다. 한 사람의 첫인상이나 외모 등을 보여주는 1 하우스 커스프는 AC(Ascendant, 상승점, 일출점), 내면의 바닥 깊은 뿌리를 보여주는 4 하우스 커스프는 IC(Imum Coeli, 하늘의 바다, 북중점), 배우자나 동업자 등 일대일 관계를 보여주는 7 하우스 커스프는 DC(Descendant, 하강점, 일몰점), 사회적 지위나 경력 등을 보여주는 10 하우스 커스프는 MC(Medium Coeli, Midheaven, 하늘의 천장, 남중점)라 부른다. 마주 보는 AC와 DC, MC와 IC는 서로 상반된 함의를 품고 있으며, 출생 차트를 읽는 데 중요하다. AC, DC, MC, IC를 커스프로 가진 하우스를 앵글Angle 하우스라 부른다.

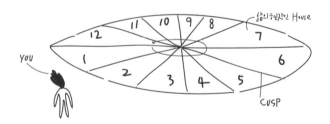

우주의 두 축과 네 기둥

AC, DC, MC, IC는 출생 차트에 굵은 2개의 축으로 표시된다. 두 축은 존재가 개성을 발현하는 데 큰 영향을 끼치는 전환적 지점이자 현장이다. 이 축들을 기준 삼아 12영역이 나뉘고, 행성들이 어느 영역에 자리잡고 있느냐에 따라 주인공의 욕구/욕망이 발현되는 주된 현장 또한 달라진다.

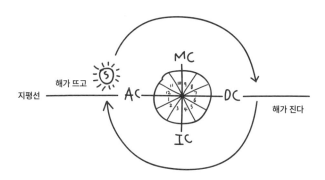

AC는 해가 뜨는 동쪽 지평선이다. 당신이 출생하는 순간에 땅 위로 떠오른 태양이 당신을 비추고, 빛을 받은 당신 모습이 타인에게 드러난다. 따라서 AC가 가리키는 별자리는 당신의 외모와 같이 외적인 모습에 관한 지표다. AC 반대편에 위치한 DC는 '나'와 일대일로 만나는 친밀한 사람들과의 관계를 보여준다. 하늘의 바닥인 IC는 당신이 내적 안정이나 충만함을 어떻게 얻는지 보여주고, 하늘의 천장인 MC는 사회적 의무와 책임을 어떻게 수행하는지 나타낸다.

해가 뜰 즈음에 태어난 사람이라면 AC 근처에 태양이 있을 것이다. 정오 언저리에서 태어났다면 MC 근처에 태양이 있을 것이다. 당신이 일몰 시간대에 태어났다면 태양은 어디 있을까? 태양이 상승하는 AC의 반대편인 DC 주변에 있을 것이다. 자정이라면 IC 주변에 있으리라는 예측이 가능하다.

지구는 태양을 중심으로 반시계 방향으로 자전한다. 지구에서 보면 태양이 시계 방향으로 움직이는 듯 보인다. 하지만 동시에 공전도 이뤄지기에 태양은 점점 반시계 방향으로 움직이면서 별자리가 바뀐다.

12하우스를 구분하는 각 커스프에 걸린 별자리는 사람마다 같거나 다르다. 각 영역마다 별자리가 배정되고, 그 안에 행성이 자리한다. 12사인, 10행성, 12하우스를 알고 나면 당신의 기본적인 별자리 해석이 가능해진다.

하우스의 크기

사인마다 각각 30도를 차지하기에 12사인은 총 360도를 이룬다. 사인의 크기는 변하지 않지만 하우스는 30도보다 작거나 클 수 있다. 고전점성학에서는 30도씩 일률적으로 나눠진 시스템(equal system)을 채택하지만 현대점성학에서는 하우스 크기가 다른 시스템(placidus system)을 사용한다. 지구가 23.5도 기울어져 있기 때문이다. 또한 한 하우스가 다른 하우스보다 좁거나 넓다면 그 현장에서 짧거나 긴 삶의 경험이 이뤄진다는 의미다.

12하우스는 계절이 바뀌듯 순환하며 흘러간다

12하우스는 12사인과 대응한다. 하우스는 대응하는 사인의 성격을 반영한다. 1 하우스(첫 번째 하우스)는 양자리, 2 하우스(두 번째 하우스)는 황소자리, 3 하우스(세 번째 하우스)는 쌍둥이자리, 4 하우스(네 번째 하우스)는 게자리, 5 하우스(다섯 번째 하우스)는 사자자리, 6 하우스(여섯 번째 하우스)는 처녀자리, 7 하우스(일곱 번째 하우스)는 천칭자리, 8 하우스(여덟 번째 하우스)는 전갈자리, 9 하우스(아홉 번째 하우스)는 사수자리, 10 하우스(열 번째 하우스)는 염소자리, 11 하우스(열한 번째 하우스)는 물병자리, 12 하우스(열두 번째 하우스)는 물고기자리 특성을 품는다.

12사인과 12하우스는 각각 동일한 순서와 특성을 품고서 순환한다. 하지만 당신의 별자리 출생 차트에서 1 하우스가 반드시 양자리로 시작하는 것은 아니다. 양자리로 시작될 수도 있고 아닐 수도 있다. 하지만 시작한 사인에서부터 출발해 나머지 사인들이 12사인의 순서대로 계절이 바뀌듯 순환하며 흘러간다.

1 하우스(첫 번째 하우스) — 양자리 에너지 하우스

한 개인의 탄생이자 시작인 하우스다. 당신이 태어나 자신을 인식하고 '나'라는 존재의 개성, 존재적 방식을 형성하고 외부로 발산하는 현장이다. '나'를 인식하고 독자적 존재성으로 쌓아나간다.

2 하우스(두 번째 하우스) — 황소자리 에너지 하우스

물질을 다루는 힘을 습득하는 하우스다. 세상에 태어나 물질을 어떻게 여기고 다루는지 보여주는 현장이다. 사회적 존재인 사람이라면 반드시 물질을 다루며 살아야 한다. 물질을 다루는 능력이 곧 한 사람의 재능이자 가치의 척도다.

3 하우스(세 번째 하우스) — 쌍둥이자리 에너지 하우스

소통하는 법을 배우는 하우스다. 형제자매와 함께 자라며 마음을 나누고 학교에 들어가서는 친구를 사귀며, 자기 의견을 주장하고 타인의 의견을 경청하는 과정을 거치며 소통하는 방식을 습득해가는 현장이다.

4 하우스(네 번째 하우스) — 게자리 에너지 하우스

가족을 통해 내적·정서적 안정감을 배우는 하우스다. 대대로 이어져 온 유전적 성향이 사춘기를 거치며 밖으로 드러나는 동시에, 양육자인 부모를 복제하듯 닮아가면서 습관을 형성하는 현장이다. 이 과정 속에서 자신의 내면적 특성을 서서히 각인시킨다.

5 하우스(다섯 번째 하우스) ─ 사자자리 에너지 하우스

자존감을 바탕으로 자신을 뽐내는 하우스다. 기쁨과 활력을 느낄 수 있는 활동을 하는 현장이다. 이성을 알아가고 자신을 행복하게 하는 대상을 만나 마음을 빼앗긴다. 자신을 즐겁게 하는 것에 관심과 열정을 쏟으며 창조적 에너지를 발산한다. 오로지 자신의 기쁨만을 위한 하우스다.

6 하우스(여섯 번째 하우스) ─ 처녀자리 에너지 하우스

직장이나 조직에 대해 배우는 하우스다. 큰 사회를 경험하며 개인을 완성해가는 현장이다. 조직을 구성하는 일원으로서 맡은 일과 역할에 의무와 책임을 다한다. 일이 주는 스트레스를 관리하며, 건강을 조율하는 현장이기도 하다.

7 하우스(일곱 번째 하우스) ─ 천칭자리 에너지 하우스

'나'와 동등하게 일대일 관계를 맺는 배우자나 동업자, 동반자 등과 같이 매우 친밀한 사람을 만나는 하우스다. 이들을 거울 삼아 자기 자신을 비춰보는 현장이다. '나'와 상대에게서 닮음과 다름을 발견하고 이들과 조화를 이루는 동시에, 자신이 지닌 장·단점을 깨닫는 자리다.

8 하우스(여덟 번째 하우스) ─ 전갈자리 에너지 하우스

타인을 통해 자신을 갱신하는 하우스다. 7 하우스에서 발견한 자기모순을 살펴 고칠 것은 고치고 살릴 것은 살리면서 재탄생하는 시간을 거치며 스스로를 정련하는 현장이다. 외적으로 다가온 사건이나 관계를 통해 변화하고 변신하면서 자신을 바꿔나간다.

9 하우스(아홉 번째 하우스) ─ 사수자리 에너지 하우스

자아에 이상과 사상을 심는 하우스다. 생각에 생각을 더하고, 탐구 영역을 더하며 의식의 세계를 넓혀가는 현장이다. 삶의 기술인 지식을 넘어서 이 세계를 구성하는 근원적인 원리와 철학을 통찰하며 지혜를 키우는 자리다.

10 하우스(열 번째 하우스) ─ 염소자리 에너지 하우스

9 하우스에서 만들어진 생각을 현실 속 조직에서 구체화하고 물질화하는 하우스다. 자신의 이상과 사상을 세상에 펼치는 시기로 전문적인 성과를 쌓고 지위와 명예를 구축하는 현장이다. 습득한 지식과 자격, 학위를 바탕으로 조직에서 인정받고 성취감을 느끼는 자리다.

11 하우스(열한 번째 하우스) ─ 물병자리 에너지 하우스

그룹이나 조직을 형성하는 하우스다. 돈이나 명예보다는 공동의 명분이나 비전을 바탕으로 조직된 그룹 활동을 경험하는 현장이다. 10 하우스에서 만들어낸 성과를 세상에 나누는 것이다. 개인의 이익이 아니라 공동체나 사회를 위해 자신의 성과를 함께 공유하는 자리다.

12 하우스(열두 번째 하우스) ─ 물고기자리 에너지 하우스

외부적 활동을 잠시 멈추고 힘을 이완하고 받아들이며 갈무리하는 하우스다. 기운을 내면으로 수렴하고 지친 몸과 마음을 정화하여 새로운 상상력을 키우며 다음 시작을 준비하는 현장이다. 12 하우스를 통과하는 시기의 태도와 경험이 1 하우스에서 다시 만날 새로운 당신 모습을 결정한다.

하우스와 행성

행성이 들어 있는 하우스는 살아가는 동안 마음을 쏟아 활발하게 활동하는 영역이다. 행성이 없는 하우스보다 더 주의 깊게 살피고 성찰해야 한다. 앞에서도 언급했지만, 행성이 전무한 하우스라 하더라도 그 영역을 살아내야 한다. 건너뛸 방도는 없다. 마음을 덜 쓰고 활발하지 않을 뿐이다.

사람이 태어나 죽는 순간까지 경험하는 영역은 별반 다르지 않을 테지만 어느 영역에 에너지를 더 쏟느냐는 개인마다 다를 것이다. 태어날 때의 하우스와 행성은 고정되어 있지만 지금 이 순간에도 우주와 행성들은 당신 주위를 돌고 있다. 운행하고 있는 지금의 행성들이 출생 차트 속 행성들과 관계를 맺으며 당신 삶의 현장에서 사건을 일으킨다. 다시 말해, 태어나는 순간에 출생 차트는 정해졌지만 살아가는 내내 정해진 그대로 살 수 없는 것이다.

출생 차트를 보면 출생과 동시에 한 존재의 기질과 욕구가 정해졌다는 것을 알 수 있지만 프로그레스드 차트progressed chart와 트랜짓 차트transit chart로 현재의 에너지가 겪는 변화와 운을 읽어낼 수 있다는 사실만 봐도 삶은 끊임없이 움직이는 게 분명하다.

1 하우스   1 House

당신의 개성과 첫인상을 외부로 보여주는 주체의 현장

타인이 보는 당신의 첫인상,

몸의 형태나 얼굴,

특징적 몸짓,

체질,

몸에 밴 버릇,

정체성 등이 외부로 드러난다.

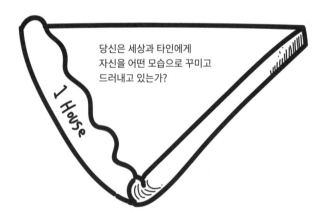

당신은 세상과 타인에게
자신을 어떤 모습으로 꾸미고
드러내고 있는가?

1 House

1 하우스 ─ 화장대 ─ 양자리

12하우스 중 첫 번째 하우스로 '나'를 세상에 드러내는 현장이다. 자신의 존재감을 과감하게 표출하는 양자리의 특성이 드러나는 1 하우스는 세상과 타인에게 자기 자신을 어떻게 보여주고 있는지 나타난다. '나'라는 주체의 개성이 구체적으로 발현된다. 겉으로 드러나는 모습, 첫인상, 신체, 외모, 체질, 버릇은 물론 옷 입는 스타일까지도 알 수 있다.

1 하우스 특징을 양자리로 설명하는 것을 1 하우스를 지시하는 커스프와 혼동하지 말아야 한다. 당신의 출생 차트에서 1 하우스 커스프가 가리키는 사인이 양자리가 아닐 수 있다. 1 하우스 커스프는 당신이 태어나는 순간, 동쪽 지평선에 있는 별자리(사인)를 가리킨다. 당신이 태어난 날 동쪽 지평선에 걸친 사인이 양자리라면 1 하우스 커스프도 양자리일 것이다. 따라서 사람마다 1 하우스 커스프가 가리키는 사인은 같거나 다르다.

AC(상승점, 일출점): 당신이 태어날 때 동쪽 지평선에 있던 별자리. 처음 세상 밖으로 드러나는 당신의 모습으로, 세상을 살아가며 쓰는 얼굴이자 인격이다. 다르게 말하자면 당신의 겉 얼굴이라 할 수 있다.

1 하우스 커스프가 가리키는 별자리는?

♈ — 불이 번지듯 생각한 것을 즉시 행동으로 옮긴다. 머리와 이마가 도드라지고 다부진 골격을 가진다. 독립적이고 자유로운 태도를 보인다. 이런 모습은 때때로 자기중심적인 태도로 비친다.

♉ — 다정하고 꾸준하며 충실한 성품으로 매력을 끈다. 강한 신념을 지녔기에 느긋한 태도와 자기만의 속도로 삶을 헤쳐나간다. 강인한 체력과 인내심을 토대로 안정적인 삶을 원하며 즐긴다.

♊ — 자신을 지적인 사람으로 여기며, 공부하고 대화하는 것을 좋아한다. 말과 글로 소통하려 한다. 자기 생각을 일목요연하게 표현한다. 손발이 길고 몸집이 날렵하며 새로운 정보에 관심이 크다.

♋ — 민감하게 반응하며 내성적으로 행동한다. 가족이나 주변의 친한 이들을 잘 챙긴다. 보호 본능이 강한 탓에 낯선 환경이나 상황에 방어적 태도를 보인다. 간접적이고 우회적으로 자신을 주장한다.

♌ — 태양처럼 눈에 띄는 아우라를 풍긴다. 사람들에게 인기를 얻고 그것을 누린다. 당당하고 자신감 넘치는 태도로 사람들을 이끈다. 자신을 믿고 따르는 이들에게 아낌없이 베풀며 따뜻하게 대한다.

♍ — 예민하며 겸손하다. 정리정돈을 잘하며 주변이 깔끔하다. 디테일에 강하고 정확하며 분명한 자기만의 질서를 지닌다. 뛰어난 분별과 분석력으로 현실적으로 도움되는 구체적인 비판을 한다.

♎ — 우아하고 세련된 매력을 뿜낸다. 타인을 고려하는 사교적 매너로 사람들과 조화로운 관계를 맺는다. 조화롭고자 하는 마음에 결정을 지연하거나 불분명한 태도를 보이기도 한다.

♏ — 차분하고 조용하지만 강렬한 인상으로 존재감을 드러낸다. 마음먹은 일은 흔들림 없이 끝까지 전력을 다한다. 뛰어난 통찰력을 바탕으로 단호하게 자기 생각을 주장한다.

♐ — 매사에 낙관적이고 친절하며 정직하다. 여행이나 책, 배움을 통한 정신적 확장을 즐긴다. 자유를 중시하며 이상을 품고 더 넓은 세계로 나가려 한다. 실패에 좌절하지 않고 희망적 태도를 지킨다.

♑ — 명분을 중요시하고 자신에게 맡겨진 의무와 책임을 다한다. 매사에 진지하며, 확고하게 자신을 주장한다. 현실적이고 구체적인 목표를 세운다. 시련과 위기에도 멈추지 않고 성실하게 성취해 나간다.

♒ — 지적인 것에 예민하며 자기 개성이 강하다. 독창적이고 자유로우며 독립적이다. 닥친 상황에 연연하지 않는다. 호기심이 많아서 인생의 색다른 면에 끌리고 거기에 자신의 개성을 발산한다.

♓ — 이상과 현실 사이에서 자신만의 꿈을 꾼다. 주변 상황이나 사람에 동화되어 미화시키는 경향이 있다. 혼자만의 시간을 충분하게 가질 때 상상력과 예술적 감수성이 깨어난다.

1 하우스에 어떤 행성이 자리하고 있나?

☉ — 1 하우스에 **태양**이 있다면, 사람들에게 자신을 드러낼 기회가 잦은 편이다. 사람들 앞에 서면 태양이 빛을 발하듯 자기 개성을 분명하고도 당당하게 드러낸다. 다양한 사람들과 어울리는 걸 즐긴다.

☽ — 1 하우스에 **달**이 있다면, 마치 변하는 달처럼 만나는 사람에 따라 감정적 기복이 일어난다. 타인의 감정에 자신을 이입하며 영향을 받는다. 기본적으로 다른 이들을 배려하고 챙긴다.

☿ — 1 하우스에 **수성**이 있다면, 머리 회전이 빠르고 주변의 일들에 호기심이 많다. 여러 부류의 사람들과 만나며 다양한 주제로 대화하는 것을 즐긴다. 말이나 글을 다루는 능력이 뛰어난 편이다.

♀ — 1 하우스에 **금성**이 있다면, 매력적이고 호감 가는 첫인상을 지닌다. 자신을 자기만의 스타일로 아름답거나 멋지게 꾸미는 것을 좋아한다. 예술적 감각이나 감수성이 뛰어나다.

♂ — 1 하우스에 **화성**이 있다면, 주저하지 않으며 저돌적이다. 에너지가 불처럼 끓어넘치며 선두에 서서 이끄는 것을 즐긴다. 때때로 솔직하고 직접적인 태도가 타인에게는 다소 공격적으로 보인다.

♃ — 1 하우스에 **목성**이 있다면, 어떤 상황에서도 낙천적으로 반응하며 대담하게 행동한다. 사람들에게 통 크고 포용력 있다는 인상을 준다. 몸집이 크면서도 날렵하다.

♄ — 1 하우스에 **토성**이 있다면, 어린 시절부터 의무와 책임을 강하게 느끼는 편이다. 성실하며 인내심이 뛰어나다. 노숙한 스타일이라 걱정이 많아 보일 수 있다.

♅ — 1 하우스에 **천왕성**이 있다면, 관습에 얽매이지 않는 독특한 행동을 자주 한다. 사람들에게 창의적 스타일 또는 괴짜로 보인다. 자신의 독립성과 자유를 중요하게 여긴다.

♆ — 1 하우스에 **해왕성**이 있다면, 만나는 사람에 따라 자신의 분위기가 달라진다. 남들이 느끼지 못하는 사소한 것들을 잘 포착하는 편이다. 공상이나 몽상에 빠져 있는 듯 멍한 모습을 보인다.

♇ — 1 하우스에 **명왕성**이 있다면, 깊은 눈빛으로 유심히 관찰한다. 주변 사람들을 압도하는 힘이 있는 편이다. 자신의 삶에서 좀 더 심오한 경험 혹은 의미를 찾고자 하는 경향이 있다.

2 하우스   2 House

당신이 지닌 재능과 물질을 보여주는 재물의 현장

재산 소유력,

돈을 다루는 방식,

몸을 다루는 방식,

재능과 가치관,

가치 있게 여기는 것,

오감 능력 등을 보여준다.

당신이 지닌 재물, 돈, 재능
그리고 자신이 가치 있게
여기는 것에 대해
알고 싶다면…….

2 House

2 하우스 — 재물창고 — 황소자리

2 하우스는 당신과 물질의 관계를 살필 수 있는 현장이다. 물질적 안정을 중시하는 황소자리의 특성과 연결해 생각하면 이해가 쉽다. 2 하우스는 당신의 소유 능력, 재능이나 가치관, 유동자산, 돈을 벌고 쓰는 방식 등을 보여준다. 2 하우스에 들어 있는 행성에 따라 자신이 어떤 것을 가치 있게 여기고 무엇(재능이나 물질 같은)을 소유하는지 파악할 수 있다. 1 하우스에서 맨몸으로 부딪히며 세상을 경험했다면, 2 하우스에서는 자기 내부로 에너지를 수렴하여 자신이 가진 재능이 무엇인지 고민하게 하고, 재능으로 탈바꿈시킬 수 있는 유용한 것들을 소유하려는 태도가 생겨난다. 따라서 당신이 어떤 재능으로 무엇을 얻는지, 돈을 어떻게 벌고 쓰는지, 돈 혹은 물질에 대한 생각이나 태도는 물론, 유동자산이 들고나는 상황까지 가늠할 수 있다.

2 하우스 커스프가 가리키는 별자리는?

♈ — 돈을 버는 데 전투적이고 자신감이 넘친다. 충동 구매가 잦고 자산을 꾸준하게 안정적으로 관리하기 쉽지 않다. 돈 버는 일을 게임 하듯 즐기며 경쟁한다.

♉ — 꾸준히 돈을 벌고 저축하며 안정을 추구한다. 통장에 잔고가 쌓이는 것을 보며 기쁨을 누린다. 사업적 감각과 재능을 지닌다. 오감이 발달하여 예술이나 아름다움에 대한 재능이 있다.

♊ — 돈벌이에 재능과 정신이 집중되어 있으며, 재정 관련 정보에 관심이 크다. 다재다능하고 영리하여 여러 일을 동시에 벌이며 돈을 번다. 물질적 성공이 인생의 중요한 가치가 될 수 있다.

♋ — 타인과 감정적으로 교감하는 능력을 발휘하며 돈을 벌 수 있다. 벌어들이는 수입에 변동이 있다. 기본적으로 검소하고 알뜰하며, 현금을 잘 다룬다. 주로 가족에게 돈을 쓰는 편이다.

♌ — 경제적 능력이나 재능을 인정받을 때 자존감이 커진다. 대중의 인기를 통해 돈을 버는 재능이 있다. 겉으로 드러나는 품격이나 타인에게 받는 인정이나 존중을 중요한 가치로 여긴다.

♍ — 돈이나 소유물이 들어오고 나가는 것에 기준이 까다롭고 정확하다. 재정 상태가 좋지 않으면 걱정이 많아지는 편으로 건강에 영향을 끼친다. 조심스럽게 지출하지만 소탐대실할 수 있다.

♎ — 주로 즐겁고 사교적인 활동에 돈을 쓴다. 수입과 지출의 균형을 유지하고자 하며 낭비하지 않는 편이다. 다른 사람과 함께 하는 일을 통해 물질을 축적할 수 있다.

♏ — 재정 관리가 확실하고 면밀하게 손익을 따져본 뒤에 지출하는 편이다. 돈을 다루는 능력이 뛰어나다. 비밀스러운 전갈답게 자신의 재정 상태를 잘 드러내지 않는다.

♐ — 재정 상태에 대한 낙관적 태도로 인해 돈이 새어나갈 수 있다. 높은 이상이나 철학적 질문을 통해 삶의 원리를 탐구하는 데 재능이 있다. 낯선 곳으로 떠나는 모험이나 새로운 경험을 중시한다.

♑ — 꾸준하게 돈을 모으는 편으로, 계획과 목표에 따라 돈을 지출한다. 현실적 명예를 중시한다. 염소자리 특징이 그러하듯 조직을 체계적으로 관리하고 이끄는 데 재능이 있다.

♒ — 돈과 소유물에 연연하지 않으며, 돈에 사심이 없는 편이다. 남과 다른 창의적이고 독창적인 아이디어나 재능으로 돈을 번다. 혁신적 생각으로 과학과 기술의 대중화에 기여할 수 있다.

♓ — 자신이 품은 꿈과 이상에 돈을 쓴다. 삶에서 잘 드러나지 않는 것들에 대한 가치를 인정하고 믿는 편이다. 경제적 변동성에 대한 직관을 지녔으나 투자 타이밍에 맞추기에는 어려움이 따를 수 있다.

2 하우스에 어떤 행성이 자리하고 있나?

☉ — 2 하우스에 **태양**이 있다면, 자기 주변의 자원을 끌어모아 실용적인 것을 만든다. 돈을 벌고 재산을 증식하는 일에 관심이 많다. 보이지 않는 생각이나 서비스를 구체화하는 능력을 발휘한다.

☽ — 2 하우스에 **달**이 있다면, 늘 변하는 달처럼 재정적 변동이 심할 수 있다. 수중에 어느 정도의 돈이 있을 때 안정감을 느끼는 편이다. 사람이나 물건에 대한 소유욕이 강하다.

☿ — 2 하우스에 **수성**이 있다면, 가르치거나 글 쓰는 일로 돈을 벌 수 있다. 자산 운용에 탁월한 능력을 지니며, 직접 생산하기보다는 중간자로서 전달하고 유통하는 역할로 돈을 벌 수 있다.

♀ — 2 하우스에 **금성**이 있다면, 영화, 그림, 디자인, 귀금속, 패션, 미용 등 미적인 것에 재능이 있다. 안정적으로 돈을 버는 편이지만 잘 쓰기도 한다. 문화나 예술적인 것에 투자할 수 있다.

♂ — 2 하우스에 **화성**이 있다면, 돈을 버는 일에 매우 열정적이다. 빠르게 돈을 벌고 싶어하는 욕구도 강하다. 리스크가 큰 것에 투자하는 편이기에 돈을 잃을 수 있다.

♃ — 2 하우스에 **목성**이 있다면, 안정적으로 재산을 축적할 수 있다. 비전 있는 대상에 투자하는 편이다. 재산을 늘리려는 명분이 분명하고 그 명분에 부합하는 방식으로 돈을 쓰고자 한다.

♄ — 2 하우스에 **토성**이 있다면, 경제적 안정을 중요하게 여긴다. 돈을 모으려고 부단하게 노력한다. 이러한 노력에도 불구하고 경제적 문제로 인해 근심이 따를 수 있다.

♅ — 2 하우스에 **천왕성**이 있다면, 재정적으로 갑작스러운 변동이 생길 수 있다. 기발한 아이디어, 독특한 재능, 발명 등으로 돈을 벌 수 있다. 돈을 향한 갈망과 초연함 사이를 오갈 수 있다.

♆ — 2 하우스에 **해왕성**이 있다면, 돈 관계가 애매할 수 있다. 들어오고 나가는 상황에 둔감하여 자신도 모르게 돈이 샐 수 있다. 그럼에도 돈에 대한 직감이 발달한 편이다. 예술적이거나 정신적 성장, 영적인 것에 돈을 쓴다.

♇ — 2 하우스에 **명왕성**이 있다면, 돈을 모으려는 욕구가 강하다. 자신의 재정 상황을 밖으로 드러내지 않는 편이다. 돈이나 물질에 내재된 힘에 대해 그 누구보다도 잘 안다.

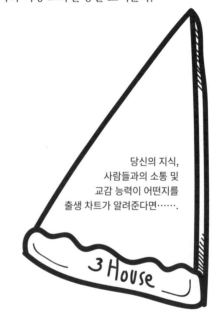

3 하우스   3 House

당신의 학습과 소통 능력을 보여주는 지식의 현장

말, 글, 지식을 대하는 태도와 능력,
품고 있는 일상적 마음,
학습 능력,
의사소통 방식,
형제자매, 친구나 이웃과의 관계,
단거리 여행 스타일 등을 보여준다.

당신의 지식,
사람들과의 소통 및
교감 능력이 어떤지를
출생 차트가 알려준다면…….

3 House

3 하우스 — 정보실 — 쌍둥이자리

3 하우스는 당신이 정보나 지식, 사람들을 대하는 태도나 능력과 관련 깊으며 생각, 배움, 소통 등을 나타내는 지식의 현장이다. 엄마 품에서 자라던 아이가 학교라는 세상에 들어가 생각하고 소통하는 법을 익히고, 새로운 지식을 자기 안에 쌓아가듯 당신이 어떤 방식으로 세상을 학습했으며, 그렇게 학습한 것을 일상 속에서 어떤 태도나 능력으로 드러내는지를 알려준다. 다시 말해, 말이나 글 솜씨는 어떤지, 손재주는 어떤지, 어린 시절의 교육환경이나 조건은 어땠는지, 학습하는 능력은 어떤지 등을 보여주는 것이다. 긴 시간 반복하며 습득한 버릇과 마찬가지로 말이나 행동의 패턴을 파악할 수도 있다. 또한 차를 어떤 스타일로 운전하는지 등도 파악할 수 있다.

3 하우스 커스프가 가리키는 별자리는?

♈ — 소통하려는 욕망이 크다. 동시에 상대에게 자기주장도 강하게 한다. 새로운 아이디어를 찾아서 도전하며 적극적으로 공부한다. 활동적이고 영리하며, 결단력이 빠르다.

♉ — 새로운 것을 배우는 데 오랜 시간이 걸릴 수 있다. 하지만 한번 배우면 오래도록 잘 써먹는다. 한번 구축된 사유체계에 변화가 거의 없는 편이다. 예술적 감각이 뛰어나고 호기심이 많다.

♊ — 두뇌 회전이 빠르고 말이 재치 있다. 공부하거나 대화할 때 활기가 넘친다. 마음이 열려 있고 상냥하여 사람들과 잘 어울린다. 사람들과 다양한 정보를 나누는 것을 좋아하고 화제가 넘친다.

♋ — 대중적 요구와 트렌드에 민감하다. 형제자매와 친밀한 관계를 맺는다. 감정적으로 교감하고 공감하는 능력이 뛰어나서 논리보다는 느낌을 바탕으로 이해하는 편이다.

♌ — 창의적인 말과 글로 자기만의 독보적 개성을 드러낸다. 극적인 이야기나 화제를 만들어내 다른 이들을 즐겁게 하며 주목을 끈다. 형제자매에게 관대하며 잘 베푼다.

♍ — 분석적 글쓰기와 논리적 토론을 잘한다. 자신의 분석적 판단력으로 타인의 생각에 비판을 덧붙임으로써 더 나은 방향을 제시하는 편이다. 말과 글이 치밀하고 섬세하다.

♎ — 사람들과 대화할 때 우아하고 매너 있게 표현한다. 생각이 잘 정제되어 있으며 예술적 기질을 품은 편이다. 천칭의 균형감을 바탕으로 협력과 조정에 뛰어난 재능이 있다.

♏ — 통찰력 있는 말과 글로 사회를 변화시키고자 한다. 공부머리가 좋지만 학교에 적응하지 못할 수 있다. 겉으로 드러난 현상보다는 감춰진 본질을 중시하며 영적이거나 심리적인 것에 관심을 가진다.

♐ — 솔직하고도 거침없이 말하여 주변을 놀라게 한다. 사람들에게 비전과 영감을 주며 더불어 성장한다. 폭넓은 관심과 다양한 경험 속에서 성장한다. 삶의 지혜나 깨달음을 위해 낯선 여행을 즐긴다.

♑ — 보수적이고 권위와 전통을 중시한다. 모범생 스타일로 어른의 말을 경청하고 잘 따른다. 형제자매에 대한 책임감이 강하다. 매사에 진지해 유머감각과 융통성이 부족하다.

♒ — 생각과 글이 독창적이고 진보적 경향을 지닌다. 어디서 흔히 볼 수 없는 독창적인 것이나 아이디어 등에 관심이 많다. 앞서가는 사고로 급진적 제안이나 아이디어를 내는 편이다.

♓ — 말에 감춰진 숨은 의미를 파악하는 데 뛰어나다. 논리적이지 않아 자기 생각을 애매하게 표현한다. 감성적 직관을 바탕으로 말하는 편이다. 상징과 은유적 표현으로 상상력을 자극한다.

3 하우스에 어떤 행성이 자리하고 있나?

☉ — 3 하우스에 **태양**이 있다면, 주변 사람이나 사물 등에 관심이 많다. 대화할 때 주도권을 잡으려는 경향이 있다. 오지랖이 넓어 예기치 않은 오해를 받을 수 있다.

☽ — 3 하우스에 **달**이 있다면, 단거리 여행이 잦을 수 있다. 형제자매 간에 우애가 좋은 편이다. 주변 사람들과 자주 혹은 정기적으로 소통할 때 안정감을 느낀다.

☿ — 3 하우스에 **수성**이 있다면, 가까운 사람들과 다양한 주제로 소통하는 편이다. 주로 정보를 전파하는 역할을 한다. 말을 많이 하는 까닭에 사람들 입에 오르내릴 수 있다.

♀ — 3 하우스에 **금성**이 있다면, 우아하고 세련된 대화로 상대를 배려한다. 문화, 예술, 문학 분야에 높은 관심을 보인다. 어느 한쪽에 치우치지 않는 조화로운 지성과 감성을 가진다.

♂ — 3 하우스에 **화성**이 있다면, 주변 사람이나 이웃과 활발하게 교류하고 활동한다. 대화 방식이 다소 공격적일 수 있다. 주위 환경에 만족하지 못하고 돌파구를 찾는다.

♃ — 3 하우스에 **목성**이 있다면, 폭넓은 주제에 깊은 호기심을 가진다. 형제자매의 도움을 많이 받는 편이다. 주변 사람들을 배려하는 생각이나 행동을 한다.

♄ — 3 하우스에 **토성**이 있다면, 신중하게 생각하고 말한다. 시간이 오래 걸리더라도 새롭게 배운 것을 체계적으로 정리하는 능력이 탁월하다. 형제자매와의 관계에서 적잖은 어려움을 겪을 수 있다.

♅ — 3 하우스에 **천왕성**이 있다면, 남들과는 다른 낯설거나 독특한 아이디어가 많은 편이다. 형제자매 중에 유별난 별종이 있을 수 있다. 주변 환경이 급작스럽게 변할 수 있다.

♆ — 3 하우스에 **해왕성**이 있다면, 직감이 발달한 편이다. 어떤 사실을 자기만의 방식으로 이해하는 경우가 있다. 논리적으로 생각하는 것이 어렵거나 힘들 수 있다.

♇ — 3 하우스에 **명왕성**이 있다면, 형제자매의 일에 깊이 연루되기 쉽다. 호기심을 자극하는 분야에 몰입하며 공부한다. 대화할 때 상대방을 무의식적으로 압도하는 경향이 있다.

4 하우스   4 House

당신의 가족과 내면을 보여주는 가족의 현장

당신의 집안 내력,
오래된 기반, 내적 뿌리,
내면의 정서와 안정감,
유년기 가정환경,
만년의 모습,
부동산 등을 보여준다.

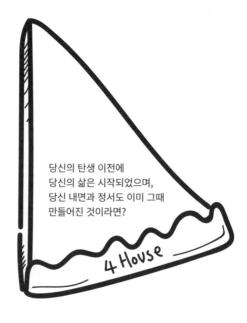

당신의 탄생 이전에
당신의 삶은 시작되었으며,
당신 내면과 정서도 이미 그때
만들어진 것이라면?

4 House

290

4 하우스 — 안식처 — 게자리

4 하우스는 내 감정의 뿌리와 가족과 관련된 현장이다. 가족의 현장은 당신 내면에 깊게 뿌리 내린 집안의 내력이자 기반, 당신의 자녀 양육 방식 등에 대해 말해준다. 12하우스 중 우주의 바닥에 위치한 IC가 가리키는 하우스로 내면의 가장 깊은 장소를 상징한다. 뿌리가 흔들리면 삶이 송두리째 흔들리는 것처럼, 4 하우스는 외부의 공격으로부터 자신을 은밀하게 보호하고 지키려는 내적 정서나 감정적 안정을 관장한다. 안정감을 중요하게 여기는 게자리 특성을 떠올리면 이해하기 쉽다. 당신이 가장 편안하고 안전하다고 느끼는 삶의 환경, 내면의 정서는 물론, 가정·부모·조상 등을 나타낸다. 유년기의 가정환경과 부모와의 관계가 어떠했는지, 당신이 원하거나 만들고자 하는 가정의 모습 등도 살필 수 있다.

IC(하늘의 바닥): 라틴어로 '하늘의 바닥'을 뜻하며 가족의 뿌리, 내적 안정감, 출신, 부모를 나타내는 4 하우스 시작점. 당신의 내면과 정서가 어떻게 구축되었는지 알 수 있다.

4 하우스 커스프가 가리키는 별자리는?

♈ — 가족 일에 열성을 다해 적극적으로 행동한다. 나이가 들수록 더욱 활발하게 삶을 개척해 나간다. 자기 의견이 받아들여지지 않을 때 가족과 다툼이 잦다.

♉ — 가정의 물질적 안정과 풍요를 위해 애쓴다. 정원을 가꾸거나 식물을 키우는 등 자연 친화적 분위기를 좋아한다. 편안한 집에서 사람들과 어울려 음식 먹는 것을 즐긴다.

♊ — 가족과 지적인 대화, 소통을 즐기는 편이다. 집안 분위기가 가볍고 서로를 구속하지 않는다. 자주 이사하는 편이다. 내적 안정감을 위해 지적인 글을 읽거나 쓴다.

♋ — 가족과의 정서적 유대감이 강하다. 부모를 부양하고 책임지는 역할을 하는 편이다. 나이가 들수록 가족에 대한 애착도 강해진다. 내면이 안정되면 변덕스러운 성향조차도 자연스럽게 드러낸다.

♌ — 가정의 평화와 집의 규모, 외적인 모습 등이 자존감에 중요한 영향을 미친다. 집에 사람을 초대하여 베풀고 즐긴다. 자존감과 품위, 자기 주도성이 강조되는 가정환경에서 자란다.

♍ — 집을 깔끔하게 정리한다. 자기검열에 철저한 편이며, 가족에게 현실적 조언을 한다. 엄격한 자기 질서와 원칙을 학습하며 자란다. 건강을 위해 내적 안정감이 중요하다.

♎ — 감정적 안정을 위해 가족 사이의 조화와 균형이 중요하다. 집을 아름답게 꾸미고 가족과 마음을 맞추며 사는 게 필요하다. 안락한 가정환경이 그 무엇보다 중요하다.

♏ — 가족에게 강렬한 감정을 품고 있지만 드러내지 않는다. 가정에 충실하며 보호하려는 경향이 강하다. 가정의 안정을 위해 돈을 중요하게 여긴다. 가족이지만 서로의 공간을 침범하지 않길 바란다.

♐ — 가족 간에 신념과 믿음이 무엇보다 중요하다. 유년기에 자유로운 가정환경에서 자라는 편이다. 도덕적 태도가 내면에 깊게 뿌리 내린다. 가족과 여행하거나 심오한 삶의 대화를 나누길 즐긴다.

♑ — 가족에 대한 강한 책임감을 가지고 있다. 가정 생활에서 확고한 원칙을 가지며, 원칙에 근거한 효율성과 실용성을 강조하는 편이다. 엄격하고 보수적인 가정환경에서 자란다.

♒ — 가족으로부터 독립적이고 주거 공간으로부터도 자유롭다. 집안 사정이 일반적이지 않고 독특한 편이다. 유년기에 곤란하거나 혼란스러운 가정환경을 경험할 수 있다.

♓ — 가족에 대한 연민과 공감이 뛰어나 기꺼이 희생하는 편이다. 집이 고요하고 평화롭게 머물 수 있는 환경이 되길 원한다. 집을 아주 사적인 공간, 즉 현실과 분리되어 쉴 수 있는 안식처로 생각한다.

4 하우스에 어떤 행성이 자리하고 있나?

☉ — 4 하우스에 **태양**이 있다면, 가정환경으로부터 많은 영향을 받는다. 가문의 전통을 잇는 역할을 한다. 이름 있는 가문이나 영향력 있는 집안의 출신일 수 있다.

☽ — 4 하우스에 **달**이 있다면, 가족 간의 유대감이 강하다. 가족 중에서도 특히 어머니와의 관계가 각별한 편이다. 가족에게서 내적 안정감을 얻는 편이다.

☿ — 4 하우스에 **수성**이 있다면, 가족 사이에 대화가 많은 편이다. 부모로부터 지적인 유산을 물려받을 수 있다. 사업 문제로 이사를 자주 다니거나 지역이 바뀔 수 있다.

♀ — 4 하우스에 **금성**이 있다면, 집에 있을 때 편안함과 안락함을 느낀다. 가족이 사교적이고 집에서 파티나 모임을 자주 가진다. 만년에 유산을 상속받을 수 있다.

♂ — 4 하우스에 **화성**이 있다면, 가족 간의 의견 충돌이 자주 일어날 수 있다. 가족을 향한 분노가 폭발할 때가 많은 편이다. 가족 구성원 모두가 열정적이거나 활동적일 수 있다.

♃ — 4 하우스에 **목성**이 있다면, 부모에게서 격려와 지원을 받는다. 가정 형편이 좋고, 형제가 많은 편이다. 기본적으로 낙천적이고 긍정적인 내적 태도를 지닌다.

♄ — 4 하우스에 **토성**이 있다면, 보수적이거나 엄한 분위기의 가정에서 자랐을 확률이 높다. 가족에 대한 책임감이 큰 편으로 의무감을 가진다. 가족을 향한 감정을 마음 놓고 털어놓지 못할 수 있다.

♅ — 4 하우스에 **천왕성**이 있다면, 가정환경이 갑작스럽게 변할 수 있다. 일찍부터 가족으로부터 독립하고자 하는 마음이 크다. 부모와 일반적이지 않은 독특한 관계를 형성한다.

♆ — 4 하우스에 **해왕성**이 있다면, 자기만의 공간에서 공상하는 것을 좋아한다. 부모의 예술성을 그대로 물려받는 편이다. 내면에 이유를 정확하게 알 수 없는 불안과 기대가 공존한다.

♇ — 4 하우스에 **명왕성**이 있다면, 유년 시절의 경험이 삶에 지대한 영향을 미친다. 부모의 행동이나 태도 등으로 인해 내적 변화가 클 수 있다. 내면에 깊은 트라우마를 갖고 있는 경우가 있다.

5 하우스   5 House

당신의 즐거움과 사랑을 보여주는 유희의 현장

당신의 연애와 사랑,

즐거움이나 놀이,

빠질 수 있는 투기나 도박,

창의적 자기 표현,

좋아하는 취미,

당신의 자녀,

자녀를 대하는 태도 등을 보여준다.

당신이 느끼는
기쁨과 즐거움에도
당신만의 스타일이 있다!

5 하우스 — 오락실 — 사자자리

5 하우스는 자기 개성을 뽐내는 즐거움의 현장이다. 자기가 좋아하는 것들을 마음껏 펼치며 창작하는 이 하우스는 자녀, 연애, 즐거움, 취미 등 당신이 인생을 즐길 수 있는 방법을 알려준다. 또한 그것들과 얽힌 비밀도 풀 수 있다. 5 하우스는 당신 안에 내재된 기쁨과 즐거움을 발산함과 동시에, 창의적이고 예술적인 표현 능력을 나타낸다. 다시 말해 자기다운 표현, 목적 없이 좋아하는 것, 자연스러운 창작, 창조성과 즐거움이 따르는 놀이, 연애와 사랑, 오락이나 도박 그리고 당신이 아이나 연인과 관계 맺는 방식 등을 보여준다. 따라서 당신이 인생을 어떤 방식으로 즐기고, 그것을 즐기기 위해서 자기 내면의 창조적인 예술성을 어떻게 표현하는지 등을 확인하는 현장인 것이다.

5 하우스 커스프가 가리키는 별자리는?

♈ — 사랑과 놀이에 아낌없이 열정을 쏟는다. 몸을 쓰며 경쟁하는 스포츠나 새로운 것에 도전할 수 있는 취미 활동을 한다. 자식을 자기 방식으로 제어하려는 욕구가 강하며, 참을성이 부족한 편이다.

♉ — 낭만적 사랑이든 육체적 사랑이든 모두 중요하게 여긴다. 자식을 아끼고 사랑하지만 양육하는 방식에 자기 고집이 있다. 예술적 재능을 가지고 자신만의 예술적 취미를 누린다.

♊ — 관계에서 대화가 중요하며 다양한 연애를 경험한다. 지적이며 창조적인 활동으로 자신을 표현한다. 재기 넘치고 지적 능력이 뛰어난 자녀를 낳을 수 있다.

♋ — 말보다는 글로 자신을 표현하는 작가적 기질이 있다. 정서적 친밀감을 바탕으로 자녀를 키운다. 자기 작품에 관한 주변 사람들의 칭찬과 인정에 민감하게 반응한다.

♌ — 자녀의 성취를 매우 자랑스럽게 생각한다. 무대에서 예술적으로 자신을 표현하고자 한다. 극적인 연애를 즐기고 거기에 에너지를 쏟을 수 있다.

♍ — 연애 상대를 고를 때 깐깐하게 따지는 편이다. 꼼꼼하고 충분한 계획과 준비로 취미를 찾고 즐긴다. 폭넓은 주제로 대화하며 우정을 나눈다.

♎ — 사람들과 함께할 때 창의적인 자기 표현이 나온다. 우아하고 세련된 사람들과 어울리는 것을 즐기며, 취미생활도 조화롭게 하는 편이다. 어린아이들에게도 인기가 많고 지적인 친구 역할을 한다.

♏ — 한 사람에게 깊이 몰입하는 연애를 한다. 소유욕과 질투심뿐만 아니라 성적 욕망도 강하다. 예술과 창작활동에서도 강렬한 존재감을 드러낸다. 자식을 엄격하고 강하게 키운다.

♐ — 꿈과 이상을 나누며 철학적인 대화를 나눌 수 있는 사람을 좋아한다. 연인과 함께 여행을 다니며, 미지의 세계를 탐험하면서 성장할 수 있다. 아이를 많이 낳으며 낙천적인 아이로 키울 수 있다.

♑ — 사랑에 신중한 편으로 오래가는 관계를 원한다. 사회적 지위와 부를 가진 사람과 연애할 수 있다. 자녀를 엄격하게 훈육하며 책임감이 강하다. 제대로 놀지 못하며, 현실적인 취미 활동만 한다.

♒ — 관념이나 인습으로부터 자유로운 연애를 즐긴다. 친구 같은 연애를 하며 감정적으로도 자유로운 편이다. 아이를 자유롭게 풀어놓기만 할 것이 아니라 규율을 훈련시키는 것도 중요하다.

♓ — 연애 상대나 자식에 대해 이상화하며 환상을 품는다. 연인에게 헌신적이다. 입양과 같은 방식으로 자식을 키울 수 있다. 예술적 영감을 표현하면서 의미 있는 것을 창조한다.

5 하우스에 어떤 행성이 자리하고 있나?

☉ — 5 하우스에 **태양**이 있다면, 좋아하는 대상에게 무한한 사랑을 준다. 금전적 이익 없이도 창조적인 일이나 활동에 몰입한다. 여유 있는 태도로 인생을 즐기고자 한다.

☽ — 5 하우스에 **달**이 있다면, 시시각각 변화하는 감정이 예술적 감수성을 일깨운다. 좋아하는 대상이 쉽게 변하거나 감정이 달라질 수 있다. 감정적으로 만족감을 주는 대상에게 집착하는 경향이 있다.

☿ — 5 하우스에 **수성**이 있다면, 지적인 대화를 나눌 수 있는 사람에게 매력을 느낀다. 두뇌를 쓰는 취미 활동에 흥미를 느끼고 좋아한다. 연인이나 자녀에게 잔소리가 많을 수 있다.

♀ — 5 하우스에 **금성**이 있다면, 즐거움과 기쁨을 주는 것들을 잘 활용하는 편이다. 이성에게 인기가 많다. 남다른 예술적 감각과 표현력을 가진 경우가 많다.

♂ — 5 하우스에 **화성**이 있다면, 자신을 솔직하고도 직접적으로 드러낸다. 호불호가 분명한 성향이라 승패가 갈리는 취미 활동을 좋아한다. 연인과의 관계에서 자신이 리드하는 걸 좋아한다.

♃ — 5 하우스에 **목성**이 있다면, 자기 자신에게 긍정적이며 확신에 넘친다. 자신의 창조적 활동이 다른 사람에게 좋은 영향을 준다. 투기성 오락에 빠질 수 있으니 조심해야 한다.

♄ — 5 하우스에 **토성**이 있다면, 연애할 때 지나치게 진지하거나 심각한 편이다. 자기 표현을 억제하는 경향이 있다. 자녀에 대한 부담감이나 책임감이 클 수 있다.

♅ — 5 하우스에 **천왕성**이 있다면, 평범하지 않은 독특한 대상들을 좋아하는 편이다. 관계에 얽매이지 않는 자유로운 연애를 원한다. 갑작스럽게 혹은 뜻밖의 방식으로 연애가 진행될 수 있다.

♆ — 5 하우스에 **해왕성**이 있다면, 좋아하는 사람에게 자기 감정을 덧입혀서 동화되기 쉽다. 예술적 창작활동에 깊이 몰입하는 편이다. 자기 표현이 명확하기보다는 모호할 수 있다.

♇ — 5 하우스에 **명왕성**이 있다면, 좋아하는 대상과 깊은 감정적 교류가 일어날 수 있다. 연애 관계를 통해 큰 변화를 겪는다. 자기 개성이 강한 범상치 않은 아이를 낳을 수 있다.

6 하우스   6 House

당신을 단련시키는 일과 건강을 보여주는 일의 현장

일에 대한 태도,
실제로 돈을 버는 직업,
지게 될 의무와 책임,
겪을 수 있는 스트레스성 질병,
부하직원과의 관계,
세상에 나눌 봉사 등을 보여준다.

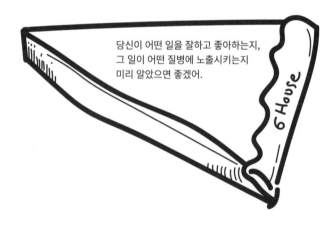

당신이 어떤 일을 잘하고 좋아하는지,
그 일이 어떤 질병에 노출시키는지
미리 알았으면 좋겠어.

6 하우스 — 작업실 — 처녀자리

6 하우스는 생계를 꾸리기 위해 반드시 경험해야 하는 직업 현장이다. 누구나 일정한 나이가 되면 자신만의 일을 해야 하고, 그 일을 매개로 사람들과 만나 관계를 맺으며 살아가야 한다. 일을 통해 삶이 건넨 소명을 실현하고, 경제적 주체로 서야 한다. 6 하우스는 어떤 직업이 어울리는지, 어떤 종류의 일을 하게 될지, 반복적으로 하는 일들을 어떤 태도로 받아들이는지 알려준다. 당신이 가지게 될 직업이나 일에 따른 책임과 의무는 물론, 직장동료 혹은 부하직원과의 관계도 알 수 있다. 타인에게 도움되는 사람이고자 하는 욕구와 그 욕구가 어떤 일을 통해 충족되는지 예측 가능하다. 일에 따르는 긴장과 스트레스, 그로 인한 발생될 건강 상태나 골머리를 앓게 될 걱정거리, 정서적인 문제로 생길 수 있는 질병, 체질에서 오는 신체의 강약이나 특정 질병에 대한 취약성 등에 대해서도 정보를 얻을 수 있다.

6 하우스 커스프가 가리키는 별자리는?

♈ — 맡은 일에 열정적인 리더십을 발휘한다. 빠른 판단력과 강한 주장으로 일터에서 어려움이 따를 수 있다. 일에 과몰입하는 경향이 있어 건강에 문제가 생길 수 있다. 건강을 챙기며 일해야 한다.

♉ — 일을 맡으면 매우 구체적이고 현실적으로 접근한다. 돈도 벌면서 자기 만족과 즐거움까지 얻을 수 있는 분야를 찾아야 한다. 꾸준하게 일하는 스타일이지만 일에 강제적인 상황이 생기면 저항한다.

♊ — 다양한 종류의 일과 업무를 처리한다. 지적 자극과 호기심이 생기는 일에 몰입한다. 분류하고 분석하는 일에 뛰어나고 다양한 대안으로 해결책을 제시한다.

♋ — 감정과 직관으로 약자를 보호하는 일을 할 수 있다. 함께 일하는 사람들을 가족처럼 대하며 감정적 교감을 중시한다. 부하직원에 대한 이해심이 많고 요구에 민감한 편이다.

♌ — 일이 삶의 중심이며 일에 대한 자부심이 강하다. 동료나 부하직원에게 존경받고 권위를 얻고자 한다. 창의적인 일을 꾸준히 하면서 성장하는 편이다.

♍ — 몸과 정신 건강에 세세한 관심을 기울이는 편이다. 식이요법과 건강에 대한 자기 원칙과 소신을 가진다. 일처리가 섬세하며 연구 분석 등에서 탁월한 능력을 발휘한다.

♎ — 문제를 중재하는 편이며 요령 있게 일한다. 즐겁고 조화로운 작업 환경이 필요하다. 직장이나 일터에서 사람과의 관계가 중요하다. 과식하지 않도록 하고 특히 당류는 적당히 섭취하는 것이 좋다.

♏ — 일할 때 통찰력과 집중력으로 진지하게 파고든다. 강박을 조절해 스트레스로 인한 질병을 해소할 필요가 있다. 겉으로 드러나는 현상 이면의 원리나 심층적인 부분을 파고드는 일을 선호한다.

♐ — 사회운동 같은 신념을 실현하는 일을 한다. 비전을 좇아 열정적으로 일한다. 자기 확신이 강하고 책임감도 있지만 디테일이 필요한 작업에서는 어려움을 겪는다. 여러 직업에서 다양하게 경험하며 배운다.

♑ — 맡은 일에 책임감이 강하고 열심히 한다. 동료나 부하 직원에게 요구가 많을 수 있다. 위계와 권위에 민감하고 조직에 순응한다. 시행착오 속에서 꾸준히 단련하여 자기 분야에서 최고가 될 수 있다.

♒ — 부하직원을 친구처럼 편하게 대하고 평등하게 일한다. 아무도 하지 않는 독창적인 방식으로 일하는 편이다. 예민함과 신경과민적 태도가 건강 문제를 일으킬 수 있으니 조심하는 것이 좋다.

♓ — 맡은 일에 책임감 있고 헌신적이다. 자신의 이상과 비전이 충족되는 일을 하는 것이 좋다. 지나치게 과로하지 않도록 일과 일상을 분리하는 연습이 필요하다.

6 하우스에 어떤 행성이 자리하고 있나?

☉ — 6 하우스에 **태양**이 있다면, 일을 할 때 힘이 나고 빛을 뿜는다. 자신에게 주어진 일을 성실하게 수행한다. 자신이 하거나 맡은 일에 자부심을 지닌다.

☽ — 6 하우스에 **달**이 있다면, 함께 일하는 동료들에게 친절하고 편안함을 준다. 감정이 건강에 영향을 끼칠 수 있기에 감정 조절이 필요하다. 여성과 관련된 일을 할 수 있다.

☿ — 6 하우스에 **수성**이 있다면, 꼼꼼하게 계산하고 분석하는 일을 주로 하게 된다. 전업 작가나 가르치는 일로 생계를 유지할 수 있다. 건강 관련 정보에 민감한 편이다.

♀ — 6 하우스에 **금성**이 있다면, 직장 동료에게 인기가 있다. 예술, 상담, 엔터테인먼트 등과 같이 사람을 상대하는 분야에 종사할 가능성이 높다. 건강이 좋고 병에 걸려도 치유가 잘 되는 편이다.

♂ — 6 하우스에 **화성**이 있다면, 직장에서 열정적으로 일을 한다. 그러다 보니 동료들과 불화가 생길 수 있다. 지시를 받기보다는 독자적으로 일하려는 경향이 있다.

♃ — 6하우스에 **목성**이 있다면, 일을 즐기고 잘해서 인정받기 쉽다. 대인배 같은 리더십을 발휘하는 편이라 사람들이 잘 따른다. 일을 한꺼번에 벌여 수습이 어려울 수 있다. 과감하게 몇 개 걸러보라.

♄ — 6 하우스에 **토성**이 있다면, 일에 대해 과도한 책임감을 가지는 유형이다. 일을 진지하게 여기고 성실하게 수행한다. 그에 따라 긴장감이나 스트레스로 인한 만성적인 병이 있을 수 있다. 다소 가벼운 태도로 일하는 게 중요하다.

♅ — 6 하우스에 **천왕성**이 있다면, 독창적인 기술이나 방식으로 일을 한다. 갑작스럽게 해야 하는 단기 프로젝트가 많거나 안정적이지 않은 직업 환경에 놓일 수 있다.

♆ — 6 하우스에 **해왕성**이 있다면, 일을 할 때 감정적으로 민감한 편이다. 일하는 이유가 다른 사람을 돕고자 하는 마음에서 비롯되는 경향이 있다. 하는 일이 정리되지 않고 어수선할 수 있다.

♇ — 6 하우스에 **명왕성**이 있다면, 일에 깊이 몰입하는 편이다. 직장 동료나 후배들을 자기 방식대로 끌고 가려는 경향이 있다. 기본적으로 이면에 감춰진 것을 찾아내고, 그 원리를 탐구하는 일을 하고자 한다.

7 하우스   7 House

당신의 배우자와 파트너를 보여주는 만남의 현장

당신의 배우자,

동업자나 파트너,

겪게 될 결혼이나 이혼,

일어날 수 있는 소송,

일대일 관계를 맺는 사람,

적 등을 보여준다.

당신이 만나는 사람들 중에는
아군과 적군, 좋은 사람과 나쁜 사람이 있고
그들 속에서 지지고 볶는다.

7 하우스 ─ 응접실 ─ 천칭자리

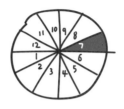

7 하우스는 일대일 관계를 맺는 만남의 현장이다. 누구나 자신과 밀접하며 동등한 관계를 맺는 사람들이 곁에 있다. 그에 따라 불편한 일이 깃들기도 한다. 7 하우스는 당신이 맺는 일대일 관계와 그 관계에서 빚어지는 일들을 들려준다. 서쪽 끝에 위치한 DC에서 시작되는 7 하우스에서 당신을 거울처럼 비춰주는 타인이 등장한다. 배우자, 동업자, 라이벌이나 적 등이 그들이고, 이 관계에서 일어나는 결혼, 이혼, 분쟁, 소송 등을 보여준다. 반려자의 성향, 그와 관계 맺는 방식도 알려준다. 법적인 계약 사항, 합의를 도출하기 위해 논쟁하는 방식 등 다른 사람과 조화를 이루는 능력을 총체적으로 보여준다. 타인을 중심에 둔 사회적 관계는 7 하우스에서 비로소 시작된다. 연애나 사랑이 5 하우스라면 결혼은 6 하우스의 의무와 책임을 경험한 후인 7 하우스에서 나타난다. 일대일 관계를 통해 사회적 관계가 형성되고, 삶 전반에 그 영향이 미친다.

DC(하강, 일몰점): 당신이 태어날 때 해가 떨어지는 지점으로, 당신에게 중요하거나 영향을 끼칠 사람들을 나타낸다. 당신 삶과 직접적으로 연관된 사람들 말이다.

7 하우스 커스프가 가리키는 별자리는?

♈ — 친밀한 관계에서 충돌이 잦을 수 있다. 친한 이들 사이에서 자신이 주도권을 쥐려고 하는 편이다. 동반자적 관계를 추구하면서도 독자성을 유지하려 한다.

♉ — 친밀한 상대를 소유하려는 욕망이 강하다. 물질적 여유가 관계를 순조롭게 한다. 기준이 꽤 까다롭지만 선택한 배우자를 쉬이 바꾸지 않는 편이다.

♊ — 사소한 이야기도 나눌 정도로 말이 잘 통하는 배우자를 원한다. 친밀한 관계를 맺는 사람이 자주 바뀔 수 있다. 배우자와 친구 같은 관계를 유지하는 편이다.

♋ — 배우자에게 도움을 주고자 하며 헌신적이다. 스스로 안정감을 느낄 때 친밀한 관계를 맺는다. 상대와의 관계에서 큰 감정적 요동을 겪을 수 있다.

♌ — 서로의 자존감을 높이는 관계를 원한다. 배우자와의 관계에서 자신의 창조성과 열의를 발휘한다. 친밀한 이들을 따뜻하게 대하지만 자기 영역으로 침범해 들어오는 것은 싫어한다.

♍ — 일상적인 일을 성실하게 수행하는 배우자를 선택하는 편이다. 부부 관계를 현실적 의무로 여기며 책임지려고 한다. 자기 기준이 확고해서 타인과의 관계에서 불편한 일이 생길 수 있다.

♎ — 항상 자신과 균형을 맞춰줄 상대가 필요하다. 자신의 입장에서 상대를 배려하느라 부딪치는 경우도 잦다. 배우자를 고를 때 우유부단해 보이다가도 한순간에 결정하는 편이다.

♏ — 드러나지 않게 배우자를 컨트롤하려 한다. 친밀한 관계에서 깊이 있는 감정적 교감이나 교류를 중요하게 여긴다. 결혼 생활이 인생에서 중요한 전환점이 될 수 있다.

♐ — 결혼 생활을 하더라도 본인의 자유를 중요하게 여긴다. 철학과 비전을 공유할 수 있는 배우자를 원한다. 부부 관계에서 일어나는 사소한 문제들은 신경 쓰지 않고 포용한다.

♑ — 전통적이고 관습화된 부부 관계를 고수하려 한다. 배우자에 대한 책임감이 강하고 의무를 다하는 편이다. 배우자로 인해 사회적 지위가 상승될 수 있다.

♒ — 관습을 뛰어넘는 부부 관계를 맺을 수 있다. 상대와 자신을 평등한 위치에 놓으며 서로의 의사를 존중한다. 관계에서 서로의 독립성과 개성을 중요하게 여기는 편이다.

♓ — 결혼을 하면 자신보다 배우자를 위해 사는 경향이 있다. 동정심이 많고 감수성이 풍부한 배우자를 원한다. 결혼 생활로 인해 내면의 고통과 마주하는 일이 생길 수 있다.

7 하우스에 어떤 행성이 자리하고 있나?

☉ — 7 하우스에 **태양**이 있다면, 파트너와 일할 때 활력을 느끼고 재능을 드러낸다. 절친이나 배우자를 통해 성장할 기회가 많은 편이다. 자기 개성을 지닌 당당한 사람들과 관계를 맺는다.

☽ — 7 하우스에 **달**이 있다면, 일대일 관계에 민감하고 섬세하게 배려한다. 사람들과 관계 맺을 때 안정감을 느끼며, 그에 의존하기도 한다. 친절하고 가정적인 파트너를 원한다.

☿ — 7 하우스에 **수성**이 있다면, 말이 잘 통하는 사람들과 깊은 관계를 맺는다. 상담, 조정, 중재를 잘하는 편이다. 사람에게 호기심이 많아 연애 주기가 짧을 수 있다.

♀ — 7 하우스에 **금성**이 있다면, 즐겁고 사교적인 관계를 만드는 데 능숙하다. 매너 있고 멋진 사람을 좋아한다. 배우자와 편안한 관계를 중요하게 여기는 편이다.

♂ — 7 하우스에 **화성**이 있다면, 파트너와 함께 경쟁하고 도전하면서 성장한다. 자기주장을 줄여 배우자와의 갈등을 조율하면 좋다. 독립적이고 열정적인 친구들과 관계를 맺는 편이다.

♃ — 7 하우스에 **목성**이 있다면, 관대하고 정직하게 파트너를 대한다. 파트너로 인해 성장할 기회가 온다. 친한 이들에게 마음을 열고 대할 때 행운이 따른다.

♄ — 7 하우스에 **토성**이 있다면, 책임감 있고 진지한 태도로 관계를 맺는다. 이러한 신중하고 방어적인 태도 때문에 결혼이 늦을 수 있다. 사회적 지위가 높거나 자신보다 나이 많은 사람에게 끌릴 수 있다.

♅ — 7 하우스에 **천왕성**이 있다면, 동반자 관계에서 자유와 변화가 중요하다. 개성 있고 독특한 사람과 친하게 지낸다. 주말 부부 같은 관습적이지 않은 부부생활을 할 가능성이 크다.

♆ — 7 하우스에 **해왕성**이 있다면, 파트너를 이상화하거나 소울메이트를 찾는 편이다. 절친에게 기꺼이 자신을 내어주고 헌신하기도 한다. 영적이고 성숙한 사람들과 친하게 지낸다.

♇ — 7 하우스에 **명왕성**이 있다면, 보스 기질이 있는 비밀스러운 파트너를 만날 수 있다. 관계를 통해 자신을 변신시키는 일이 따르는 편이다. 파트너와 은밀한 권력 다툼을 벌일 수 있다.

8 하우스

8 House

당신을 통찰시키고 변화시키는 변신의 현장

당신에게 일어날 죽음과도 같은 사건,

시련이나 위기,

들어올 타인의 재산이나 공유재산,

주어질 유산이나 빚,

투자나 보험,

섹스 스타일 등을 보여준다.

죽음과도 같은 시련과
위기로 몰아넣어 당신을
변신시키는 사건들이
기다리고 있다면 어쩌지?

8 하우스 — 수술실 — 전갈자리

8 하우스는 자신의 모순과 어둠을 버리고 변신하는 현장이다. 살다 보면 죽음과도 같은 사건이나 사고들을 경험하게 된다. 이러한 시련의 시간을 통해 더 새롭고 나은 인간으로 재탄생하기를 바라는 방이 바로 8 하우스. 이 하우스는 당신을 변신시킬 사건이나 위기들에 대해 알려준다. 7 하우스에서 만난 배우자와 하나 되며 서로를 변형시키는 방식이기도 하다. 혼연일체의 섹스 스타일도 이 현장에서 확인할 수 있으며, 오르가즘을 작은 죽음으로 본다. 8 하우스는 당신 자신의 돈이 아닌 타인의 돈을 관장하는 현장으로 긴밀하게 관계 맺은 타인(부모, 배우자, 동업자 등)에 의해 발생한 부산물을 나타내기도 한다. 다시 말해 부모에게서 물려받은 유산, 파트너 혹은 배우자의 재산, 빚을 포함한 세금이나 투자와 보험, 증권, 대출 등을 알려준다. 이 현장은 죽음과 같은 경험으로 깨달은 통찰이나 지혜를 통해 영적인 변신 혹은 재탄생을 의미한다. 또한 어떤 상태의 죽음을 맞이할 것인가에 대한 암시, 외과 수술이나 큰 사고 등도 드러낸다.

8 하우스 커스프가 가리키는 별자리는?

♈ — 큰 병이나 위기를 두려워하지 않고 잘 극복하는 편이다. 가지고 있는 자산을 공격적으로 투자한다. 내재된 원초적 에너지를 섹스로 폭발시킬 가능성이 크다.

♉ — 중대한 병이나 위기가 오래 지속될 수 있다. 자산을 안정적으로 관리하여 실질적인 이익을 만드는 편이다. 결혼으로 유산을 얻거나 경제적으로 편안해질 수 있다.

♊ — 인간의 내면이나 심리에 관심이 많다. 투자 정보에 민감하고, 여러 방식으로 투자하는 편이다. 섹스를 감정적 교감이나 내적 친밀함으로 대하기보다는 상대에 대한 호기심의 발로로 보는 편이다.

♋ — 자기를 버려야 할 때를 직감적으로 알지만 방어적인 편이다. 결혼을 통해 정서적으로 보호받고 내적 편안함을 얻길 바란다. 심리적으로 예민해서 외부의 위기에 감정적으로 대응하기 쉽다.

♌ — 투자하는 규모가 크고 과감한 편이다. 섹스를 즐거운 놀이로 여기는 경향이 있다. 찾아온 위기도 잘 이겨내며, 육체적 회복력도 빠른 편이다.

♍ — 투자할 때 꼼꼼하게 분석한 뒤 조심스럽게 투자하는 편이다. 섹스에 보수적이다. 병이나 위기에 대처하는 자신만의 방식을 가지고 있을 수 있다.

316

♎ — 상황이나 방식 등을 여러 가지로 고려하여 신중하게 투자한다. 결혼이나 동업으로 큰 심리적 변화를 맞는다. 예술적 활동을 통해 끊임없이 자기 변신을 시도한다.

♏ — 자신에게 내재된 원초적 욕망을 찾아 파헤치려 한다. 외부에서 온 위기와 균열을 진지하게 받아들이며, 원인을 파악하고자 한다. 결혼이 타인과 자신을 이해하는 계기가 될 수 있다.

♐ — 투자자로서 수완이 좋고 장기적 비전을 가지고 크게 투자하는 편이다. 외부의 위기를 대수롭지 않게 받아들이고 처리한다. 관계를 통한 배움이 삶에 영감을 주기도 한다.

♑ — 자산 증식에 관심이 있지만 안정적인 방식으로 투자한다. 섹스에 보수적이며 경직된 태도를 보인다. 인류가 걸어온 역사나 전통 등에 높은 관심을 보인다.

♒ — 성에 진보적이며, 성문제 관련 사회운동에도 관심이 높다. 무모한 투자를 하지 않으면서도 기발한 방식으로 하는 편이다. 공동체 활동, 사회운동 등이 자기 변형의 계기가 될 수 있다.

♓ — 상대에게 완전히 헌신할 때 자기 변형이 일어나고 만족스럽다. 혼란스러운 내면을 정리하고자 예술적 활동에 몰입하는 편이다. 유산에는 큰 관심이 없지만 받기까지 혼란과 고통을 겪을 수 있다.

8 하우스에 어떤 행성이 자리하고 있나?

☉ — 8 하우스에 **태양**이 있다면, 자신을 깨닫고 변형시키는 경험이 삶에서 중요하다. 감정의 핵심에 집중할 때 성취감과 활력을 얻는 편이다. 타인 혹은 공적인 자신을 다루는 데 감각이 있다.

☽ — 8 하우스에 **달**이 있다면, 친밀한 사람의 감정 상태나 변화에 민감한 편이다. 강렬한 감정을 잘 들여다본다. 인간에 대한 분석이나 심리학 등에 관심이 높다.

☿ — 8 하우스에 **수성**이 있다면, 탐정처럼 분석적으로 파고드는 편이다. 인간 의식에 대한 연구나 분석력이 뛰어나다. 죽음과 성, 치유 등에 관한 호기심이 특별하다.

♀ — 8 하우스에 **금성**이 있다면, 강렬한 감정에 기반을 둔 사람과의 관계에 끌린다. 육체적 쾌락과 탐닉에 안주할 수 있기에 주의가 필요하다. 타인의 재산으로 물질적 편안함을 누릴 수 있다.

♂ — 8 하우스에 **화성**이 있다면, 인간의 근원적 욕망을 열정적으로 탐구한다. 복수심이 강렬할 수 있다. 성적 에너지가 넘치는 편이다. 공적인 대출 업무나 투자 관련 사업을 할 수 있다.

♃ — 8 하우스에 **목성**이 있다면, 심리적이고 영적인 일이 자신을 성장시킨다. 성적 관계를 통해 스스로 고양되고 변화되는 기회를 가진다. 타인의 자산으로 행운과도 같은 성장 기회를 가질 수 있다.

♄ — 8 하우스에 **토성**이 있다면, 타인과 가깝게 지낼 때 책임감을 강하게 느낀다. 섹스에 내성적이고 조심스러워하는 편이다. 강렬한 감정들을 억제하며 자신을 차갑게 표현한다.

♅ — 8 하우스에 **천왕성**이 있다면, 롤러코스터를 타듯 돌발적인 인생을 살 수 있다. 갑작스럽게 타인의 돈과 관련된 사건을 겪을 수도 있다. 인간 심리에 대한 자신만의 독특한 통찰력을 가진다.

♆ — 8 하우스에 **해왕성**이 있다면, 타인의 심리적 상황에 민감한 편이다. 자신만의 막연한 두려움으로 인해 일상 생활에 어려움이 생길 수 있다. 재정 관리에 주의를 기울일 필요가 있다.

♇ — 8 하우스에 **명왕성**이 있다면, 집중력과 의지력으로 자신의 의식에 깊이 몰입한다. 육감이 발달되어 있는 편이다. 영적 성숙과 성장을 이끄는 깊은 관계를 원한다.

9 하우스

9 House

당신의 정신적 성장을 돕는 학문과 사상을 보여주는 지혜의 현장

당신의 사유 방식이나 세계관,
철학과 종교를 대하는 태도,
정신적 확장에 대한 태도,
장거리 여행이나 외국과의 관련성,
저술 혹은 출판 등을 보여준다.

당신의 정신적 탐구심은
얼마나 강렬하며
어디로 향하는지,
낯선 여행이나
새로운 삶에 대한
태도나 열망 등이
궁금하다면…….

9 하우스 — 연구실 — 사수자리

9 하우스는 더 넓은 세계를 알고자 하고 경험하게 하는 지혜의 방이다. 알고 싶다는 마음은 일상 너머 '새로운 나'로, '새로운 세계'로 다가가려는 태도에서 비롯된다. 9 하우스는 지혜와 학문을 통해 자신이 앎의 지평을 넓혀가고자 하는 의지가 어느 정도인지 알려준다. 한 세계를 초월해 다른 세계로 넘어서는 것은 끊임없이 탐구하고 탐험해야만 이뤄지는 일이다. 9 하우스는 낯선 환경을 대하는 태도, 정신적 탐구, 사상, 철학, 정치, 경제, 장거리 여행, 외국어 공부, 외국에서의 사업문제, 저술, 출판, 대중 매체를 통한 활동 등을 관장한다. 철학이나 종교처럼 인생의 의미를 찾는 공부로, 정규 교육을 넘어서는 탐구나 지적 모험을 뜻한다. 앞에서 본 3 하우스가 익숙한 환경, 정규 교육(학교에서의 과정)의 배움, 단거리 여행을 관장한다면, 9 하우스는 낯선 환경에 대한 태도, 직업에 관련된 공부나 더 넓고 깊은 지적 탐구, 지리적으로 머나먼 타국으로의 여행 등과 관련이 깊다. 외국인이나 낯선 것을 대하는 당신의 태도까지도 가늠해볼 수 있다.

9 하우스 커스프가 가리키는 별자리는?

♈ — 순수한 호기심과 열정을 가지고 학문을 탐구한다. 종교적 신념에 물불을 가리지 않고 달려들지만 금세 등돌리기도 한다. 외국 같은 낯선 문화나 환경에 거부감 없이 적극적으로 부딪히며 경험한다.

♉ — 배운 것을 실용적이고 현실적인 도구로 만들고자 한다. 종교에 보수적인 태도를 지니지만 받아들이는 순간 완전히 신뢰한다. 주로 즐거움을 위해 여행한다. 타국에서도 편안하게 지낼 수 있다.

♊ — 형이상학적인 어려운 내용을 언어로 쉽게 설명하는 능력이 있다. 외국 문화에 호기심이 많고 낯선 언어도 쉽게 배우는 편이다. 새롭고 낯선 지식을 얻기 위해 자주 여행한다.

♋ — 외국에 살아도 고향인 듯 편안하게 지낸다. 종교가 있다면 신앙심이 깊은 편이고, 그것으로 내적 평화를 얻고자 한다. 자신이 배운 것으로 다른 사람들에게 도움을 주고자 한다.

♌ — 자신의 신념, 종교, 전공 등에 대한 자부심이 있다. 자신이 알고 있는 것을 주변으로 전파하는 능력이 탁월한 편이다. 낯선 외국을 여행하면 창조력이 샘솟는다.

♍ — 종교나 철학을 분석적이고 비판적인 태도로 살핀다. 삶에 도움이 되는 실용적 학문을 선택하는 편이다. 꼭 필요한 경우가 아니면 외국 여행을 잘 가지 않는다.

♎ — 인간관계나 외교 문제를 다루는 학문에 관심이 많은 편이다. 삶의 공정함을 찾으려는 필요에 따라 학문이나 종교를 선택하기도 한다. 외국으로 여행을 가면 현지 친구를 잘 사귄다.

♏ — 철학이나 종교를 통해 삶의 근원에 다가가려 한다. 외국여행을 통해 자신을 성찰하는 기회를 가질 수 있다. 한 가지를 배우면 끝까지 파고들어 깊은 단계에 도달하는 편이다.

♐ — 철학이나 종교를 통해 삶의 다음 단계로 성장하고자 한다. 새로운 곳에 가면 고무되고 영감을 받는 편이다. 종교적 믿음이 강하고 자신이 믿는 것을 설파하기를 좋아한다.

♑ — 확실하게 검증된 학문체계를 받아들이는 편이다. 종교에 대해 보수적이며, 주로 전통적인 종교를 믿는다. 주로 일과 관련하여 여행을 다니는 편이고 개인적 목적으로는 가지 않는 편이다.

♒ — 진보적인 철학과 사상에 호기심을 갖고 있으며, 열린 태도를 지닌다. 기존의 권위적인 학문 시스템에 반기를 들 수 있다. 여행에서 자유로움을 느끼고 새로운 문화를 잘 수용하는 편이다.

♓ — 헌신과 봉사를 위해 종교를 가진다. 출세를 위한 공부보다는 자신의 이상을 실현할 수 있는 공부를 하는 편이다. 현실을 초월하기 위한 여행, 즉 성지순례와 같은 여행을 떠나기도 한다.

9 하우스에 어떤 행성이 자리하고 있나?

☉ ― 9 하우스에 **태양**이 있다면, 철학을 공부하거나 외국여행을 하며 지적 탐험을 떠날 수 있다. 외국에 나갈 가능성이 높고, 나가면 뛰어난 적응력을 발휘한다. 지적 성장으로 성취감과 활력을 얻는다.

☽ ― 9 하우스에 **달**이 있다면, 외국여행이 마음에 안정을 준다. 매일 반복되는 일상이 삶을 지배하지 않도록 하는 것이 무엇보다 중요하다. 철학과 종교에 관심이 많다.

☿ ― 9 하우스에 **수성**이 있다면, 지적 호기심에 따라 낯선 곳으로 여행을 한다. 철학적인 정보를 모으는 것을 좋아한다. 마음이 넓고 새로운 것에 열린 자세를 취하는 편이다.

♀ ― 9 하우스에 **금성**이 있다면, 외국인과 잘 사귀고 폭넓은 사교를 즐긴다. 자기 삶의 지평선을 넓히는 것을 사랑하는 편이다. 외국인 혹은 자신과 다른 배경을 가진 사람과 결혼할 수 있다.

♂ ― 9 하우스에 **화성**이 있다면, 종교적 신념과 열정이 강하다. 여행지에서 모험하고 도전하는 것을 두려워하지 않고 즐기는 편이다. 모험하고 연구할 때 활기가 넘친다.

♃ ― 9 하우스에 **목성**이 있다면, 지적인 것을 추구하며 공부를 오래 하는 편이다. 마음이 넓고 관대하다. 자신의 생각과 아이디어로 영감을 준다. 학문을 전파하려는 욕망이 커서 출판 관련 일도 어울린다.

♄ — 9 하우스에 **토성**이 있다면, 원칙적이고 현실적인 신념을 가지고 있다. 낯선 경험과 여행을 좋아하지 않고 융통성이 없는 편이다. 출장 같은 실용적인 여행을 하는 편이다.

♅ — 9 하우스에 **천왕성**이 있다면, 사상이나 학문을 그대로 받아들이는 경우가 거의 없다. 다소 엉뚱하고 낯선 질문을 하며, 자기만의 체계를 만든다. 갑작스레 외국에 나가거나 여행을 갈 수 있다. 독창적인 분야의 연구에 관심이 높다.

♆ — 9 하우스에 **해왕성**이 있다면, 낯선 문화나 정보에 경계가 없고 스펀지처럼 흡수한다. 영적이거나 보이지 않는 것들에 관심이 많다. 영성이나 종교에 맹목적으로 끌릴 수도 있다.

♇ — 9 하우스에 **명왕성**이 있다면, 학문에 대한 관심이 높고 집중력이 뛰어나다. 넓고 얕은 지식보다는 문제의 핵심과 근본 원인에 도달하고자 한다. 하나의 주제에 깊게 파고들어 자기만의 논리를 만들며 그에 대해 타협하지 않는다.

10 하우스　　　　　　　　10 House

당신의 사회적 위치와 경력을 드러내는 지위의 현장

당신의 사회적 성취나 지위,
얻게 될 명예나 경력,
권위나 상사로서의 태도,
아버지와의 관계,
스승과의 관계 등을 보여준다.

10 House

당신이 사회생활, 즉 직장이나
조직 안에서 보이는 태도,
성취나 명예에 대해
당신이 취하는 모습을
알고 싶다면…….

10 하우스 — 사무실 — 염소자리

10 하우스는 사회에서 성취할 명예와 권위를 보여주는 지위의 현장이다. 우리는 사회 구성원으로 활동하며, 자신의 욕구를 성취하려 애쓴다. 책임과 노력을 다한 대가로 사회적 명성이나 위치를 얻는다. 10 하우스는 사회적 역할, 지위, 경력, 일을 통해서 성취하고자 하는 명예나 열망, 물질적 차원의 성공, 직장 내 상사, 아버지, 스승 등을 나타낸다. 해가 가장 높이 떠 있는 MC가 가리키는 이 하우스는 조직에서의 성공과 밀접하며, 사회 속 관계와 위치를 알려주는 지표다. 4 하우스가 가족 내 부모와의 관계를 보여준다면, 10 하우스는 훈육자, 상사, 스승과의 관계를 드러낸다. 또한 4 하우스가 당신의 친가 부모와의 관계라면 10 하우스는 배우자의 부모, 즉 시댁과 처가, 시부모와 장인장모와의 관계를 나타내기도 한다.

MC: MC(하늘의 천장)는 사회적 지위를 나타내는 10 하우스가 시작되는 지점. 어떤 현장에서 사회생활을 할지 가늠할 수 있다. 6시 방향에 있는 IC가 가족, 유년생활과 관련이 깊다면, MC는 사회, 직장 등 조직생활과 관련이 깊다.

10 하우스 커스프가 가리키는 별자리는?

♈ — 자신이 리더가 되어 주도적으로 일할 수 있는 분야에 어울린다. 새로운 체계를 기획하는 일을 맡고자 하는 편이다. 명예로운 일에 마음이 끌린다.

♉ — 사회적 직책을 조심스럽게 받아들이지만 오래 유지하고 싶어한다. 귀하고 좋은 물건을 통해 자신의 권위나 능력을 드러내려 한다. 조직 내에서 부드럽게 자신을 관철시키는 편이다.

♊ — 언어적 능력을 발휘할 수 있는 자리에 어울린다. 소통을 중요하게 여기는 친근한 리더다. 지식이나 정보, 사람들을 상호 연결해주는 일이나 역할을 맡는다.

♋ — 다른 사람들의 성장을 도와주는 직책이나 일과 어울린다. 직장에서 어머니 같은 역할을 맡는다. 부동산, 인테리어, 건축 등 삶의 공간과 관련된 영역에서 일할 수 있다.

♌ — 자신이 돋보일 수 있는 자리를 맡고자 한다. 조직 내에서 관대한 입장을 취하며 다른 사람들의 어려움에 귀 기울인다. 창의적이며, 일을 놀이처럼 즐기는 유형이다.

♍ — 세부적이고 분석적인 분야나 업무에 어울린다. 실무적인 부분까지 세밀하게 알고 있는 실무자 유형이다. 일상적인 삶을 지원하는 국가 행정직 등을 맡으면 그 역할을 잘 수행할 수 있다.

♎ — 혼자보다는 파트너와 함께 일하는 분야에 잘 어울린다. 공정하고 균형감을 추구하며, 누구에게나 부드러운 태도를 보인다. 직장 내에서 빚어지는 여러 가지 관계들을 중재하는 역할을 맡게 된다.

♏ — 잘 드러나지 않지만 삶에 근본적 변화를 이끌어내는 일을 하게 된다. 강렬한 카리스마를 지닌다. 한 가지에 집중하며 파고드는 업무 또는 그와 유사한 일에 적합하다.

♐ — 조직 전체를 고무시키고 낙관적 미래에 대한 믿음을 심어준다. 조직 내에 비전을 제시하고 영감을 주는 역할을 맡는다. 주로 외근직이나 사외에서 활동하는 업무에 적합하다.

♑ — 조직 전체의 계획을 수립하고 실행을 지휘하는 역할에 어울린다. 책임과 의무를 다하는 성실한 사람이다. 목표를 달성하지 못하면 그에 대한 불안감을 항시 지닌다.

♒ — 인류 발전을 위한 공동의 목표를 위해 일하는 편이다. 개인의 해방과 자유를 달성할 수 있는 역할을 고민한다. 조직에 소속되기보다는 프리랜서로 다양한 곳에서 일할 수 있다.

♓ — 다양한 호기심과 적응 능력을 갖췄기에 하나의 직업으로 규정되지 않는 편이다. 다른 사람들을 위해 자신을 헌신한다. 세속적인 성공에 별다른 관심이 없다.

10 하우스에 어떤 행성이 자리하고 있나?

☉ — 10 하우스에 **태양**이 있다면, 많은 일을 통해 경력과 업적을 쌓는 편이다. 조직에서 일할 때 자기 재능을 분명하게 드러낸다. 공적인 일로 사회적 명예를 얻을 수 있다.

☽ — 10 하우스에 **달**이 있다면, 다양한 분야에서 여러 직업을 경험할 수 있다. 대중적 인기와 명망을 얻는 편이다. 여성이나 대중의 의식 변화를 예민하게 읽어내는 편이다.

☿ — 10 하우스에 **수성**이 있다면, 글을 쓰거나 지적인 직업에 어울린다. 언변이 좋아서 세일즈도 가능하고 논리적으로 해결해야 하는 일도 어울린다. 직업이 자주 바뀌거나 여러 직업을 가질 수 있다.

♀ — 10 하우스에 **금성**이 있다면, 예술과 관련된 일에 재능이 있다. 세련된 매너와 상냥한 태도로 사람들에게 호감을 얻고 좋은 이미지를 만든다. 관계를 조율하거나 중재하는 역할을 맡을 수 있다.

♂ — 10 하우스에 **화성**이 있다면, 조직에서 인정과 명예를 얻고자 고군분투한다. 일을 즐기고 도전할 때 에너지가 넘치는 편이다. 리더십이 있으나 조직 내에 갈등을 일으킬 수 있다.

♃ — 10 하우스에 **목성**이 있다면, 일로 성장할 기회를 가질 수 있다. 일과 경력에 행운이 따른다. 사회생활에서 믿음직스럽고, 공무원처럼 공적인 일을 할 수 있다.

♄ — 10 하우스에 **토성**이 있다면, 사회적으로 성공하고자 꾸준히 노력한다. 책임감이 강하고 완벽한 리더십을 발휘한다. 자기 원칙이 뚜렷하고 일에 대해서 냉정한 편이다.

♅ — 10 하우스에 **천왕성**이 있다면, 자기만의 방식으로 일을 처리한다. 독창적이고 창의적인 재능으로 일에 기여하는 편이다. 조직의 규율을 지키는 데 어려움을 겪을 수 있다.

♆ — 10 하우스에 **해왕성**이 있다면, 자선사업이나 인류를 위해 헌신하는 일에 끌리거나 할 수 있으며, 하게 되면 삶에 좋은 영향을 끼친다. 사회에서 세속적 성취를 얻기 어려울 수 있다.

♇ — 10 하우스에 **명왕성**이 있다면, 사회의 근본 가치들을 변화시키는 일을 할 수 있다. 비밀을 알아채는 데 뛰어난 재능이 있다. 혼자서 일하는 것을 선호하지만 강력한 한 개인에게 이끌릴 수 있다. 직장에서 강렬한 존재감을 드러내는 편이다.

11 하우스   11 House

당신이 사회적으로 교류하는 그룹을 보여주는 공동체의 현장

당신이 만나는 그룹 혹은 공동체,

친구와 그들의 성향,

기대하는 미래와 이상,

소망과 계획,

공동체와 함께하는 공동 목표 등을 보여준다.

당신을 둘러싼 사회적 관계들,
그 속에서 당신이 추구하는 미래와
이상, 그것을 실현하기 위해 세우는
계획 등이 궁금하다면…….

11 하우스 ─ 광장 ─ 물병자리

11 하우스는 다양한 이들과 지적으로 활동하고 교류하는 현장이다. 사람은 누구나 특정 그룹, 공동체에 소속된다. 그 속에서 지적 호기심을 채우고 누군가와 어울리며, 다양한 활동을 할 것이다. 선호하는 정당도 생길 것이다. 이 하우스는 이런 공동체에서 추구하는 사회적 이상, 꿈, 희망 등을 드러내며, 당신이 어떤 모습을 한 사회적 존재인지 알려준다. 동시에 당신이 생각하는 이상적·지적 즐거움을 실현하는 공동체 현장인 것이다. 11 하우스는 돈 버는 일을 떠나 공동의 목표를 위한 그룹 활동, 공동체적 희망, 미래를 향한 꿈이나 이상, 정당 활동, 친구, 동지 등의 관계를 보여준다. 자신의 소망을 이루기 위해 어떤 그룹, 어떤 조직에 참여하는지, 어떤 친구 그룹과 친하게 지내는지도 알려준다. 5 하우스가 즉각적으로 느끼는 육체적·유희적 기쁨과 관련 있다면, 11 하우스는 정신적·지적 즐거움과 관련이 깊다. 이를 통해 당신이 어떤 이들을 친구로 두는지, 어떤 부류의 집단을 좋아하는지도 알 수 있다.

11 하우스 커스프가 가리키는 별자리는?

♈ — 새로운 사람과 만나는 것을 좋아한다. 주로 독자적이거나 새로운 길을 가는 그룹과 어울리는 편이다. 다른 사람들과의 교류를 통해 새로운 아이디어를 얻는다.

♉ — 실질적인 도움이 되는 사람들을 주로 만난다. 사람들과의 교류를 무형의 자산으로 여긴다. 어떤 그룹에 소속될 때 신중하게 접근하지만, 한번 관계를 맺으면 오래 지속하는 편이다.

♊ — 만나는 사람들이 다양하고 자주 바뀐다. 지적 호기심을 자극하는 새로운 그룹이나 사람을 찾아다닌다. 동료들 사이에서 주로 정보를 모아서 전달하는 역할을 한다.

♋ — 감정적으로 편안한 사람들과 주로 만난다. 그룹 내에서 엄마 같은 역할을 하며 사람들을 챙기는 편이다. 가족 문제와 관련된 사회운동을 할 기회가 생길 수 있다.

♌ — 사회적 지위가 높다고 생각되는 사람들이나 품격 있는 사람들과 주로 만난다. 자신이 속한 그룹 내에서 리더 역할을 맡는다. 다른 사람들을 도울 수 있는 자선 활동에 참여할 수 있다.

♍ — 친구를 고르는 기준이 까다롭지만 한번 친구가 되면 잘 챙겨준다. 자신이 속한 그룹 내에서 성실한 실무자 역할을 한다. 건강이나 복지와 관련된 사회운동을 할 수 있다.

♎ — 동료들 사이에서 분위기 메이커를 하는 유형의 사람이다. 지적이면서 예술에 관심이 있는 그룹과 교류한다. 그룹 내에서 중재하며 조화를 이끌어내는 역할을 맡는다.

♏ — 삶의 근본적인 문제에 관심 있는 사람들과 주로 만난다. 만나는 그룹이 잘 드러나지 않는 편이다. 그룹의 분위기를 은근히 장악하며 숨은 리더 역할을 맡는다.

♐ — 철학적 관심을 공유할 수 있는 사람들과 주로 만난다. 낙천적 태도로 그룹 내의 사람들에게 믿음을 심어주는 편이다. 소속된 그룹의 사람들이 지나치게 이상적일 수 있다.

♑ — 각 단체에서 리더들과 어울리는 편이다. 자신의 목표와 부합하는 사람들을 선별해서 만난다. 사회적 제도, 체계의 기반을 바로 세워 개혁하고자 한다.

♒ — 나이, 계급, 성별에 상관없이 친구를 만든다. 공통의 관심사에 의해 급격히 가까워지는 편이다. 인권, 자유, 인간의 해방 등 사회 문제와 관련된 활동을 할 수 있다.

♓ — 친구나 주변 사람들의 감정에 공감하는 능력이 뛰어나다. 스스로 헌신할 수 있는 그룹의 일원이 되어 활동한다. 고통받는 사람들, 소외된 사람들을 위한 사회운동을 할 수 있다.

11 하우스에 어떤 행성이 자리하고 있나?

☉ — 11 하우스에 **태양**이 있다면, 팀으로 일할 때 리더십을 발휘하며 돋보인다. 조직이나 그룹 내에서 핵심적인 역할을 맡는다. 친구와 함께 작업할 때 능률이 오른다.

☽ — 11 하우스에 **달**이 있다면, 다른 사람들과 지적인 토론을 하는 것을 좋아한다. 친구들의 감정에 섬세하게 반응하는 편이다. 동료들과 개인적인 우정을 만들고 쌓아간다.

☿ — 11 하우스에 **수성**이 있다면, 공적이고 사회적인 일에서 지적 능력을 발휘한다. 아이디어를 공유하는 일에 잘 어울린다. 대중 연설에 재능이 있으니 대중 앞에 설 기회가 있다면 피하지 말고 시도하라.

♀ — 11 하우스에 **금성**이 있다면, 사려 깊은 친절함으로 그룹에서 호감을 얻는 편이다. 남들과 조화롭게 협력하며 일하는 유형이다. 예술적이고 창조적인 그룹에 속하는 편이다.

♂ — 11 하우스에 **화성**이 있다면, 공동의 목표를 위해서 일할 때 최고의 에너지를 얻는다. 팀을 리드하며 이끌고 나가는 유형으로, 조직 내에서 리더십을 발휘하고 관리 능력이 있다.

♃ — 11 하우스에 **목성**이 있다면, 그룹이나 팀을 키우는 재능이 있다. 다양한 부류의 친구들과 두루두루 잘 어울리는 편이다. 자선 모임이나 기부 모임에 참여할 가능성이 높다.

♄ — 11 하우스에 **토성**이 있다면, 친구 모임에서 조심스럽고 보수적인 편이다. 그룹 활동 속에서 어려움을 겪을 수 있다. 팀워크를 이루는 일을 할 때 신중해지고 책임을 강하게 느낀다.

♅ — 11 하우스에 **천왕성**이 있다면, 개성이 뚜렷하고 독창적인 사람들과 모임을 만든다. 팀이나 그룹 내에서 자유가 보장되어야 한다. 독특한 방식으로 친구 관계를 맺는 편이다.

♆ — 11 하우스에 **해왕성**이 있다면, 친구들에게 헌신적인 사람이다. 친구 관계를 부드럽고 유연하게 만든다. 그룹과 당신의 경계가 모호해지면 희생양이 될 수 있다.

♇ — 11 하우스에 **명왕성**이 있다면, 눈에 잘 띄지 않는 비밀스러운 모임을 조직하거나 속할 수 있다. 영적 깨우침을 위한 그룹에 참여할 수 있다. 자석 같은 힘으로 친구들을 끌어당기는 편이다.

12 하우스　　　　　　　12 House

당신의 무의식과 그림자를 보여주는 비밀의 현장

당신 안에 있는 잠재의식과 강박관념,

업(Karma),

억압되었거나 감춰져 있는 것,

숨겨진 적,

알아차림이 필요한 것,

자신도 모르게 하는 행위 등을 보여준다.

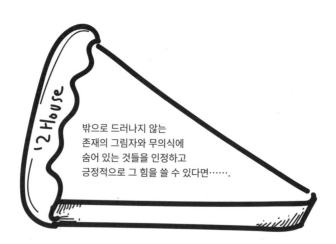

밝으로 드러나지 않는
존재의 그림자와 무의식에
숨어 있는 것들을 인정하고
긍정적으로 그 힘을 쓸 수 있다면…….

12 하우스 — 명상실 — 물고기자리

12 하우스는 상상과 연민으로 당신 자신과 세상의 무의식을 만나는 현장이다. 강하게 억압되었거나 감춰져 있는 비밀의 방이지만 삶에 지대한 영향을 미친다. 이 하우스는 자기 자신이 회피하는 비밀이나 자신이 부정하는 것, 강박적인 것, 상처나 트라우마 등 당신의 어두운 면을 드러낸다. 설명하기 어려운 영적 세계, 정체가 드러나지 않은 당신의 적, 당신이 겪게 될 좌절이나 현실 도피와도 관련 있다. 이 하우스와 관련된 별자리와 행성은 눌려 있거나 감춰져 있기에 드러내려는 의식적 노력이 필요하다. 자신의 무의식을 알아채고 받아들이는 만큼 삶에 큰 힘이 된다. 자기 내면에 귀 기울이고 성찰, 명상, 고독, 고요, 내적 평화를 통해 숨겨진 것의 봉인을 풀면 잠재력을 끌어낼 수 있다. 감추기보다 과감하게 드러낼 때 잠재된 힘이 발산되는 것과 같다. 12 하우스는 당신의 잠재력이기도 하다.

드렁큰 사인Drunken Sign: 12 하우스는 당신의 무의식적인 행위 중에서 취중 모습을 보여주기도 한다. 당신이 술에 취하면 어떤 행동을 하는지 알 수도 있다.

12 하우스 커스프가 가리키는 별자리는?

♈ ― 강렬한 욕망이나 열정이 밖으로 잘 드러나지 않는다. 평소에는 화를 잘 내지 않지만 한 번씩 폭발하듯 화낼 수 있다. 겉으로 드러나지 않는 자아나 무의식 등 자신의 내면을 탐구하는 데 열정적이다.

♉ ― 이익을 얻는 일에 관심이 없는 듯 보이지만 돈에 대한 막연한 불안감이 있다. 긴장을 풀고 마음의 여유를 갖는 것에 익숙치 않다. 돈을 버는 수단을 하나로 집중하는 것에 약하다.

♊ ― 주위 정보를 받아들여 재조합하는 것을 힘들어한다. 아는 것을 바로 이야기하지 않고 자기 방식으로 소화하는 과정이 필요하다. 논리적이기보다는 감성적인 소통이 더 중요한 편이다.

♋ ― 자신의 내적인 감정을 잘 드러내지 않는다. 자신이나 타인의 미묘한 감정을 읽어내는 데 어려움을 겪는다. 내면을 잘 알아차린다면 심리적으로 고통받는 이들의 마음을 위로해줄 수 있다.

♌ ― 자기 개성을 드러내는 것에 어려움을 겪는다. 사람들에게서 주목받는 것을 어색해한다. 이타적인 일을 무의식적으로 할 때 자신의 창조성이 드러난다.

♍ ― 매일 하는 일상적인 일들에 무관심한 듯 보일 수 있다. 현실적 문제를 밖으로 드러내지 않는 편이다. 분석력이 예리하지만 그것을 논리적으로 표현하는 연습이 필요하다.

340

♎ — 타인과 친밀한 관계를 맺는 것을 불편해한다. 자신을 우아하고 품위 있게 표현하는 데 어려움을 겪는다. 결혼이 트라우마를 해결하기 위한 중요한 과정일 수 있다.

♏ — 성적인 욕구를 억압하는 측면이 있다. 자신의 어두운 면들을 알아채지 못하는 까닭에 오히려 낙천적으로 보일 수 있다. 고통받는 사람들을 치유하는 능력을 발휘할 수 있다.

♐ — 새로운 것을 배우거나 외국 여행을 가는 것에 불안감을 느낀다. 자신이 품은 종교적·철학적 생각을 잘 드러내지 않는다. 세상에 대해 비관적인 태도를 가지며 살 만한 곳으로 여기지 않는 편이다.

♑ — 세속적 야망을 겉으로 드러내지 못하고 갈등하고 주저한다. 끝까지 지속하지 못하고 중도에 포기하기도 한다. 자신의 능력을 과소평가하지만 인정받고 싶은 마음도 있다.

♒ — 인간의 무의식, 기이한 자연 현상에 대한 관심이 많다. 자신의 독립성을 침해당하는 일을 겪을 수 있다. 객관적 입장을 바탕으로 한 초연함을 유지하기 어렵다.

♓ — 보이지 않는 세계에 대한 자신의 느낌이 있으나 그 느낌을 의심하는 편이다. 자신의 자아를 버리는 것에 대한 두려움이 크다. 물질적 세계에 집착하는 경향이 있다.

12 하우스에 어떤 행성이 자리하고 있나?

☉ — 12 하우스에 **태양**이 있다면, 이타적인 일을 할 때 활력을 느낀다. 내면의 평화나 내적 성장에 집중하는 편이다. 무의식이나 내면을 탐구할 때 탁월한 집중력을 발휘한다.

☽ — 12 하우스에 **달**이 있다면, 타인과 연결되어 있다는 마음을 자주 느낀다. 자신을 지키기 위해 때때로 고독한 상황이 필요하다. 타인을 도울 때 감정적 안정을 느끼는 편이다.

☿ — 12 하우스에 **수성**이 있다면, 심리적·영적인 분야에서 지성이 활성화되는 편이다. 뛰어난 직관과 상상력을 가진다. 자신의 생각을 논리적으로 표현하는 데 어려움을 겪을 수 있다.

♀ — 12 하우스에 **금성**이 있다면, 세상에 드러나지 않는 사랑을 할수 있다. 고독을 사랑하며 즐거움을 잘 모르는 편이다. 연민을 강하게 느끼는 편이라 약하고 어려운 사람에게 끌린다.

♂ — 12 하우스에 **화성**이 있다면, 이타적인 일에 열정을 발휘한다. 자기주장을 하거나 화를 내는 데 어려움을 겪을 수 있다. 명상, 기도, 종교적인 일들과 잘 맞는 편이다.

♃ — 12 하우스에 **목성**이 있다면, 명상, 심리, 복지 관련 지식을 추구하며 심리 분야를 공부할 때 성장할 수 있다. 보이지 않게 후원하고 돕는 편이다. 인도주의적이고 영적인 일을 할 때 행운이 따른다.

♄ — 12 하우스에 **토성**이 있다면, 책임지는 것에 어려움을 겪을 수 있다. 알 수 없는 불안과 두려움으로 고립감을 느낀다. 자신을 부드럽게 이완하면서 내면의 원칙을 세우는 것이 필요하다.

♅ — 12 하우스에 **천왕성**이 있다면, 내면 탐구를 통해 자신의 개성을 발현하는 편이다. 남들에게 밝힐 수 없는 사건을 겪을 수 있다. 심리적·영적 지식을 나눠줄 수 있다.

♆ — 12 하우스에 **해왕성**이 있다면, 타인의 고통을 예민하게 받아들이는 편이다. 인류를 위해 자신을 희생하며 헌신할 수 있다. 약물과 알코올 등에 의존하거나 중독될 가능성이 있는 편이다.

♇ — 12 하우스에 **명왕성**이 있다면, 사회의 부정적인 힘을 잘 포착한다. 무의식적으로 자기를 파괴하려는 경향이 있다. 깊은 내면 세계를 포착하는 직관과 통찰력이 탁월한 편이다.

하우스별 주요 특징 되새김질

동서남북으로 구분하는 하우스

AC는 해가 뜨는 곳으로, 출생 차트 주인공의 첫인상과 외모를 나타낸다. AC와 정반대쪽인 DC는 해가 지는 곳으로 둘의 관계 속에서 드러나는 '나'의 모습을 알려준다. 즉 차트 주인공인 '나'와 '나와 동등하게 만나는 타인'의 관계를 보여준다. IC는 해가 지평선 아래 가장 낮은 곳에 있으므로 가장 어두운 때다. 자기 내면으로 침잠해 내밀한 곳을 들여다보기 좋아서 주인공 내면의 깊은 곳과 가정의 모습을 나타낸다. MC는 해가 가장 높이 떠 있는 때로 주인공이 세상 속에서 가장 빛나는, 즉 사회적으로 드러나는 자기 모습이다.

1 하우스

태양이 떠오르는 1 하우스는 불특정한 다수의 사람들에게 '나'를 처음으로 인식하게 하는 곳이다. 1 하우스에 행성이 많은 사람은 주목받는 사람이다. 인기를 끌거나 미운털이 박힐 수도 있다. 시선을 받아낼 준비가 되었는가?

4 하우스

태양이 지평선 아래 가장 낮은 곳에 있는 하우스다. 마치 태양이 숨겨진 것과 같다. '나'의 에고가 잠시 휴식을 취하며 재충전하는 곳이다. 그렇기에 4 하우스에 행성이 많다면 마음을 이완하고, 자신을 편안하게 할 환경을 만드는 것이 중요하다.

7 하우스

태양이 지평선 너머로 지는 하우스다. 마치 집으로 돌아가는 것과 같다. 타인에게 자신의 에고를 주장하다가 상대를 인식한다. 7 하우스에 행성이 많다면, 당신이 헌신하고 배려할 수 있는 상대를 찾는 것이 중요하다. 이러한 대등한 일대일 관계 속에서 자신을 깨닫고 더 정교하게 만들어간다.

10 하우스

태양이 가장 높은 곳에 떠 있는 하우스다. 10 하우스에 태양이 있거나 행성이 많다면, 당신은 아주 전문적인 모습으로 자신을 드러내는 사람일 것이다. 사회적 성공이나 커리어를 중요하게 여긴다. 언젠가 빛을 발할 테니 실망하지 말고 하나씩 차근차근 준비하자.

1, 2, 3, 4, 5, 6 하우스

지평선 아래 반원에 속한 하우스들은 '나'를 나답게 만들어가는 현장들이다. 1~6 하우스에 많은 행성이 배치된 사람들은 직관과 감성이 발달한다. 자신의 주관적 느낌을 중요하게 여기기에 타인의 눈높이에 맞추지 않는 편이다. 그런 이유로 인정을 받기까지 시간이 걸릴 수 있다. 좀 늦으면 어떤가. 좋아하는 것을 꾸준히 하다 보면 언젠가 사람들이 당신에게 눈높이를 맞추는 날이 올 것이다.

7, 8, 9, 10, 11, 12 하우스

지평선 위 반원은 '나'와 '타자'가 상호 관계를 구축해가는 현장들이다. 7~12 하우스에 행성이 많은 사람들은 객관적이고 논리적인 사고가 발달한다. 외부의 상황에 대응하며 성장할 기회가 잦은 편이다. 외부로 드러나는 것에 신경 쓰고 상대에게 자신을 맞추려는 성향으로 자기 내면이 공허해지기 쉽다. 홀로 있는 시간, 기도나 명상하는 시간을 가져보라.

3, 2, 1, 12, 11, 10 하우스

수직선 왼쪽 반원에 있는 하우스들은 가장 아래 있던 해가 떠올라 중천으로 향하는 현장이다. 외부보다는 내적 동기와 원인에 의해 행동하게 한다. 새로움에 대한 희망을 품고, 성취하려 부단히 노력한다. 자신의 의지로 뭔가를 시작하고, 직접적 경험으로 만족을 얻는 것이 중요하다. 당신의 생각과 의지에 따라 경험하고 행동하는 것이 삶의 비법이다.

9, 8, 7, 6, 5, 4 하우스

수직선 오른쪽 반원에 있는 하우스들은 내적 의지보다는 외적 요인에 의해 행동하는 현장이다. 해가 점점 기울어지며 깊은 어둠으로 내려간다. 이 하우스에 행성들이 많다면, 자신이 벌인 일들을 점검하고 성찰과 배움을 얻어야 한다. 이 모든 상황이 운명적이라고 느껴질 수도 있다. 그렇다고 자신의 의지가 무의미한 것도 아니다. 운명적으로 다가오는 것을 잘 받아들이려면 자기 의지가 작동해야만 한다. 아무리 좋은 것도 스스로 받아들이지 않으면 기회로 만들 수 없다.

3 상태로 구분하는 하우스

1, 4, 7, 10 하우스

1, 4, 7, 10 하우스는 앵글angle 하우스로, 시작하는 '카디널' 원소의 특성을 지닌다. 개인의 삶에서 표면적으로 드러나는 일들을 시작하도록 만드는 하우스다. 자신이 '나'로서 존재하고 활동하는 것을 드러내고 확인하게 한다. 당신의 출생 차트에서 가장 진한 십자 선으로 표현되어 있는 만큼 개인의 성장, 성숙을 위한 첫걸음과도 같은 현장이다.

2, 5, 8, 11 하우스

2, 5, 8, 11 하우스는 석시던트succedent 하우스로, 고정하는 '픽스드' 원소의 특성을 지닌다. 앵글 하우스인 1, 4, 7, 10 하우스에서 발생한 일들을 완성시키고 유지하려는 성향을 가지는 현장이다. 이 하우스들에 행성이 많다면, 당신은 완벽을 추구하는 장인처럼 하나에 고집스레 매달리며 해내려는 특성을 보일 것이다.

3, 6, 9, 12 하우스

3, 6, 9, 12 하우스는 케이던트cadent 하우스로, 변화하는 '뮤터블' 원소의 특성을 지닌다. 변화의 필요성을 직감하는 현장이다. 지금까지 했던 일들이나 방식을 존중하면서도 완전히 새로운 방식으로 바꾸려는 것이다. 그동안 만들어온 것을 정리하고 그것으로부터 도움이 되는 정보나 배움들을 이끌어낸다. 변화는 자신이 경험한 만큼 일어난다. 그렇기에 삶에서 어

떤 경험들을 해나갈 것인가 하는 문제는 무척 중요하다.

화·토·공·수로 구분하는 하우스

1, 5, 9 하우스 – 불 원소 하우스

불(fire) 원소의 하우스는 자신의 생명력을 드러내는 현장이다. 1 하우스가 존재 그 자체로 자신을 표현하는 현장이라면 5 하우스는 자신의 창작물 또는 놀이로 자신을 표현한다. 9 하우스는 지혜로 자신을 표현하는 현장이다.

2, 6, 10 하우스 – 흙 원소 하우스

흙(earth) 원소의 하우스는 삶의 기반을 만들고 현실화하는 현장이다. 2 하우스가 재물, 재능 또는 삶의 가치관을 만드는 현장이라면 6 하우스는 매일 책임지고 해야 하는 일의 현장이다. 10 하우스는 사회적 지위와 명예를 성취하는 현장이다.

3, 7, 11 하우스 – 공기 원소 하우스

공기(air) 원소의 하우스는 정보를 교환하고 관계를 맺게 하는 현장이다. 3 하우스로 일상적인 형제, 자매, 친구들과의 관계를 알 수 있고, 7 하우스로는 친밀한 개인적인 관계를 알 수 있다. 11 하우스는 사회적인 관계, 직장에서의 관계를 알 수 있다.

4, 8, 12 하우스 – 물 원소 하우스

물(water) 원소의 하우스는 내면의 마음과 관련된 현장이다. 밖으로 실체화되기 이전에 그 분위기를 감지하게 한다. 이 하우스가 발달한 사람은 내면을 돌보려는 성향이 강하고, 자기 안으로 깊이 침잠하는 편이다. 4 하우스는 내면의 안정을 보여주고, 8 하우스는 내적 변형을 경험케 한다. 12 하우스는 자신의 무의식과 그림자 등이 숨겨져 있는 현장이다.

하우스의 하이라이트 - 마주 보는 하우스의 연결성

마주 보는 하우스는 180도로 부딪히는 관계다. 마치 정면 충돌을 일으키는 것과 같다. 뫼비우스 띠처럼 안팎이 교차되어 있어서 서로의 장단점이 드러낸다. 1~7 하우스는 개인성을 드러내며 '나'를 강조하는 하우스고, 8~12 하우스는 사회성을 드러내며 '우리'를 강조하는 하우스다.

1 하우스 : 7 하우스
1 하우스는 '나'의 정체성을 만들어가는 현장으로, '나'의 의지를 실현하려는 에너지가 커져 있다면, 7 하우스는 '너와 나'의 관계를 고려해야 하는 현장이다. 1 하우스가 '나'의 독자성이라면, 7 하우스는 '너와 나'의 관계성이 중요한 곳이다.

2 하우스 : 8 하우스
2 하우스는 당신이 만들어가는 가치관, 물질을 다루는 방식을 보여주는 현장이다. 8 하우스는 7 하우스를 지나 '우리'라는 관계를 통해 만들어진 가치관과 그 결과를 보여준다. 2 하

우스는 당신의 가치관이자 재산이고, 8 하우스는 당신과 관계 맺고 있는 사람의 유산, 투자, 섹스와 관련이 있다.

3 하우스 : 9 하우스

3 하우스는 사회적 인간이 되기 위한 배움, 즉 일상에서 습득하는 정보, 학창 시절에 배워야 하는 공부의 현장이다. 맞은편에 위치한 9 하우스는 지혜롭고 성숙한 인간이 되고자 당신이 하려는 종교나 인문학적 공부, 철학적인 탐구를 하는 현장이다. 3 하우스가 지식의 측면이라면, 9 하우스는 지혜라 할 수 있다. 따라서 9 하우스는 3 하우스보다 더욱 깊어진 지적 존재로 성숙되는 현장인 것이다.

4 하우스 : 10 하우스

4 하우스는 내적 가치를 만들어가는 가정의 모습을 보여주는 현장이다. 가족과의 관계, 마음이 안정되고 싶을 때 취하는 태도나 환경 등에 대해 알 수 있다. 10 하우스는 사회적 가치를 드러내는 직업 환경을 알려준다. 당신의 리더십 스타일, 명예를 드러내는 방식 등을 보여준다. 4 하우스가 자신의 내적 안정감이라면, 10 하우스는 사회적 현장에서 자신의 외적 만족감이라 할 수 있다.

5 하우스 : 11 하우스

5 하우스는 당신이 좋아하는 것을 함으로써 스스로 자존감을 높이는 현장이다. 자존감을 고양하는 활동이나 영역을 알아볼 수 있다. 맞은편에 위치한 11 하우스는 집단적 유희를 보여주며, 공동체나 조직의 모토나 비전이 강조된다. 5 하우스

가 '나'를 기쁘게 하는 것이라면, 11 하우스는 '조직'의 이상이나 비전으로 자신의 세계를 확장한 것으로 볼 수 있다.

6 하우스 : 12 하우스

6 하우스는 현실에서 당신이 책임지고 해야 하는 일의 영역이다. 매일매일 의무감을 갖고 일하는 영역의 성격을 드러낸다. 맞은편의 12 하우스는 '나'를 포함한 모두의 영혼을 위해 힘쓰게 되는 영역이다. 동시에 12 하우스에 행성들이 들어간 경우 행성 본래의 욕구를 온전히 발현하지 못하는 경우가 많다. 6 하우스에 행성이 여럿 있다면 자신이 하는 일에 대한 욕구가 클 것이며, 12 하우스에 행성이 많다면 휴식, 기도, 명상 등을 통해 자기 삶을 영적인 경지로 인도해볼 수 있을 것이다.

스텝별 출생 차트 해석 예시 4

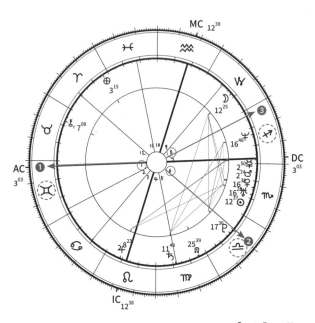

	Natal
☉Sun	12 Sco 36'49"
☽Moon	12 Cap 24'40"
☿Mercury	2 Sag 49'32"
♀Venus	16 Sco 38'11"r
♂Mars	2 Sag 24'10"
♃Jupiter	8 Leo 23'3"
♄Saturn	11 Vir 47'33"
♅Uranus	16 Sco 27'55"
♆Neptune	16 Sag 46'20"
♇Pluto	17 Lib 36'10"
☊True Node	25 Vir 39'10"
⚷Chiron	7 Tau 8'8"r
⊕P.Font	3 Ari 15'4"

AC: 3 Gem 2'55"	2: 27 Gem 29'	3: 19 Can 11'
MC: 12 Aqu 37'41"	11: 11 Pis 59'	12: 20 Ari 34'

	C	F	M
F	⊕	♃	♀♂♆
A	♇	MC	AC
E	☽	⚷	♄☊
W		☉♀♅	

하우스를 적용해 해석하기

STEP 1: 수평으로 굵게 그어진 선의 왼쪽 끝에 적힌 'AC' 글자를 찾아보라. 이 지점에서 1 하우스가 시작되며, 커스프가 쌍둥이 자리를 가리킨다(❶). 차트 주인공의 첫인상을 결정하는 중요한 포인트다. 마른 몸에 길쭉하면서도 발랄하고, 처음 본 이들과도 대화하기 좋아할 것이다. 호기심도 많고 정보도 잘 찾아서 공유하는 수다쟁이일 확률이 높다.

STEP 2 : 태양이 6 하우스에 있다(❷). 일터에서 자기 존재감을 드러낼 것이다. 6 하우스에 태양 말고도 금성, 화성을 포함하여 여러 행성이 모여 있는 것으로 보면, 아마도 일하는 현장에서 자기가 맡을 일을 효율적으로 하기 위해 애쓰는 사람일 것이다. 또한 일에 대한 욕구가 강해서 쉽사리 일터를 떠날 수 없을 것으로 예상된다. 6 하우스 커스프가 천칭자리를 가리키고 있다. 일터에서 우아하게 자신을 드러내며 조화를 추구할 것으로 보인다.

STEP 3: 달은 8 하우스에 있다(❸). 무의식적으로 자기 변형을 통해 자기 만족을 얻는 사람일 것이다. 매일 자기를 갱신하고 변형하려는 의지가 있을 것이다. 달 사인이 염소자리라 염소답게 목표를 세우고 차근차근 자기 변형을 추구할 것이다. 자기 변형을 하나의 일처럼 여길 확률이 높다. 또한 8 하우스의 커스프가 사수자리라 다양한 경험과 철학적 탐구를 통해 자기 변형을 평생의 숙명처럼 여길 확률이 높다.

출생 차트 해석 워크 ❹

12하우스로 내 삶의 영역 살펴보기

앞에서 배운 하우스 개념을 복습하며, 자기 자신이 강하게 느끼는 현장의 특성들을 책 내용을 참고해 적어본다.

기호	행성(욕구) 키워드	내 별자리 (원소/상태)	행성이 든 하우스	현장에서의 나의 키워드
Sun (예시)	생명력, 활력, 자신감, 나답게 나를 표현하고 싶다	전갈자리 (물/유지)	6H	스트레스, 책임감, 직원들과의 인간관계
☉ Sun				
☽ Moon				
☿ Mercury				

♀ Venus				
♂ Mars				
♃ Jupiter				
♄ Saturn				
♅ Uranus				
♆ Neptune				
♇ Pluto				

7.

갈등과 조화의 어스펙트

이제 10행성이 서로 맺고 있는
관계에 대해 살펴보겠다. 각도를
뜻하는 어스펙트는 행성 간의 욕구로
빚어지는 갈등과 조화를 나타내는
관계의 표식이다.
별자리 출생 차트 속 행성들은
조화롭고 안정적인 관계를 맺거나
충돌하며 갈등하는 관계를 맺는다.
이러한 욕구들 사이에서 균형을
잡는 것이 삶에 필요하다.

어쩌면 인생이란 …

『좀머 씨 이야기』, 『얼굴 빨개지는 아이』 등을 쓰고 그렸으며, 미국의 주간지 『뉴요커』 표지 삽화를 그리기도 한 장 자끄 상뻬Jean-Jacques Sempé는 자신의 책 『인생은 단순한 균형의 문제』에서 자전거 타는 사람을 통해 삶의 균형에 대해 이야기한다.

자전거가 넘어질지 모른다는 두려움을 이기고 왼쪽 오른쪽으로 핸들을 조정하면서 페달을 힘껏 밟아야만 넘어지지 않고 나아갈 수 있다. 어쩌면 인생이란 어느 한쪽으로도 쏠리지 않으려 균형을 잡으며 앞으로 나아가는 것이다.

자전거 타는 건 포기할 수 있어도 인생을 포기할 수는 없는 노릇이다. 넘어지고 다치고 깨져도 끊임없이 균형 잡기를 시도해야만 한다. 이번에 다룰 어스펙트는 삶에서 어떤 욕망들 사이에 균형을 잡아야 하는지 알려준다. 어스펙트를 이해하는 것만으로도 당신의 별자리 출생 차트를 폭넓게 해석하는데 큰 도움이 된다.

행성들의 밀당

약 60조 개 세포로 이뤄진 복잡한 '나'는 욕망 덩어리이자
에너지체다. 어스펙트는 우리 안에 내장된 욕구를 표현하는
행성들 간에 벌이는 밀당이다. 12사인의 주인이라 할 행성들
이 다른 행성들과 어떤 각도, 어떤 관계를 맺느냐에 따라 서로
밀어내거나 끌어당긴다.

관계를 맺은 행성들 간의 욕구는 서로 조화롭게 안정을
유지하거나 충돌하며 갈등한다. 당신의 출생 차트에서 행성들
이 서로 어떤 관계를 맺고 있느냐를 확인하면 자연스럽게 발
산할 수 있는 욕구와 억압된 욕구를 알 수 있다. 또한 자신이
품은 수수께끼 같은 욕구 불만이나 혼란도 이해되고 풀린다.
나아가 그런 상황이 빚어질 때 스스로 선택할 수 있는 기준들
을 세울 수 있다.

출생 차트의 선은 몇 가지 색과 유형이 있지만 이 책에서
는 빨간 실선과 파란 실선만을 다룬다. 이 선들이 행성들 간에
중요한 영향을 미치는 5개의 각도들인 까닭이다. 두 행성이 관
계를 맺고 있어도 다른 행성들과 또다른 관계를 맺을 수 있다.
행성들끼리 얽히고설키는 관계를 맺기에 5개의 주요 어스펙
트들이 그려내는 시나리오도 그만큼 복잡해진다. 따라서 어스
펙트를 잘 익혀서 자신의 출생 차트를 충실하게 해석하는 것
이 우선이다.

파란 선과 빨간 선은 행성들이 서로 어떤 관계를 맺고 있는지 드러내기에 행성들 간의 케미, 즉 화학반응이라고 할 수 있다. 사람들 간에도 케미가 좋다거나 나쁜 것과 마찬가지다. 첫 만남에 누가 먼저라고 할 것도 없이 불꽃이 튀거나 자신도 모르게 반하기도 한다. 이유도 없이 원수처럼 으르렁거리기도 한다. 그러니까 욕구를 상징하는 행성 간에도 이런 일이 벌어진다. 이렇듯 행성들 간의 상호작용에 따라 사람마다 다른 빛깔의 욕구를 내뿜는 것이다.

파란 선과 빨간 선의 차이

파란 선은 조화를, 빨간 선은 갈등을 뜻한다. 파란 선이 서로 이해하고 배려하는 친구라면, 빨간 선은 서로 자주 부딪치고 다투는 친구다. 여기서 잠깐! 미우나 고우나 친구라는 사실은 잊지 말자. 파란 선은 씽씽 달리는 포장도로 같아서 서로에게 가는 길이 잘 뚫려 있다. 소통이 원활해서 두 행성의 욕구가 조화롭게 힘을 드러낸다. 한마디로 상생하는 관계다. 반면에 빨간 선은 장애물이 많은 울퉁불퉁한 길이다. 서로를 온전히 이해하고 친해지기까지 길고도 험난한 시간을 보내야 한다. 갈등이 풀리기까지 말이다. 갈등이 쉬이 풀릴 리도 없지 않은가.

행성 간에 파란 선으로 맺어지면 좋고, 빨간 선으로 맺어지면 나쁘다고 생각지는 말자. 세상은 이분법적으로 나눠지지 않는다. 절대적으로 좋거나 나쁜 것은 없다. 좋은 것 안에 나쁜 것이 내재되어 있고, 나쁜 것 안에 좋은 것이 내재되어 있다. 단지 자신의 욕구인 행성 간의 관계를 인식하고 받아들임으로써 욕구들 간의 균형 포인트로 삼는 게 중요하다.

파란 선으로 연결된 두 행성은 서로 친하고 잘 통하기에 오히려 좋은지 모르는 경우가 많다. 늘 곁에 있기에 당연한 것으로 여겨 소홀한 것과 같다. 또 자신 안에 조화롭게 내재된 특별한 재능일 수도 있다. 빨간 선으로 맺어진 두 행성은 오히려 불편하기에 서로 신경 쓰고 조심한다. 싸운다고 해서 만나지 않을 수도 없다. 어떤 색이든 선으로 연결되어 있다는 건 이미 깊은 인연을 맺고 있다는 의미다. 당신이 지닌 부족한 점을 자극하는 불편한 친구(빨간 선)와의 관계를 잘 조율해야 한다. 자신의 고집을 내려놓고 불편한 친구를 받아들이면 더 성숙한 사람으로 도약할 기회도 만들 수 있다. 자신에게 도전하는 뭔가가 있을 때, 우리는 그 한계를 극복하고 성장할 수 있다. 불편함을 느끼기에 이전과 다른 방향으로 틀어서 다르게 시도해 볼 수 있게 된다. 그런 까닭에, 빨간 선을 '성공의 각도'라고도 부른다. 철학자 니체도 고귀하고 멋진 적을 친구만큼이나 값지게 여기며 살았다.

소프트 어스펙트Soft Aspect : 파란 선
행성들이 맺은 각도가 60도나 120도이면, 소프트 어스펙트라고 부른다. 좋은 친구처럼 서로 돕는 조화로운 관계다.

하드 어스펙트Hard Aspect : 빨간 선
행성들이 맺은 각도가 90도나 180도이면, 하드 어스펙트라고 부른다. 불편한 친구처럼 갈등하고 다투는 관계다.

컨정션Conjunction : 짧은 빨간 선
행성들이 맺은 각도가 0도이면, 컨정션이라 부른다. 소프트 어스펙트와 하드 어스펙트 중 하나가 된다. 스스로 소프트 어스펙트인지 하드 어스펙트인지 따져봐야 한다. 자신에 대해 가장 잘 아는 건 당신 자신이니까.

간단명료하게 어스펙트 이해하기

당신의 출생 차트를 찬찬히 보라. 행성 대부분이 다른 행성들과 관계를 맺고 있을 것이다. 10행성, 즉 다양한 욕구들이 얽히고설켜 있는 것을 확인할 수 있다.

우리의 욕구는 단층적이거나 평면적이지 않다. 다층적이며 입체적으로 작동한다. 그렇기에 마음이 작동하는 방식을 살필 필요가 있다. 당신의 욕구 불만과 불안정함은 행성 간에 맺고 있는 각도를 확인하여 해석할 수 있다.

그럼으로써 당신의 심리적 원인과 밖으로 표출되는 행동 특성을 명료하게 파악케 하는 것이 별자리 출생 차트다. 그러나 촘촘한 관계망을 풀어헤쳐 해석하는 일은 만만치 않다. 사실, 욕구들 간의 어스펙트가 별자리 출생 차트의 해석의 정수다. 어떤 행성이 무슨 사인이냐보다 그 행성이 관계 맺고 있는 행성이 무엇인지 알면 삶에서 불안정이 많이 해소된다.

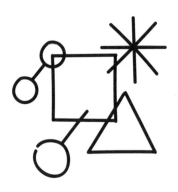

주요 어스펙트 알아보기

0도 컨정선

부부 같은 관계(가장 강렬한 관계, 아주 짧은 빨간 선)
두 힘의 섞임, 집중, 강렬함 : Soft & Hard
음양이 같고(=), 상태가 같고(=), 원소도 같다(=)

두 행성이 0도로 나란히 붙어 있을 때 '컨정선'이라 한다. 서로 다른 욕구인 두 행성이 딱 달라붙어 껴안고 있지만 애증인 관계다. 0촌인 부부를 떠올리면 쉽다. 좋아 죽을 것처럼 붙어 있으면서도 때로는 떨어져 지내고 싶은 그런 관계 말이다. 컨정선은 모든 관계 중 가장 강렬하며, 두 행성의 욕구들 간에 시너지가 강하게 드러난다.

음양도, 상태도, 원소도 같기에 두 행성은 욕구를 증폭시키며 저항감 없이, 자신만만하게 표현된다. 그렇기에 욕구가 과잉되어 표현될 수 있다. 단, 행성과 사인 간의 상호관계도 고려하며 해석할 필요가 있다. 컨정선을 이룬 욕구를 강하게 발산하는 두 행성이 어떤 사인에 위치하느냐에 따라 긍정적 혹은 부정적으로 나타날 수 있기 때문이다.

예를 들어, 화성과 금성이 컨정선인 경우를 살펴보자. 화성은 원하는 걸 얻기 위해 즉각적으로 행동하는 욕구라면, 금성은 아름다운 것을 안정적으로 소유하려는 욕구다. 화성과 금성이 사자자리에서 컨정션된다면, 금성이 0도로 각도를 맺은 화성도 사자자리일 것이다. 소유욕을 과시적이고 즉각적으로 발휘하는 것이다. 이 두 행성이 위치한 사인이 불 별자리인 사자자리인 것도 중요한 요소다. 두 행성의 욕구를 사자자리처럼 화려하고 당당하게 표현하게 된다. 어떤 행성들이 어느 사인에서 만나느냐에 따라 소프트 어스펙트나 하드 어스펙트로 작용할 수 있는 것이다.

✳ 60°

60도 섹스타일Sextile

관심이 비슷한 친구 관계(짧은 파란 선)
두 힘의 동조 : Soft Aspect
음양이 같고(＝), 상태는 다르고(≠), 원소도 다르다(≠)

두 행성이 60도로 관계 맺을 때 '섹스타일'이라 한다. 두 행성의 별자리 원소는 다르지만 음양이 같다. 60도로 관계 맺은 두 행성은 서로의 욕구를 쓸 때 기회가 생기면 조화롭고 편안하게 드러낼 수 있다. 기본적으로 음양이 같기 때문에 방향성이 비슷하다. 관심과 주의를 기울일수록 서로 시너지 효과를 낼 확률이 높아진다.

예를 들어, 전갈자리와 염소자리에서 섹스타일을 이루고 있는 행성이 있다면, 전갈자리가 강렬한 느낌으로 통찰해낸 것을 염소자리는 물질적인 것으로 체계화하려 할 것이다. 기회가 생길 때만 서로를 자극하기에 지속성이 떨어질 수 있다.

그렇기에 기회가 왔을 때 잡으려는 노력이 필요하다.

 120°

120도 트라인Trine

딱 보면 아는 절친 관계(긴 파란 선)
두 힘의 조화 : Soft Aspect
음양이 같고(=), 상태는 다르고(≠), 원소는 같다(=)

두 행성이 120도를 맺고 있을 때 '트라인'이라 한다. 이때
두 행성이 있는 별자리의 원소는 같다. 다만 서로의 상태만 다
르다. 120도를 이루는 두 행성의 별자리 원소가 동일한 까닭에
서로를 잘 이해한다. 기호 모양도 안정적인 삼각형이다.

4원소인 화·토·공·수가 같다는 것은 삶의 동력이 동일하
다는 의미다. 마치 딱 보기만 해도 서로를 아는 자연스러운 관
계다. 내적으로 별다른 모순 없이 행성의 욕구가 발현되도록
지원하기에 시너지가 붙는다. 두 행성 간의 힘을 가장 긍정적
으로 쓸 수 있는 관계다.

'어퍼지션'(다음 어퍼지션 내용 참조)이나 '스퀘어(다음 스퀘
어 내용 참조)'를 이루는 행성 사이에서 불협화음을 조율하는
조력자 역할을 한다. 다만 서로 너무 잘 알아서 딱 맞춰주기에
매너리즘에 빠지거나 '어떻게든 되겠지' 하는 기대로 게을러질
수 있으니 주의를 기울여야 한다.

☐ 90°

90도 스퀘어Square

사각지대에서 불쑥 나타난 불편한 관계(짧은 빨간 선)
두 힘의 도전과 긴장 : Hard Aspect
음양이 다르고(≠), 상태는 같고(=), 원소는 다르다(≠)

두 행성이 90도를 이룰 때 '스퀘어'라 한다. 두 행성의 별
자리는 서로 원소도 다르고, 음양도 다르기에 두 행성의 관계
가 불편하게 느껴질 수 있다. 두 행성의 욕구를 발현하는 데 적
대적 관계를 형성해 서로에게 방해가 되는 것이다. 스퀘어 기
호는 권투 경기장인 링처럼 보인다. 이들의 관계는 링 모서리
인 사각지대에 숨었다가 불쑥불쑥 공격하는 적이다. 이 관계
는 매우 번거롭고 힘들다. 그렇기에 예민하게 균형점을 찾아
조율해야 한다.

사자자리와 전갈자리에서 90도로 스퀘어를 이루는 행성
이 있다면, 사자자리는 자신을 멋지게 드러내고 싶어하지만
전갈자리는 비밀스럽게 자신에게 몰두하기에 두 욕구 사이에
갈등이 빚어진다. 심리적으로 압박감이나 불만족을 느끼게 된
다. 하지만 어려움을 겪을수록 성숙해짐을 체감하는 관계이
기도 하다.

서로 끊임없이 자극을 주고받는 까닭에 오히려 서로 다른
욕구를 세심하게 감지하고 조율할 수 있다. 그러니 '스퀘어' 관
계에서 자극을 부정적으로만 여기지 말고 적극적으로 활용할
방법을 모색해야 한다. 어떨 때 당신의 마음에 긴장감이 고조

되고, 불쾌한 감정들이 일어나는지 주의 깊게 살피는 것도 필요하다.

☊ 180°

180도 : 어퍼지션Opposition

서로 잘 알면서도 엇박자가 나는 불편한 관계(긴 빨간 선)
두 힘의 긴장과 대립 : Hard Aspect
음양이 같고(=), 상태도 같고(=), 원소는 다르다(≠)

두 행성이 180도로 서로 마주 보고 있을 때 '어퍼지션'이라 한다. 두 행성의 별자리는 음양과 상태가 같고 원소만 다르다. 두 행성은 마치 시소 끝에 앉아서 힘을 겨루는 것처럼 팽팽히 맞선다. 하지만 스퀘어와 달리 적이 어떤 상대인지 보이는 관계다. 정면으로 딱 마주 보고 있기 때문이다.

180도로 관계 맺는 두 행성은 깊은 곳에 같은 욕구가 있으나 발현되는 모습이 다를 뿐이다. 예를 들어, 양자리 태양과 천칭자리 달이 어퍼지션을 이룰 경우 양자리의 태양은 남의 시선에 아랑곳하지 않고 새로운 일을 벌이며 앞장서고 싶어하지만, 반대편 천칭자리에 있는 달은 상대방의 입장을 이해하면서 의견을 조율해갈 때 감정적으로 편안함을 느낀다. 그렇게 팽팽하게 대립하기도 하지만 사실 양자리와 천칭자리는 둘 모두 자신을 중요하게 여기는 공통점이 있다. 천칭자리는 상대를 고려하고 조화롭게 배려하지만 그 안에는 양자리의 욕구가 포개져 있기에 상대를 통해 자신을 드러내고 싶어한다.

당신의 출생 차트에 '어퍼지션'인 행성이 있다면, 마주 보는 두 행성의 장점과 단점이 다르게 드러남을 이해해야 한다. 그 이해 속에서 장점은 개발하고 단점은 개선하면 된다. 두 행성의 양면성을 하나로 통합한다면 성숙하고 능동적인 삶을 살게 된다. '어퍼지션'의 경우 같은 비전과 욕구 속에서 적을 알면서 균형을 찾아가기 쉬운 반면, '스퀘어'는 두 행성이 서로 다른 비전을 추구하며 안 보이는 곳에서 갑작스레 서로에게 훼방을 놓는 사이라 좀처럼 균형 잡기가 쉽지 않다.

어스펙트가 어렵게 느껴진다면, 아래 질문들을 통해 개념을 잡아라!

아무런 관계도 맺지 않은 행성은 어떻게 해석하나?

아무 관계도 맺지 않은 무각(각이 없는) 행성도 있다. 사람이 적당한 관계로 활기를 찾듯이 행성 또한 관계를 맺어야 활성화된다. 다르게 생각해보면, 무의식적으로 관계 맺을 필요를 크게 느끼지 못하는 것일 수 있다. 과거 생에서 수련을 했기에 관계를 통해 배워야 하는 것들에 어느 정도 익숙해져 있다고도 해석할 수 있다. 하지만 무의식에서 익숙하다고 해도 이번 생에서는 처음인지라 다시 개발하는 것이 필요하다.

어떤 관계도 맺지 않기 때문에 오롯이 자기 욕구를 드러낼 수도 있다. 때로 활성화되지 못해 방향성을 상실하여 잘 쓰지 못하는 경우도 있으니 무각 행성도 꼼꼼하게 살펴볼 필요가 있다. 무각 행성은 그 행성이 있는 사인의 장점에 집중해서

의식적으로 온전히 쓰려는 노력이 필요하다.

초록 선과 까만 점선은 뭔가?

메이저 각도Major Aspect가 아닌 마이너 각도Minor Aspect도 있다. 초록 선과 까만 점선은 마이너 각도다. 이 각도로 연결되면 영향을 주긴 하지만 그 효과가 미비하다. 이 책에서는 메이저 각도인 0도, 60도, 90도, 120도, 180도를 중점적으로 살폈다. 메이저 각도는 두 행성 간에 주고받는 에너지 효과가 강해서 체감도도 크다. 출생 차트를 해석하는 기초 단계에서는 마이너 각도에 어떤 것들이 있는지 정도만 알아도 충분할 것이다. 지나치게 많은 정보가 오히려 당신을 헷갈리게 할 수 있으니 말이다. 큰 영향을 미치는 녀석들부터 정복하길 바란다!

마이너 각도에는 서로 낯선 관계, 신선한 긴장을 유발하는 150도(ㅈ), 점진적으로 동기를 부여하는 30도(ㅗ), 지구력, 인내심, 완고함의 45도(∠), 과잉 반응, 모순적 행동을 일으키는 135도(ㅁ), 외부 압력에 의해 적당히 도움을 받는 72도(Q), 외부 압력에 의해 재능이 발현되는 144도(bQ) 등이 있다.

행성 간의 각도는 어떻게 확인하지?

이제 실제로 출생 차트를 보며 각도 계산을 배워보자. 예
시로 든 출생 차트를 보면, 목성과 태양이 빨간 선으로 연결되
어 있다. 빨간 선이니 두 행성은 서로 불편한 관계를 맺고 있
다. 실제로 두 행성의 각도는 얼마일까?

목성을 기준으로 각도를 계산한다면 반시계 방향으로 재
면 된다. 목성은 사자자리 8도 23분에, 태양은 전갈자리 12도
37분에 있다. 목성이 있는 사자자리 8도 23분에서 사자자리가
끝나는 지점까지 차이는 21도 37분이고, 처녀자리 30도, 천칭
자리 30도를 지나 전갈자리 12도 37분에 태양이 있다. 따라서
두 행성 간의 각도는 94도 정도이다. 뒤에서 설명하겠지만, 각
도 계산시 ±7도의 허용범위가 있으니 94도는 90도 각도에 포
함되는 것으로 본다.

사자자리 21° 37″ +
처녀자리 30° +
천칭자리 30° +
전갈자리 12° 37″
= 94도

그러니까, 태양과 목성이 맺고 있는 각도는 90도 범위에
해당하기에 스퀘어 각도다. 각도를 계산하는 건 생각보다 쉽
다. 너무 어렵게 여기지 말길.

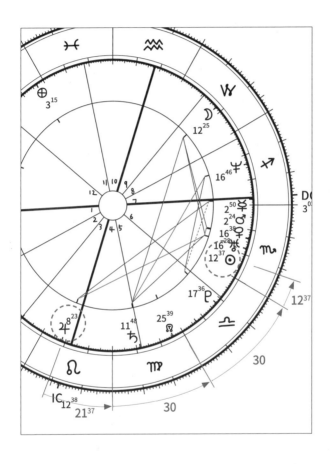

각도 오차 범위를 7도 정도 허용한다

어스펙트를 살필 때, 행성이 어느 사인에, 몇 도에 있는지 파악하는 것이 핵심이다. 도수를 정확히 확인해서 각도를 계산하기 때문이다. 도수가 정확히 일치하는 경우가 드물어 허용 오차 범위(orb)를 둔다. 예를 들어 태양이 전갈 12도일 때, 다른 행성들이 태양과 0도로 컨정선되려면 전갈 12도에 위치해야 하지만 그런 경우는 드물다. 딱 떨어지지 않기에 앞뒤로 7도 허용 범위를 두는 것이다. 따라서 전갈 5도와 전갈 19도 사이에 있는 행성들은 전갈 12도에 위치한 태양과 컨정선을 맺는다.

도수가 정확할수록 그 각도의 영향력은 커진다. 도수 오차 범위가 넓을수록 영향력은 줄어든다. 여기서 잠깐! 앞서 어스트로닷컴에서 출생 차트를 만들어 막 열었다면 오차 범위가 기본 설정으로 10도까지 허용되어 있을 것이다. 그러면 10도 차이가 나는 행성들도 선이 그어진다는 뜻이다. 어떤 각도가 10도까지 벌어지면 그 영향력은 미미하다. 오차 범위가 큰 행성까지 해석하려면 오히려 헷갈리기 쉽다. 어스펙트에 따라 허용 오차 범위가 미세하게 다르지만, 평균적으로 각도 오차 범위를 '70퍼센트'로 바꿔 7도로 설정한다. 아래 설명에 따라 설정하면 된다.

1) 어스트로닷컴 메인 화면 중 오른쪽 상단 메뉴 기호(세 가닥 선)를 터치하여 들어가 'Free Horoscopes' 메뉴를 터치한다.

2) 'Horoscope Drawings & Data' 항목 중 두 번째에 있는 'Extended Chart Selection'을 터치한다.

3) 'Extended Chart Selection' 페이지 하단으로 이동한 뒤, 'Aspects' 항목 마지막에 있는 사각 박스에 숫자 '70'을 입력하고 'Show the chart'를 터치하면 7도 오차 범위가 적용된 출생 차트가 나타난다.

좀 더 쉽게 각도를 계산하는 법

앞에서처럼 계산하기 귀찮다면, 출생 차트에 아래와 같
이 기호, 숫자, 알파벳들이 표기되어 있는 각도 도표를 보면 된
다. 행성들이 서로 어떤 각도를 맺고 있는지 잘 정리되어 있다.

태양이 있는 세로축과 목성이 있는 가로축이 만나는 교차
지점을 보면, 스퀘어(□) 기호가 보인다. 이렇게 박스 속 기호
를 통해 행성들이 서로 어떤 각도를 맺었는지 빠르고 정확하
게 확인할 수 있다. 물론 행성 간의 힘을 더 정교하게 파악하기
위해 직접 각도를 살피고 계산하는 과정은 무척 중요하다. 정
확한 도수 계산을 통해 행성 간의 영향력을 파악하는 훈련이
필요하기 때문이다.

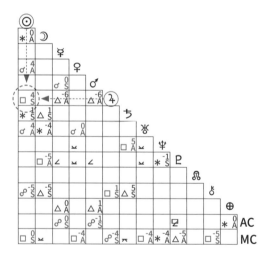

각도 도표를 볼 때 기억해야 할 중요한 정보들

앞서 각도 계산시 ±7도 허용 오차 범위 안에 있는 행성을 해석한다고 했다. 도표를 보면 각도 기호는 물론, 'S'나 'A'와 같은 영문 머리글자와 함께 숫자도 적혀 있다.

앞에서 확인한 태양과 목성이 교차하는 박스를 보면, '□, 4, S'가 함께 표시되어 있다. 이 표시의 의미는 두 행성이 맺고 있는 각도가 스퀘어인데 4도 차이가 나고, 행성들이 서로 멀어지고(Separating) 있음을 나타낸다. 복잡해 보이지만 무척 간단한 표시다. 'S'는 두 행성이 서로 멀어지고 있는 각도를 뜻하는 세퍼레이팅 어스펙트Separating Aspect이며, 'A'는 두 행성이 서로 가까워지고 있는 각도를 뜻하는 어플라잉 어스펙트 Applying Aspect의 약자다. 통상적으로 가까워지는 A가 조금 더 영향력이 있으며 앞으로 일어날 미래 상황을 보여주고, S는 과거 상황을 보여준다고 볼 수 있다. 표시가 뜻하는 의미 정도만 알아두어도 좋다.

S = Separating Aspect
서로 멀어지고 있는 행성 간의 각도

A = Applying Aspect
서로 가까워지고 있는 행성 간의 각도

어스펙트 해석시 주의 사항

어스펙트는 12사인, 10행성, 12하우스를 잘 이해해야 잘 해석할 수 있다. 별자리 출생 차트를 해석하는 데 가장 난이도가 높지만 그 유용성 또한 크다. 행성 간의 역학 관계인 어스펙트를 통해 개인의 욕구를 좀 더 입체적으로 파악할 수 있기 때문이다. 한 사람의 다채로운 욕구들이 어떤 방식으로 상호 작용하고 변화하는지 설명하는 게 바로 어스펙트다. 예를 들어 태양 사인이 같더라도 각자의 태양이 어떤 행성의 영향을 받느냐에 따라 표현되는 모습이 달라진다. 같은 사자자리라고 하더라도 모두 다른 사자자리인 것이다.

어스펙트를 제대로 해석하기까지 상당한 시간 동안 내공을 쌓아야 한다. 서두르지 말고 찬찬히 살피는 습관을 들이는 것이 좋다. 또한 한번에 모든 걸 알아내려는 성급함을 버리고 생각날 때마다 보면서 새롭게 보이는 것들을 수행하듯 훈련해야 한다. 볼 때마다 읽히는 내용과 자신의 실제 모습을 대조하며 어떻게 해석되는지 살피는 것도 필요하다.

한 사람의 삶과 운명을 제대로 보기 위해서는 사실 행성이 어떤 사인에 있느냐보다 행성이 어떤 다른 행성과 관계 맺어 힘을 겨루고 있는지를 보는 것이 중요하다. 특히 태양과 달이 관계 맺고 있는 행성의 욕구를 알아차리고 두 힘들 사이의 균형을 조율해야 자기의 타고난 잠재력을 잘 쓸 수 있다.

개인 행성 5개를 중점적으로 보라

이 책에서는 개인에게 큰 영향을 미치는 개인 행성의 어스펙트만 살펴볼 것이다. 개인 행성 5개, 즉 태양, 달, 수성, 금성, 화성이 다른 행성들과 어떤 관계를 맺고 있는지 집중적으로 살펴 해석한다.

목성과 토성, 천왕성, 해왕성, 명왕성은 나이가 비슷한 사람이라면 거의 같은 곳에 위치하는 '세대 및 시대 행성'으로, 개인적 특징으로 드러나는 경우는 드물다. 공전주기가 길어서 한 자리에 오래 머물며 그 시대의 집단 무의식을 형성한다. 하지만 개인 행성과 관계를 맺을 경우 보이지 않는 힘을 강렬하게 발산하며, 무의식의 역동으로 작용하는 경우도 종종 있다.

천왕성, 해왕성, 명왕성을 해석할 때 개인의 독특성은 그 행성이 위치한 하우스에서 찾을 수 있다. 행성의 어스펙트는 행성이 위치한 사인이나 하우스 등을 종합적으로 고려하여 해석해야 한다. 각도를 맺은 행성들이 상호 유기적으로 연계되어 있다는 사실을 잊지 말자. 얽히고설킨 사람과 사람 관계처럼 단편적이지 않다는 뜻이다.

태양이 다른 행성과 각도를 맺고 있다면?

태양과 어스펙트를 맺은 행성은 그 어떤 행성보다 중요하다. 태양이 모든 행성의 주인이자 이상이며 의식적 지향점이기 때문이다. 태양과 관계 맺은 행성은 태양이 빛날 때 함께 빛난다. 자기 표현을 하거나 창조성을 드러낼 때 반드시 영향을 미친다. 태양이 어떤 별자리에 있느냐에 따라 다르겠지만, 관계 맺은 행성의 욕구에 태양이 강한 영향을 받는다. 특히 태양과 컨정선되어 있는 행성은 자아 정체성과 에고를 형성할 때 강력한 영향력을 행사한다.

소프트 어스펙트를 맺은 행성은 자기 개성을 잘 표현하도록 도와줘서 생기를 높여준다. 하드 어스펙트를 맺은 행성은 자기답게 잘살고 있다는 기분을 느낄 수 없도록 방해한다. 자신감을 지키기 위해 신중하게 조정할 필요가 있다.

(태양⊙ × 달☽)

태양과 달의 어스펙트는 자신을 표현하는 외적 활력(태양)과 내적 안정감(달)의 관계를 보여준다. 의식의 대표 선수인 태양과 무의식의 대표 선수인 달의 관계는 매우 중요하다. 이 둘이 소프트 어스펙트라면 자신을 표현하는 것이 내적인 만족감으로까지 자연스럽게 연결된다. 태양이 내는 의지에 감정이 자연스럽게 동조하며 안정감을 얻는 것이다. 하지만 하드 어스펙트라면 자신을 표현하는 것이 불만족스럽거나 표현 자체를 억압하게 되어 스스로 긴장감을 강하게 느낀다. 두 행성이 강력한 영향으로 활성화되면 태양이 어떤 별자리냐에 상관없이 게자리 느낌이 난다.

(태양☉ × 수성☿)

태양과 수성이 각도를 이루면 태양의 고유성을 논리적으로 생기 있게 잘 표현한다. 대화로 자신을 표현하려는 속성이 강해지는 것이다. 논리를 바탕으로 똘똘하게 자신을 표현한다. 두 행성이 강력한 영향으로 활성화되면 태양이 어떤 별자리냐에 상관없이 쌍둥이자리나 처녀자리 느낌을 보인다. 수성은 태양과 28도 이내의 각도를 이루기에 컨정션과 마이너 각도인 세미섹스타일(30도)만 있다.

(태양☉ × 금성♀)

고유하게 자신을 표현하려는 태양과 가치 있는 것을 통해 기쁨을 얻고자 하는 금성이 각도를 맺으면 본인이 예술성을 갖게 되기도 하고, 예술적인 작품을 소유함으로써 자신을 표현하기도 한다. 사람들과의 관계에서 자신이 빛나고자 한다. 두 행성이 강력한 영향으로 활성화되면 태양이 어떤 별자리냐에 상관없이 황소자리나 천칭자리 느낌을 보인다. 금성과 태양은 47도 이내의 각도를 이루기에 컨정션, 세미섹스타일, 세미스퀘어(45도)만 있다.

(태양☉ × 화성♂)

태양의 자기 표현 욕망이 발산하려는 화성과 각을 이루면 자신을 드러내려는 것이 강해진다. 외부를 향해 돌진하며 강한 행동력으로 밀어붙인다. 새로운 영역을 개척하여 자신의 창조성을 적극적으로 발휘한다. 그러나 타인에 대한 배려가 없다면 오만하게 비춰질 수 있다. 두 행성이 소프트 어스펙트 라면 자신을 강하게 표현하는 것에 스스로 불편함이 없는 편 이다. 하드 어스펙트라면 강하게 행동하면서도 자신의 기질을 충분히 발휘하지 못하여 갑갑함을 느낄 것이다. 두 행성이 강 력한 영향으로 활성화되면 태양이 어떤 별자리에 있든 양자리 특성을 보인다.

(태양⊙ × 목성♃)

태양의 창조성이 배우고 성장하고 확장하려는 목성과 각 도를 맺으면 큰 비전을 위해 자신의 에너지를 쏟는다. 세상에 대한 믿음이 있고 낙천적인 성격으로 자신의 꿈을 이루는 중 에도 베풀려는 마음도 넉넉히 커진다. 목성은 배우고 성장하 면서 기쁨을 느끼게 하는 행성이다. 태양과 하드 어스펙트를 맺고 있는 경우, 언행에서 과장과 허세가 느껴질 수 있지만 인 간 관계에서 큰 갈등은 일으키지 않는다. 두 행성이 강력한 영 향으로 활성화되면 태양이 어떤 별자리냐에 상관없이 사수자 리 느낌을 발산한다.

(태양⊙ × 토성♄)

태양의 창조성이 현실적 한계를 정하고 의무와 책임을 다 하려는 토성과 각을 이루면 자기 표현을 절제하고 신중해진 다. 현실에 대한 불안감이 커서 걱정이 많고 경직된 편이다. 결과물에 대해 만족하지 못하는 태도가 끊임없는 노력을 이끌어내므로 기본적으로 성실하다. 태양의 창조성이 토성의 반복적 노력을 통해 단련된다. 소프트 어스펙트를 맺고 있다고 해도 더 완벽해지려는 욕망이 작용해 관계에서나 자기 표현을 할 때 긴장하거나 경직될 수 있다. 두 행성이 강력한 영향으로 활성화되면 태양이 어떤 별자리냐에 상관없이 염소자리 느낌을 발산한다.

(태양⊙ × 천왕성♅)

태양의 자기 표현 욕망과 천왕성의 돌발성, 독창성이 각을 이루면 자기 표현이 의도치 않은 곳에서 급작스럽고 독특한 방식으로 드러난다. 소프트 어스펙트라면 돌발적인 것이 해묵은 것들을 타파하는 계기가 되어 독창적인 에너지로 새로움을 만들어낼 수 있다. 하드 어스펙트라면 사사건건 딴죽을 걸 뿐 대안을 제시하는 결과로 이어지기 힘들다. 두 행성이 강력한 영향으로 활성화되면 태양이 어떤 별자리냐에 상관없이 물병자리 느낌을 풍길 것이다.

(태양⊙ × 해왕성♆)

태양의 자기 표현 욕망과 경계를 초월해 통합하는 해왕성이 각을 이루면 자기 표현이 다소 애매한 형태로 드러날 수 있다. 소프트 어스펙트라면 타인과의 연결감이 깊어지고 공감과 연민이 커진다. 하드 어스펙트라면 자신과 타인의 경계를 지키지 못해 혼란이 빚어진다. 두 행성이 강력한 영향으로 활성화되면 태양이 어떤 별자리냐에 상관없이 물고기자리 느낌을 보인다.

(태양⊙ × 명왕성♇)

　　태양의 자기 표현 욕망과 속으로 침잠해 들어가 내적 변화를 일으키려는 명왕성이 각을 이루면 자기 변신을 하려는 힘이 커진다. 소프트 어스펙트라면 변화된 환경에 자신을 바꾸고자 하는 힘이 커지고, 하드 어스펙트라면 자기 변신의 필요를 느끼면서도 자기를 기만하고 외부를 조정하며 저항하는 힘도 커진다. 두 행성이 강력한 영향으로 활성화되면 태양이 어떤 별자리냐에 상관없이 전갈자리 특성을 보인다.

달이 다른 행성과 각도를 맺고 있다면?

달과 어스펙트를 맺은 행성은 달의 욕망인 감정을 다루는 방식, 무의식적으로 반응하는 스타일, 내적 안정감, 일상적 주변 환경을 만들어가는 데 영향을 미친다.

소프트 어스펙트라면 변화하는 환경과 감정에 안정적으로 대응할 수 있게 도와준다. 하드 어스펙트라면 변화하는 환경에 맞춰져 자신의 감정을 조율하는 데 어려움을 느낄 수 있다. 객관성을 유지하려는 노력을 기울여야 한다.

(달☽ × 수성☿)

감정적 안정을 얻으려는 달의 욕망과 논리적 사고를 하는 수성이 상호작용한다. 감정을 논리적으로 설명하려 하지만 논리에 감정이 섞이기 쉽다. 소프트 어스펙트라면 감정과 사고(생각, 말)가 조화롭게 표현되어 감정을 논리적으로 표현할 수 있고, 하드 어스펙트라면 감정과 사고(생각, 말)가 불협화음을 이뤄 지나치게 감정적이거나 오락가락한 논리로 표현한다.

(달☽ × 금성♀)

감정적 안정을 얻으려는 욕망과 관계를 통해 기쁨을 느끼려는 욕망이 상호작용한다. 관계를 통해 만족감을 얻고 편안함을 느끼며 상대를 편안하게 해주려 한다. 소프트 어스펙트라면 관계를 맺을 때 감정이 안정적인 것을 의미하고, 하드 어스펙트라면 관계를 맺고 싶어하나 두려움과 불안이 내재함

을 의미한다

(달☽ × 화성♂)

감정적 안정을 얻으려는 욕망과 외부로 발산하고픈 욕망이 동시에 작동한다. 직접 행동하고 새로운 것을 할 때 만족감을 얻고, 본인을 주장할 수 있을 때 편안해진다. 소프트 어스펙트라면 감정과 행동이 조화로운 것을 의미하고, 하드 어스펙트라면 감정과 행동이 어긋날 수 있음을 의미한다.

(달☽ × 목성♃)

감정적 안정을 얻으려는 욕망과 확장하고 성장하고자 하는 욕망이 상호작용한다. 끊임없이 배우고 그것을 통해 자신이 성장할 때 만족감을 느낀다. 다른 사람에게 통 크게 베풀며 감정적 안정을 얻는다. 목성은 하드 어스펙트일 때도 내적 갈등을 크게 일으키지는 않지만, 다른 사람 눈에는 대책없이 낙천적이고 허세가 많으며 지나친 이상주의자로 비칠 수 있다.

(달☽ × 토성♄)

감정적 안정을 얻으려는 욕망과 현실적 한계를 정하고 책임지려는 토성의 욕망이 상호작용한다. 토성의 영향으로 감정이 위축될 수 있다. 현실적 성취와 사회적 지위에 대한 만족감을 중시한다. 토성은 소프트 어스펙트인 경우에도 마음에 긴장감을 만들어낼 수 있으므로 이완하는 것이 중요하다. 기본적으로 마음을 이완하는 연습이 필요하다.

(달☽ × 천왕성♅)

감정적 안정을 얻으려는 욕망과 돌발적으로 균열을 내는 자유롭고 독창적인 욕망이 상호작용한다. 자신의 독특함, 새로움을 드러내는 것에 만족감을 느낀다. 마음이 안정되지 않고 변화가 많다. 소프트 어스펙트라면 급격한 변화들을 즐기며 만족감을 느낄 수 있고 새로운 관계를 잘 맺는다. 하드 어스펙트라면 익숙한 감정과 낯선 것에 대한 동경 사이에서 오락가락하며 자극을 찾아다닐 수 있다.

(달☽ × 해왕성♆)

감정적 안정을 얻으려는 욕망과 물질적 한계를 벗어나 초월하려는 욕망이 상호작용한다. 물질적인 것보다 감정적 교감에 충실하고, 서로 연결됨을 느낄 때 만족한다. 이런 특징은 예술적 감각이나 영성으로 드러난다. 소프트 어스펙트라면 보이지 않는 세계에 대한 믿음이 자연스러울 것이고, 하드 어스펙트라면 지나치게 예민해 내적 안정감을 느끼지 못하고 불안정할 수 있다.

(달☽ × 명왕성♇)

감정적 안정을 얻으려는 욕망과 어둠을 직면해 변신하고자 하는 명왕성의 욕망이 상호작용한다. 완전한 변신과 깊은 몰입에서 만족감을 느낀다. 소프트 어스펙트라면 자신을 바꿔가는 것에 능동적이며 변화에 만족감을 느낀다. 하드 어스펙트라면 변화에 완강히 저항하고 변화를 상당히 두려워한다.

수성이 다른 행성과 각도를 맺고 있다면?

수성은 몸과 마음의 상호작용이 논리적 사고를 통해 표현되는 것으로 수성과 어스펙트를 맺은 행성은 생각하고 말하고 읽고 쓰는 표현력에 영향을 준다. 소프트 어스펙트라면 수성과 관계를 맺고 있는 다른 행성의 욕망을 논리적으로 잘 표현하고, 하드 어스펙트라면 표현하는 것이 어렵거나 덜컹거리며 엇박자를 낼 수 있다.

(수성☿ × 금성♀)

사고력과 교제를 통한 기쁨을 누리려는 힘이 상호작용한다. 다른 사람들과의 관계 속에서 자신의 생각을 표현하고자 하는 욕망이 커진다. 소프트 어스펙트라면 관계 속에서 생각이 풍성해지고, 아이디어를 나눌 때 관계가 친밀해질 것이다. 하드 어스펙트라면 관계에서 조화를 깨지나 않을까 걱정하느라 생각을 제대로 표현하기 어려울 수 있다.

(수성☿ × 화성♂)

사고력과 행동으로 밀고 나가려는 힘이 상호작용한다. 알고 있는 것을 바로 행동으로 옮기려고 한다. 영리한 언변으로 자기주장이 강하고, 순발력이 좋다. 소프트 어스펙트라면 생각하고 말하는 것에 거침이 없고 배울 때 집중력이 좋다. 하드 어스펙트라면 생각한 것을 행동으로 옮기기까지 간극이 있거나 엇박자가 나기 쉽다.

(수성☿ × 목성♃)

사고력과 배우고 확장하는 힘이 상호작용한다. 다양한 분야에 지적 호기심을 느끼며, 사고력이 확장될 때 기쁘고 삶에 대한 믿음이 커진다. 소프트 어스펙트라면 생각하고 말하는 것이 낙천적이고 관대하다. 하드 어스펙트라면 생각할 때 현실적 디테일을 놓치고 지나치게 이상적이며, 근거 없이 낙관적일 수 있다.

(수성☿ × 토성♄)

사고력과 한계를 파악하고 절제하는 힘이 상호작용한다. 현실적인 목표를 달성하기 위해 노력하고 체계적인 논리를 세워 치밀하게 생각한다. 전통적이고 보수적인 편이다. 소프트 어스펙트라면 생각하고 말하는 것이 신중하고 책임감이 있어 신뢰감을 준다. 하드 어스펙트라면 부정적이고 방어적인 사고 방식으로 새로운 것을 받아들이기 어려울 수 있다.

(수성☿ × 천왕성♅)

사고력과 독창적이고 혁명적인 힘이 상호작용한다. 생각이 남달라 새롭고 독창적인 아이디어를 내놓는다. 소프트 어스펙트라면 미래 지향적이고 진취적인 생각들을 독창적으로 펼친다. 하드 어스펙트라면 생각이 지나치게 맥락 없이 떠올라 성급하게 궤변을 늘어놓으며 자유만 찾을 수 있다.

(수성☿ × 해왕성♆)

사고력과 경계를 허물고 통합하는 힘이 상호작용한다. 상상력이 풍부하고 창의적이며 유연하게 생각한다. 소프트 어스펙트라면 영감이 뛰어나 예술적인 상상력을 발휘하며, 하드 어스펙트라면 생각이 혼돈스럽고 언어 표현이 지나치게 모호해 의사소통이 어려울 수 있다. 자신의 생각을 명확하게 표현하는 연습이 필요하다.

(수성☿ × 명왕성♇)

사고력과 끝까지 파헤쳐 변신하려는 힘이 상호작용한다. 한 가지 생각에 깊게 몰입해 남들이 생각하지 않는 지점까지 꿰뚫는다. 소프트 어스펙트라면 통찰력 있는 지성으로 핵심을 간파하고, 하드 어스펙트라면 강박적으로 본질에만 집착하거나 깊은 몰입이 어려울 수 있다. 너무 깊이 빠질 때는 스위치 전환이 필요하다.

금성이 다른 행성과 각도를 맺고 있다면?

금성과 어스펙트를 맺은 행성은 금성의 욕망인 애정을 주고 받는 것, 관계에서 보이는 매너, 돈을 버는 방식 등에 영향을 준다. 소프트 어스펙트를 맺고 있는 행성에 의해 기쁨을 얻으려는 것이 순조롭다. 하드 어스펙트를 맺은 행성과는 관계를 맺고 기쁨을 얻고자 하는 욕망과 더불어 그러한 욕망에 대한 압박감 또는 긴장감이 드러나기도 한다.

(금성♀ × 화성♂)

애정을 얻고자 하는 힘과 즉각적으로 행동하려는 힘이 상호작용한다. 마음에 드는 사람이나 물건이 생기면 바로 몸을 움직인다. 관계 맺을 때 행동이 우아하고 관능적인 매력을 드러내기도 한다. 소프트 어스펙트라면 자신의 매력을 드러내는 것이 과하지 않을 것이고, 하드 어스펙트라면 감정이 다소 부담스럽거나 불안정하게 표현될 수 있다.

(금성♀ × 목성♃)

애정을 얻고자 하는 힘과 배우고 성장하는 힘이 상호작용한다. 대인 관계를 통해 배우는 것이 많고, 돈을 다루면서 성장할 수 있다. 소프트 어스펙트라면 사람들 속에서 낙천적이며 관대해진다. 하드 어스펙트라면 관계 맺을 때 상대방에게 지나치게 기대를 하거나 씀씀이가 커질 수 있다.

(금성♀ × 토성♄)

애정을 얻고자 하는 힘과 절제하고 책임지는 힘이 상호작
용한다. 다른 사람들과의 관계에서 책임감이 강하다. 안정적
으로 관계를 유지하려 한다. 소프트 어스펙트라면 관계 맺을
때 현실적인 신뢰감을 주고, 하드 어스펙트라면 관계 맺을 때
방어적이 되고 현실적인 이익을 주는 관계만 추구할 수 있다.

(금성♀ × 천왕성♅)

애정을 얻고자 하는 힘과 독창적이고 혁명적인 힘이 상호
작용한다. 관습의 틀을 넘은 신선한 방식으로 관계를 맺거나
돈을 벌 수 있다. 갑작스럽게 사랑에 빠질 수 있고 관계에서 신
선한 자극을 얻는다. 소프트 어스펙트라면 자유롭고 독립적
인 관계를 맺을 수 있고, 하드 어스펙트라면 관계가 오래 지속
되기는 힘들고 새로운 기쁨을 주는 상대를 찾아다닐 수 있다.

(금성♀ × 해왕성♆)

애정을 얻고자 하는 힘과 경계를 초월해 통합하려는 힘
이 상호작용한다. 감정이 섬세하고, 순수하고 이상적인 사랑
과 예술에 대한 동경을 품고 있다. 소프트 어스펙트라면 헌신
적으로 베풀며 영적인 관계를 맺을 수 있고, 하드 어스펙트라
면 자기 감정이 헷갈려 주체적으로 관계 맺기 어려울 수 있으
며 퍼주는 헌신을 하다가 상처만 남을 수 있다.

(금성♀ × 명왕성♇)

애정을 얻고자 하는 힘과 끝까지 몰입해 변신하려는 힘

이 상호작용한다. 깊게 교감할 수 있는 강렬한 관계를 원한다. 소프트 어스펙트라면 연인을 통해 자신을 변형하는 경험을 할 수 있고, 하드 어스펙트라면 상대를 통제하거나 소유하려는 힘이 강렬해질 수 있다.

화성이 다른 행성과 각도를 맺고 있다면?

화성과 어스펙트를 맺은 행성은 화성의 욕망인 발산하려는 힘, 육체적 충동, 직접적인 행동, 강한 자기주장, 실천력 등에 영향을 준다. 화성과 어스펙트를 맺은 행성의 욕망은 쉽게 분출되며, 시작하는 에너지가 강하지만 마무리는 흐지부지될 수 있다. 화성이 지나치게 활성화되는 하드 어스펙트 관계를 맺은 행성은 강한 자기주장과 충동적 행동으로 인해 주위에 대한 배려가 부족할 수 있다.

(화성♂ × 목성♃)

외부로 발산하고 행동하는 힘과 배우고 성장하는 힘이 상호작용한다. 새로운 영역을 개척하며 모험하는 것이 성장에 영향을 준다. 행동 반경이 넓어지며 자신의 영향력을 계속 확장하려는 경향이 있다. 소프트 어스펙트라면 육체적 활력과 모험심이 넘치며 새로운 곳을 탐험하고, 하드 어스펙트라면 자기주장과 행동이 과도한 방식으로 드러난다.

(화성♂ × 토성♄)

외부로 발산하고 행동하는 힘과 절제하고 책임지는 힘이 상호작용한다. 충동적으로 행동하기보다는 신중하고 구체적·현실적 판단을 하면서 행동한다. 소프트 어스펙트라면 구체적 성과를 내며 육체적 에너지를 잘 분배할 수 있다. 하드 어스펙트라면 자기주장하는 것이 조심스러워져 스스로 화를 억제하다가 터지는 경향이 나타날 수 있다.

(화성♂ × 천왕성♅)

외부로 발산하고 행동하는 힘과 자유롭고 새로워지려는 힘이 상호작용한다. 자신의 자유가 중요하기에 독립성을 강하게 주장한다. 소프트 어스펙트라면 직접적 행동을 통해 구습을 타파하고 사회문제를 해결하고자 한다. 하드 어스펙트라면 사소한 답답함도 참지 못하고 화를 내며 불안정할 수 있다.

(화성♂ × 해왕성♆)

외부로 발산하고 행동하는 힘과 경계를 초월하고 통합하는 힘이 상호작용한다. 상상력을 바탕으로 높은 이상을 위해 행동하고 도전한다. 소프트 어스펙트라면 다른 사람에 대한 너른 이해심으로 화를 잘 내지 않고 이타적인 일을 한다. 하드 어스펙트라면 자신이 원하는 것이 불분명하고 육체적 활력이 약하고 무기력할 수 있다.

(화성♂ × 명왕성♇)

외부로 발산하고 행동하는 힘과 끝까지 몰입해 변신하는 힘이 상호작용한다. 행동의 초점이 변하지 않고 지속력과 집중력이 있다. 끝까지 밀어붙여 완전히 바꾸고자 하는 욕망이 강렬하다. 소프트 어스펙트라면 충동을 조절해 자신이 원하는 것에 끈기있게 집중할 수 있다. 하드 어스펙트라면 자신의 욕구를 달성하기 위해 무자비하게 공격적인 방식을 취할 수 있다.

어려운 어스펙트 쉽게 돌파하기

어스펙트를 알면 자기 자신도 타인도 이전과 달리 섬세하게 이해하는 힘이 생긴다. 외행성 중 공전주기가 긴 행성, 즉 태양에서 멀리 떨어진 행성일수록 우리가 받아들여야 하는 숙명으로 다가온다는 것도 기억하자. 다시 말해 하나의 개인 행성이 여러 외행성과 각도를 맺고 있다면 명왕성, 해왕성, 천왕성, 토성, 목성 순서로 영향력을 미친다. 명왕성, 해왕성, 천왕성은 내적 무의식을 변화시키는 데 큰 영향을 끼친다.

한편 토성, 목성은 사회적 기준을 맞추는 것에 영향력을 행사한다. 물론 도수도 영향을 준다. 허용 오차 범위, 즉 '어브'가 작을수록 그 영향력의 세기는 강해진다. 외행성은 자기 변형을 담당하는 행성이라 그 영향이 처음에는 부정적으로 느껴질 수 있다. 변화하지 않으면 계속해서 부정적인 시각, 태도 속에서 살아가게 될 것이다.

태양과 달은 외행성에게도 영향을 준다. 태양은 강력한 의식적 힘으로, 달은 무의식적 힘으로 상호 영향을 주고받는다. 태양과 달의 힘은 강력하다. 이제 외행성이 개인 행성과 관계 맺을 때 나타나는 핵심적 특징을 살펴보자.

목성은 관계 맺은 행성을 확장하고 발전시키려 한다. 조율하지 못하면 현실적인 대책 없이 지나치게 확장하려는 경향으로 나타난다.

토성은 관계 맺은 행성에게 완벽함을 요구한다. 사회적 관점에도 부합해야 하고, 본인도 만족시켜야 한다. 조율하지 못하면 지나친 책임감으로 경직되어 억제하는 경향을 보인다.

천왕성은 관계 맺은 행성의 답답한 틀을 깨고 새로운 변화를 만들려 한다. 조율하지 못하면 일시적 흥분과 자극으로 불안정해지는 경향을 보인다.

해왕성은 관계 맺은 행성에 상상력과 영감을 고취시킨다. 조율하지 못하면 이상화해 애매모호하게 자신을 속이거나 너무 민감해서 현실 도피적 경향으로 나타난다.

명왕성은 관계 맺은 행성을 깊은 세계로 강렬하게 이끌고 굳은 의지로 변형시킨다. 조율하지 못하면 강박적으로 통제하려는 경향으로 나타난다.

어스펙트로 욕구들의 균형을 잡는 비법

어스펙트는 당신의 에너지 조절 포인트를 알려준다. 자기 자신을 유독 힘들게 하는 욕구/욕망이 어째서 그렇게 작동하는지 설명된다. 빨간 선은 서로 갈등하므로 균형점을 잘 잡도록 노력해야 하고, 파란 선은 서로 조화로우므로 놓치기 쉬운 그 힘을 온전히 인식하며 장점으로 활용해야 한다.

어스펙트를 읽을 때는 먼저 서로 방해하며 불편하게 하는 하드 어스펙트를 맺고 있는 행성 간의 욕구를 살펴보는 것이 좋다. 부딪치는 두 힘을 어떻게 조율하고 균형을 잡아야 할지 가늠할 수 있다. 빨간 선으로 맺어진 두 행성은 갈등을 일으키고 불편함을 드러내므로, 스스로 잘 알 수밖에 없다.

파란 선은 오히려 잘 모른 채 간과하는 경우가 많다. 거칠게 자극하는 불편한 것은 긴장을 일으키므로 쉽게 인식할 수 있다. 그런데 공기처럼 편한 관계는 당연한 것으로 여기는 약점을 지닌다. 파란 선은 누군가 태어날 때 받은 재능과 선물이다. 그런데 당연하다고 여겨서 인식하기 힘들다. 따라서 파란 선을 적극적으로 인식하고 활용하는 훈련을 하자.

스텝별 출생 차트 해석 예시 5

어스펙트를 적용해 해석하기

이제 예시(다음 쪽 참조)로 든 출생 차트에 어스펙트를 적용해 읽어보자. 우선 개인 행성들인 태양, 달, 수성, 금성, 화성과 관계 맺은 행성을 꼼꼼하게 살펴야 한다. 특히 두 주인공인 태양과 달이 관계 맺은 행성에 집중하라. 태양에 연결된 선과 행성 그리고 달에 연결된 선을 따라가며 행성을 수색한다(❶). 파란 선인지 빨간 선인지 확인한다(❷). 파란 선은 조화롭게 도와주는 관계이므로 잘 인식하여 자신만의 장점으로 활용할 목표로 정한다. 빨간 선은 충돌하며 불편하게 하는 관계이므로 잘 인식해서 균형을 잡아 조율할 방안을 찾는다. 컨정션(0도), 섹스타일(60도), 트라인(120도), 스퀘어(90도), 어퍼지션(180도) 중에서 어떤 각도를 맺고 있는지 확인한다(❸). 거미줄처럼 엉켜서 수색이 쉽지 않다면 출생 차트에 있는 도표로 확인하자. 익숙해지면 선으로 살피는 일이 그리 어렵지 않지만 초심자는 헷갈릴 수 있다.

STEP 1
태양과 관계 맺은 행성 찾아 해석하기

사람의 의식과 무의식을 전체적으로 파악하기 위해 태양과 달의 각도부터 살핀다. 예시로 든 출생 차트에는 태양과 달

Sun sign: Scorpio
Ascendant: Germini

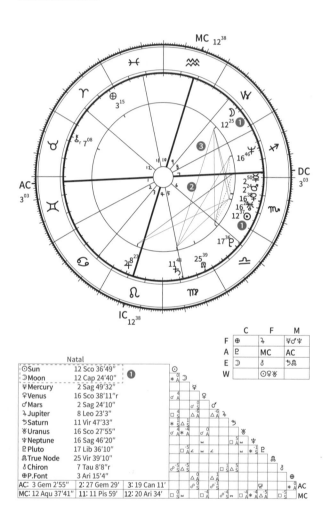

	C	F	M
F	⊕	♃	☿♂♆
A	♇	MC	AC
E	☽	☌	♄☋
W		☉♀♅	

Natal		
☉Sun	12 Sco 36'49"	❶
☽Moon	12 Cap 24'40"	
☿Mercury	2 Sag 49'32"	
♀Venus	16 Sco 38'11"r	
♂Mars	2 Sag 24'10"	
♃Jupiter	8 Leo 23'3"	
♄Saturn	11 Vir 47'33"	
♅Uranus	16 Sco 27'55"	
♆Neptune	16 Sag 46'20"	
♇Pluto	17 Lib 36'10"	
☊True Node	25 Vir 39'10"	
⚷Chiron	7 Tau 8'8"r	
⊕P.Font	3 Ari 15'4"	
AC: 3 Gem 2'55"	2: 27 Gem 29'	3: 19 Can 11'
MC: 12 Aqu 37'41"	11: 11 Pis 59'	12: 20 Ari 34'

이 60도(섹스타일) 관계를 맺고 있다. 태양이 있는 전갈자리와 달이 있는 염소자리 모두 '음'으로 의식과 무의식, 감정과 이성이 비교적 조화롭다. 의식적으로 의지를 모으면 감정과 무의식의 동조 속에서 목표를 향해 순조롭게 나아간다.

이제 태양이 관계 맺고 있는 행성을 공전주기가 먼 외행성부터 살펴보자. 우선 태양 바로 곁에 있는 천왕성과 빨간 선으로 연결되어 있다. 태양과 천왕성은 허용 오차 범위 4도로 컨정션 관계다. 자기 개성을 표현하거나 정체성을 드러낼 때 틀을 깨고 자유로워지려는 천왕성의 욕망이 태양에 찰싹 붙어서 작동한다. 따라서 태양을 표현하는 스타일은 전갈자리지만 천왕성의 자유로운 에너지를 받아 독립적이며 시원한 성격으로 발현된다.

사자자리에 있는 목성과도 긴 빨간 선으로 연결되어 있다. 태양과 목성이 오차 범위 4도로 스퀘어 관계다. 따라서 목성의 성장하고 확장하려는 힘이 하나에 깊이 몰입하고 통찰하려는 전갈자리 특유의 성향을 불편하게 만든다.

금성과도 오차 범위 4도로 컨정션 관계를 맺고 있다. 금성의 욕망인 사회적 관계를 소중히 생각하고 부드럽게 자기를 표현하며, 예술적인 취향과 세련미를 추구할 것이다.

태양과 토성이 섹스타일 관계를 맺어 파란 선으로 연결되어 있다. 자기를 표현할 때 인내하고 절제하며, 규율을 지키므로 신뢰감을 준다. 태양이 관계를 맺고 있는 행성이 천왕성, 토성, 목성, 금성 등이라서 자기 정체성이나 개성이 행성 수만큼이나 다양한 방식으로 표출될 수 있다.

출생 차트의 주인공이 자신을 한층 성숙시키기 위해서는 빨간 선을 맺고 있는 행성들을 꼼꼼하게 살펴야 한다. 특히 지나치게 확장하려는 목성과 느닷없이 변하려고 속도를 내는 천왕성의 영향으로 자극적 변화를 추구하는 자신의 태도나 성향을 관찰하는 것이 무엇보다 중요하다.

STEP 2
달과 관계 맺은 행성 찾아서 해석하기

달과 명왕성이 스퀘어 각도를 맺고 있다. 감정(달)과 끝까지 밀고 나가서 변형하고픈 힘(명왕성) 사이에 불균형이 있다는 뜻이다. 90도 각도로 인해, 감정과 자기 변형의 힘을 쓸 때마다 갈등이 생기거나 불편함을 느끼게 된다. 스퀘어로 인해 감정을 격렬하게 쓰거나 때로 뭔가에 집착하기도 한다. 감정적으로 편안하려는 욕구를 방해받으면 명왕성의 부정적인 에너지인 분노, 복수, 질투 등으로 표출될 수 있기 때문이다. 누군가와 가까워졌을 때 통제하고 싶다는 강박적 태도가 발현되어 상대에게 감정마저 강요할 수도 있다.

사실 태양과 달은 섹스타일 관계로 조화롭고 자연스럽게 보이지만 개별적으로 따져보면 좀 달라 보인다. 태양과 관계 맺고 있는 외행성(천왕성, 목성)은 미래로 향하게 하는 반면, 달과 관계 맺고 있는 외행성(명왕성)은 현재에 머물게 해서 불균형이 느껴질 수 있다. 이런 힘을 의식적으로 드러낼 때는 진취적이고 모험적이지만, 무의식적으로는 끝없이 의심하고 파고들어 힘들 수 있다. 겉으로는 긍정적이고 밝지만 속으로는 어

402

둑한 면이 있다. 차트 주인공은 이러한 불균형 사이에서 균형을 잡으려 고군분투할 것이고, 균형을 잡을수록 바람이 멎은 들판처럼 평온해질 것이다.

STEP 3
그 외 수성, 금성, 화성과 관계 맺은 행성 찾아 해석하기

수성이 화성과 오차 범위 없이 컨정션 관계를 맺고 있다. 수성과 화성은 둘 다 개인 행성이자 내행성이라 개인의 성향에 큰 영향을 준다. 생각(수성)이 굉장히 진취적이고 도전적(화성)이리라. 때로 성급하고 시비를 거는 말투로 분쟁을 유발한다. 수성과 화성을 쓰는 사인이 사수자리다. 불을 뿜는 사수자리이기에 열정이 지나쳐 말이 과하지 않도록 조절하면 좋을 것이다. 금성과 관계 맺은 행성은 태양으로 앞서 STEP 1에서 해석했다.

토성과 해왕성이 스퀘어 관계다. 외행성과 외행성 간의 관계는 나이가 같은 친구들의 출생 차트를 보면 모두 동일하다. 공전주기가 1년 이상이기에 그렇다. 따라서 세대나 시대적 특징으로 이해하면 될 것이다.

토성과 해왕성의 스퀘어가 개인에게 영향을 주는 하우스를 살펴보면, 친한 사람들과의 연민과 헌신(7 하우스, 해왕성)이 자신의 창의성과 즐거움의 원칙(5 하우스, 토성)을 혼란스럽게 만들 수 있다.

출생 차트 해석 워크 페이지 ❺

어스펙트로 내 마음 알아차리기

어스펙트를 복습하며 어떤 욕구/욕망들이 서로 연결되어 영향을 주고받는지 알아보고 자신의 욕구/욕망을 조율해보라 (막힐 때는 앞에서 배운 어스펙트 관련 내용을 참고하여 작성).

	0도로 관계 맺은 행성	90도로 관계 맺은 행성	180도로 관계 맺은 행성	60도로 관계 맺은 행성	120도로 관계 맺은 행성
	어스펙트(각도)로 인해 강하게 느끼는 욕구/욕망의 키워드 적어보기				
Sun (예시)	금성 천왕성	목성			
	자유로움 관계 미적 감각 돌발성	낙관 공부 철학 허세			
Moon (예시)		명왕성			
		강박관념 음습			

	0도로 관계 맺은 행성	90도로 관계 맺은 행성	180도로 관계 맺은 행성	60도로 관계 맺은 행성	120도로 관계 맺은 행성
	어스펙트(각도)로 인해 강하게 느끼는 욕구/욕망의 키워드 적어보기				
Sun					
Moon					
Mercury					
Venus					
Mars					

출생 차트 해석 Q&A

1.
어째서 하우스 크기가 제각기 다른지

하우스는 당신이 태어나던 날, 그곳에서 올려다본 하늘을 가상으로 12구역으로 나눈 개념이라는 것을 잊지 말자. 우리가 별자리라 부르는 12사인은 우주의 일부를 표현한 것으로 태양이 지나가는 길인 황도대에 놓인 12개의 에너지장이다. 지구는 23.5도 기울어진 채로 태양 주위를 타원형으로 돌고 있다. 그러다 보니 정확하게 맞아떨어지지 않고 어긋난다. 하우스 크기가 다른 건 이 때문이다. 당신의 출생 차트에서 어떤 하우스 크기가 크다면 삶에서 더욱 진하게 그 현장을 경험할 것이다. 별자리를 좀 더 깊이 공부하면 타고난 기질은 물론이고, 현재의 별들이 빚어내는 흐름과 리듬을 보는 운運도 공부하게 될 것이다. 이러한 운이라는 관점에서 볼 때 크기가 넓은 하우스는 긴 체험의 시간을 뜻한다.

2.
하우스의 커스프 사인을 해석하거나
하우스에 들어 있는 행성을 해석할 때 헷갈린다

당연히 헷갈릴 것이다. 당신의 출생 차트에서 3 하우스 커스프
가 쌍둥이자리에 있고, 그 하우스에 수성이 있다면 그 둘이 비
슷하게 해석된다. 쌍둥이자리의 수호 행성이 수성이니까. 그
렇기에 사인과 행성, 하우스의 개념을 정확히 구분하고 이해
해야 한다. 중요한 것은 하우스는 직접 체험해야만 하는 피할
수 없는 현실이고, 행성은 마음에만 존재하는 욕구/욕망이라
는 사실이다. 행성의 욕구/욕망은 하우스라는 구체적 현장에
서 실제로 경험하게 된다. 당신이 어떤 마음을 먹었다고 해서
반드시 현실로 나타나지 않을 뿐더러, 마음 먹은 것도 마주치
는 현실에 따라 변하지 않던가. 욕구와 현실이 서로 영향을 미
치듯 하우스 커스프가 가리키는 사인과 그 하우스에 속한 행
성이 서로 영향을 주고받는다. 욕망과 현실을 개념적으로 둘
로 나눴지만 실제로는 서로가 서로에게 영향을 주고받으며 삶
에서 사건을 빚어낸다.

3.
왜소행성으로 퇴출된 명왕성을
어스트롤로지에서 여전히 행성으로 다루는 이유

이러한 사실은 천문학과 어스트롤로지의 차이 때문이다. 앞에서 다뤘듯이 명왕성은 2006년 8월에 왜소행성으로 분류되었고 현재는 '134340 플루토'라는 공식 명칭으로 불린다. 이건 단지 천문학적 체계에서의 판단일 뿐이다. 우리가 배우고 있는 별자리에서는 명왕성의 영향을 그대로 인정한다. 명왕성은 한 개인의 어둠과 모순을 깊이 체험한 후 완전히 변신하려는 욕구/욕망이라는 사실을 잊지 말아야 한다. 우리가 자기 성숙을 거쳐 우주적 존재로 거듭나기 위해서는 반드시 필요한 힘이다. 천문학을 인간의 서사로 해석하는 어스트롤로지이기에 명왕성의 욕구/욕망은 여전히 중요하다.

4.

세대적 특징으로 나타나는 사회적 행성인
천왕성, 해왕성, 명왕성이 개인에게는 영향이 없나

아니다. 천왕성, 해왕성, 명왕성이 출생 차트에서 중요한 행성으로 작용하는 사람들도 있다. 그런 사람에게는 개인적인 기질에도 이 세 행성의 욕구/욕망이 잘 드러난다고 본다. 왜냐하면 이런 에너지를 타고난 사람은 아주 멀리 떨어져 있는 행성의 힘마저도 예민하게 감지하기 때문이다. 천왕성, 해왕성, 명왕성은 고전 어스트롤로지에서는 중요하게 여기지 않지만, 자신의 에너지를 인식하고 긍정적으로 쓰기 위해 공부하는 어스트롤로지에서는 자신을 변형하려고 할 때 영향을 미치는 것으로 본다. 자신만의 독특한 방식으로 틀을 깨고 자유를 쟁취하고, 연민과 교감으로 통합하려는 에너지나 자신을 변형시키려는 형태로 드러나기 때문이다. 별자리에서는 자신의 타고난 기질을 통합하고 성숙시키는 과정에 반드시 필요한 에너지로 이 세 행성을 지목한다. 어떤 사람은 아주 사소한 것도 예민하게 받아들이는가 하면, 곁에서 아무리 얘기해도 아무런 느낌도 갖지 못하는 사람이 있는 것과 같은 이치다. 별자리와 친구 삼아 공부하다 보면 이런 차이도 섬세하게 느끼게 될 것이다.

5.
빛과 그림자는 따로 떼어 생각해야 하는지,
함께 생각해야 하는지

세상에서 변하지 않는 것은 없다. 이 말은 우주의 원리이자 별자리의 중요한 이치다. 해가 떴다가 지고, 졌다가 다시 떠오르는 것과 같다. 해는 그냥 뜨고 그냥 진다. 해가 뜨는 게 좋은 것도, 해가 지는 게 나쁜 것도 아니다. 해가 져야 별이 뜬다. 그저 모든 것이 변할 뿐이다. 빛이 있으니 그림자가 생긴다. 별자리에서도 어떤 에너지를 쓸 때 반드시 빛과 그림자가 있다고 본다. 빛을 외향적이고 능동적인 양으로, 그림자를 내향적이고 수동적인 음으로 보는 것이다. 변화는 음과 양이 서로 바뀌면서 나타나므로 당연히 빛과 그림자가 함께 등장한다. 우주의 생성 이론 중 가장 신뢰받는 빅뱅 이론을 생각해보자. 태극이라는 점 하나가 빅뱅이란 대폭발로 음과 양으로 나뉘어 움직이기 시작하면서 우주가 만들어졌다는 이론이다. 별자리 에너지도 마찬가지다. 하나의 에너지에는 빛과 그림자, 즉 양과 음이 공존한다. 좋은 일 뒤에 나쁜 일이 생기고, 나쁜 일 뒤에 좋은 일이 거짓말처럼 찾아오듯이. 그러니 빛과 그림자를 따로 떼서 생각할 수 없다. 모든 것은 함께 존재한다.

6.
에너지를 빛으로 쓰고 있는지,
그림자로 쓰고 있는지 알 수 있는 방법은

자기 에너지를 긍정적으로 쓰면 포용력 있는 자신감으로 빛나고, 부정적으로 쓰면 자존감이 바닥을 치거나 하늘을 찌를 수 있다. 에너지가 균형 잡히지 않아 늘 불안하고 기우뚱하다. 자신이 별자리 에너지를 어떻게 쓰고 있는지 알기 위해선 우선 자신을 관찰하는 것이 순서다. 얽히고설킨 자기 욕구를 잘 들여다보고 그 욕구에 초점을 맞춰야 한다. 한 가지 분명한 건 그림자를 많이 쓰면 몸과 마음이 힘들어진다. 양자리가 열정적으로 개척해가는 용감한 빛의 모습과 앞만 보고 달려가느라 무모하고 이기적인 그림자의 모습은 한 끗 차이다. 어떤 에너지를 쓸 때 불편하게 느껴지는 것이 있을 것이다. 그걸 알아차리는 연습이 필요하다. 우선 자신의 느낌과 몸을 세심하게 살펴야 한다. 고요하게 자기 모습과 마주할 때 자신을 불편하게 하는 뿌리가 드러난다. 출생 차트라는 개념과 해석법을 배워 좋은 무기로 쓰려면 일상에 스며들도록 출생 차트를 자주 들여다보며 놀길 바란다.

7.
같은 날 태어난 사람은 같은 삶을 사는가

이미 눈치 챘겠지만, 전혀 아니다. 왜냐하면 같은 날 태어났더라도 일단 그 사람은 유일무이한 존재다. 살아가면서 만나는 사람, 환경 등이 다르면 욕망을 발현하는 방식도 달라지기 때문이다. 쌍둥이라고 해도 하나는 형이고, 하나는 아우의 역할로 세상과 만난다. 이런 시공간적인 배치로 인해 욕망이 발현되는 결이 달라지고, 다른 삶을 살게 된다. 당신과 한날한시에 태어난 사람은 같은 출생 차트를 가지겠지만, 다른 공간에서 다른 역할로 다른 이름으로 호명되며 살아갈 것이다. 따라서 내딛는 발걸음의 방향이 달라진다.

8.
아무리 봐도 태양 사인이 나 같지 않다

그럴 수 있다. 태양이 12 하우스에 들어가 있다면 태양 사인에 대한 설명이 와닿지 않을 수 있다. 그게 아니라면, 태양 사인보다 강렬하게 쓰는 행성이 있을 것이다. 앵글하우스인 1, 4, 7, 10 하우스 커스프에 행성이 딱 달라붙어 있으면 그 행성이 태양보다 강조될 수 있다. 또 태양 사인이 아닌 다른 사인 한 곳에 많은 행성이 있어도 그럴 수 있다. 위와 같은 경우라면, 태양 사인이 자신의 평소 모습과 어딘가 어색한 이질감을 느끼게 한다. 그럼에도 불구하고 태양은 육체적 활기와 고유한 자기다움을 드러내는 행성이기에 태양 사인을 잘 쓸 수 있는 방법을 궁리해야만 한다. 태양을 조화롭게 쓸 수 있도록 돕는 행성의 힘을 좀 더 발휘해본다든지, 태양 사인에 대해 깊이 탐구해 이것저것 조금 다른 방법을 실험하고 연습할 필요가 있다. 그렇게 하다 보면, 당신 안에 잠들어 있던 태양 사인의 에너지가 깨어날 것이다. 나이가 들수록 태양 에너지를 긍정적으로 잘 쓰는 사람이 행복한 경우가 많다는 걸 기억하자.

9.
어째서 출생 차트를
타인이 아닌 자기 스스로 해석해야 하는지

당신을 가장 잘 아는 사람은 당신 자신이다. 아이러니하게도 자신을 가장 모르는 사람도 당신 자신이다. 다른 사람이 당신에 대해 일정 부분 판단할 수 있겠지만, 그건 한정적인 규정일 뿐이다. 당신의 전부를 안다는 보장은 없다. 더군다나 지금까지의 당신이 미래의 당신과 동일하리라는 보장도 없다. 미래로 나아가는 당신의 흐름이 큰 틀에서는 결정되어 있지만 가는 길목에 많은 변수가 매복하고 있다. 별자리를 공부하는 일차적 이유는 자기 자신을 알기 위함이다. 자신의 마음이 어떤 방식으로 작동하는지, 관계에서 자신을 힘들게 하는 것이 무엇인지 등을 깨달아 자기 삶을 바꿔볼 수 있다. 다른 사람이 당신을 해석하면 자기 스스로를 모른 채 다른 사람이 해석한 삶의 방식으로 살아가야 한다. 자신의 욕구/욕망이 작동하는 원리를 공부해서 어떤 식으로 발현해보고 싶은지 스스로 탐구해보는 것은 삶의 주인으로 마땅한 태도일 것이다.

10.
출생 차트를 읽을수록
더 헷갈리고 혼란스러운 느낌이 들지?

일단 좋은 신호다. 오래되어 단단하던 자아에 균열이 생기고 깨지는 변화의 시기가 도래하고 있다는 징후니까. 또한 별자리 언어로 자기를 읽고 표현하는 것에 익숙지 않아 생기는 혼란이기도 하다. 또렷하게 보이다가도 별안간 캄캄한 기분에 빠지는 이러한 혼란 또한 과정 중에 생기는 증상이다. 혼란스럽게 여겨지는 자신의 단면을 한 꺼풀씩 벗기는 일이 출생 차트를 해석하는 일이다. '나는 이런 사람이야'라고 규정하기보다는 '이런 면에서 나를 강하게 드러내는구나'라거나 '이런 순간에 저런 에너지를 꺼내 쓰는구나' 하고 알아채는 것만으로도 자신을 대하는 마음이 달라진다. 12사인의 에너지를 고루 활용하고, 10행성의 에너지를 두루 다루면서 조금씩 다른 자신으로, 우주적 존재로 거듭나게 된다. 그리고 혼란은 조금씩 증발할 것이다.

별초보를 위한 별자리 용어 사전 A TO Z

3상태: 12사인의 특성을 가늠하는 지표 중 하나로 카디널 (cardinal, 활동형), 픽스드(fixed, 고정형), 뮤터블(mutable, 변화형)로 구분된다.

4원소: 12사인의 핵심적인 특성을 결정하는 지표로 화(불, fire, F), 토(흙, earth, E), 공(공기, air, A), 수(물, water, W)로 나타난다.

AC: ascendent의 줄임말. 1 하우스의 시작점이며, 출생 당시 동쪽 지평선에 있던 별자리를 가리킨다. 전체적 이미지나 첫인상을 결정한다.

DC: descendent의 줄임말. 7 하우스의 시작점이며, 출생 당시 서쪽 지평선에 있던 별자리다. 친밀한 관계를 맺는 방식을 결정한다.

IC: imum coeli의 줄임말로 '하늘의 바닥'을 뜻하는 라틴어다. 4 하우스의 시작점이며, 태양이 가장 낮게 있는 자리다. 개인의 영혼이 에너지를 충전하는 방식을 결정한다.

MC: medium coeli의 줄임말. 10 하우스의 시작점이며, 태양이 가장 높이 떠 있는 자리다. 사회적 이미지나 위치 등을 결정한다.

노스 노드: north node. 이번 생애 동안 만들어가야 하는 선업善業, 즉 카르마를 가리킨다.

룰러: ruler. 별자리의 성향을 지배하는 행성이다.

백도: moon's path. 달이 지나가는 길을 가리킨다.

사우스 노드: south node. 여러 생을 거치며 충분히 익힌 익숙한 과거를 나타낸다.

석시던트 하우스: succedent house. 시작한 것을 완성하고 고정하려는 하우스로 2, 5, 8, 11 하우스가 해당된다.

섹스타일: sextile. 두 행성이 60도 각도를 맺고 있는 관계.

스퀘어: square. 두 행성이 90도 각도를 맺고 있는 관계.

앵글 하우스: angle house. 실천과 행동으로 연결되기 쉬운 하우스로 1, 4, 7, 10 하우스가 해당된다.

어스펙트: aspect. 행성들이 맺고 있는 각도를 뜻한다.

어퍼지션: opposition. 두 행성이 180도 각도를 맺고 있는 관계.

차트: chart. 천궁도(horoscope)와 같은 말로 한 사람의 출생 시간에 행성의 배치를 표현한 가상의 별자리다. 한 사람의 기질과 특성을 알 수 있는 네이탈 차트natal chart, 현재 행성과의 관계를 보는 트랜짓 차트transits chart, 내면의 흐름을 보는 프로그레스드 차트progressed chart 등 다양하게 나눠진다.

커스프: cusp. 한 하우스가 끝나고 다음 하우스가 시작되는 경계선. 하우스 시작선이다.

컨정션: conjunction. 두 행성이 0도 각도를 맺고 있는 관계.

케이던트 하우스: cadent house. 마무리하고 다음을 준비하는 하우스로 3, 6, 9, 12 하우스가 해당된다.

케이론: chiron. 주인공이 치유되고 극복해야 할 성향을 보여준다.

트라인: trine. 두 행성이 120도 각도를 맺고 있는 관계.

플라시두스: placidus. 지구가 타원으로 공전하는 것을 반영해서 하우스 크기가 달라지는 하우스 시스템을 뜻한다. 이 책에서 사용하는 출생 차트도 플라시두스 하우스 시스템을 적용한다.

홀사인: whole sign. 하우스를 균등하게 30도씩 분할한 하우스 시스템을 가리킨다. 플라시두스와 달리 모든 하우스 크기가 동일하다.

황도대: zodiac. 태양이 도는 길의 띠로, 한 지점에서 돌기 시작해 제자리로 돌아오는 데 1년이 걸린다. 태양은 1구간에 30도씩 총 12구간으로 나뉜 12사인을 공전한다.

출생 차트는 둥글다

당신의 미지를 믿어라

별의 화살표를 따라 걷다 보니 여기에 이르렀다. 가끔은 길을 잃은 듯 답답하기도 했을 테지만, 별자리 출생 차트를 해석하며 다른 '나'를 만났을 것이다. 불투명해 보이던 것들이 선명해졌는가? 그랬다면 좋겠다.

생각날 때마다 출생 차트를 들여다보고 살피면 어느 날 문득 자신과 자신의 삶에 대해 다르게 해석되는 순간이 찾아온다. 자기 운명에 자신만의 서사를 부여하는 순간에 운명의 진짜 주인이 될 것이다. 자기다움에 확신이 서고, 자기답게 살아낼 용기가 움터서 자신이 경험한 삶을 신뢰하고 자신의 감각에 집중하게 된다. 그럼에도 여전히 우리 자신은 끝끝내 어려운 존재다. 우리도 우주도 늘 변하기 때문이다.

출생 차트를 볼 때마다 해석이 달라진다. 멋진 명화와 같다. 상징과 기호로 가득하기에 명확하면서도 명확하지 않다. 볼 때의 마음에 따라 그림이 달리 보이는 건 너무나 당연하다. 어느 날은 화성이 유독 반짝이다가, 어떤 날은 토성이 반짝거리며 눈을 주목시킨다.

출생 차트는 '나'로 출발하지만 자신의 경계와 바깥을 보게 한다. 그리고 당신의 우주와 타인의 우주를 연결시킨다. 우주는 둥글고, 당신의 출생 차트도 둥글기에 삶의 길 위에서 술한 사람을 만나게 된다. 사랑하는 사람도, 속 썩이는 웬수 같은 사람도 당신의 둥근 삶에 다 담겨 있다. 온 우주가 여기 출생 차트에 들었다.

당신 안에 존재하는 수많은 사람들과 와자지껄하게 만나며 우주의 이치를 알고 세상을 배우기 위해 출생 차트를 스스로 읽는 것이다. 존재하는 모든 것은 저마다의 우주로 아름답다. 별자리와 함께한다면, 당신은 분명 점점 더 넓어지고 깊어질 것이다. 어떤 사인의 에너지를 강하게 혹은 약하게 드러내느냐 하는 차이가 있지만 누구나 12사인의 모든 에너지를 품고 있기 때문이다.

출생 차트를 보고 기승전 '나는 이렇다'라고 말할 때 조심해야 한다. MBTI처럼 유형화하면 쉽지만, 그렇게 규정할 수 있는 '나'는 사실 존재하지 않는다. 만약 있다면, 매 순간 관계 속에서 드러나는 '나'의 한 단면일 뿐이다. '나다움'은 변화하고 있는 상황과 그에 대응하는 '나'의 합으로 이루어진다. 그렇게 관계 맺으면서 자기를 표현하는 방식 또한 조금씩 변한다. 서로 영향을 주고 받으면서 흘러간다. 변하지 않고 어떤 상태로 계속 존재하는 것은 생이 아니다. '더 잘 살고 싶다'는 생각이 든다면, 지금까지의 자신과 결별하고 싶은 욕망이 싹트고 있다는 증거다. 변화가 절실한 어떤 순간이 기어이 도래한 것이다.

그러니 '나는 ○○별자리니까 ○○해'라는 규정을 사뿐히 뛰어넘어 자신을 가로질러야 한다. 그 순간에 당신은 진정한 우주적 존재가 된다. 우연의 변수에 마음을 열고 당신 자신이 규정된 하나의 존재라기보다는 시간과 상황에 따라 끝없이 변화하는 흐름이라는 우주적 이치를 깨닫게 된다면 더없이 좋겠다. 이걸 알아차렸다면 그만 하산하라. 한 사람이라는 우주를 온전히 안다는 것은 궁극적으로 불가능하다. 우주는 미지로 가득하니까. 그러니 스스로 규정하는 데 머물지 말자. 그저 묵묵히 관찰하면서 그 미지의 세계를 한 걸음씩 탐험하고 발견하는 기쁨을 누리면 그만이다. 당신이 내는 용기만큼 당신의 세계도 넓어진다.

자기 에너지를 살뜰히 쓰기를

자기 안에 있는 무궁무진한 우주를 알면 어렴풋한 가능성에 힘이 생긴다. 무한한 가능성을 감지할 때, 생기와 활력이 솟아나고, 자기 잠재력을 마음껏 표현하려는 용기가 싹튼다. 자신의 미지를 긍정하면 두려움이 호기심으로 전환된다. 이 책을 곁에 둔다면 '이미 존재하는 나'를 떠나 '되어가는 나'로의 여행에 좋은 동반자가 될 것이다.

이제 자신의 에너지를 더 충실히 쓰는 데 몰입해야 할 때다. 괜히 곁눈질하며 에너지를 낭비하지 말자. 차근 차근 예전의 자신을 떠나 '한 번도 되어본 적 없는 자기'를 경험해야 할 시간이다.

장점과 약점은 결코 다른 게 아니다. 결국 어떻게 쓰느냐의 문제로 남을 뿐이다. 장점도 지나치게 강하면 약점이 될 수 있고, 약점도 잘 알고 쓰면 자기만의 스타일로 변화시킬 수 있다. 이것만 깨쳐도 우주의 선물을 받은 것이나 다름없다.

운명이라는 말이 꽤나 거창하게 들리지만 그저 하루하루의 길일 뿐이다. 평소와 다르게 에너지를 쓰는 연습을 하는 것이 바로 운명을 바꾸는 소소하지만 가장 확실한 비법이다. 그렇게 일상 속에서 연습하다 보면 다른 생이 펼쳐질 것이라고 감히 장담한다.

어제와 다르게 살고 싶다면 출생 차트에서 새로운 나를 발견해 작동시켜야 한다. 지금보다 더 나은 관계를 맺고 싶다면, 금성과 화성 사인을 살펴 방법을 궁리하면 될 것이다. 당신은 생각보다 온전하고 크다. 이미 우주인 당신이다. 출생 차트가 그걸 말하고 있지 않은가.

우주살롱은 우주처럼 무한한 당신을 응원한다. 자신의 욕망이 뭔지 헷갈릴 때, 거친 숨을 고르고 별자리 출생 차트를 찬찬히 들여다보는 시간을 가지기 바란다.

참고도서

『인간의 점성학』1, 2, 유기천, 정신세계사
『별자리 출생차트 해석 가이드북』스티븐 아로요, 물병자리
『절기서당』김동철, 송혜경, 북드라망
『당신의 별자리』린다 굿맨, 북극곰
『태라의 점성학』1, 2, 전난영, 지식공감
『점성학 첫걸음』존 로저스, 정신세계사
『머머의 점성학 강의 노트』박승열, 좋은글방